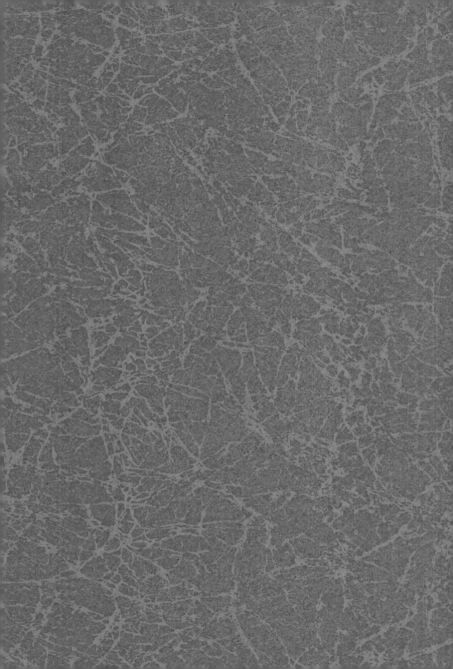

何とかなるケン

春成政行

装幀　トライ制作部
挿絵　春成　政行

目次

第一章 懐かしい時代

第二章　新たなスタート

第三章　世界を駆け巡る

第四章　人生とは何だろう

第一章　懐かしい時代

戦後の混乱期に生まれ、物質的には決して豊かではなかったが家族、地域、学校、友達とこころに染みる思い出がいっぱいあった。

引っ越しから始まった

借家住まい

　戦後の荒廃の真っ只中、昭和二十年十月私は生まれ、物ごころついた頃には粗末な借家住まいであったところから記憶が始まる。荒尾市の中心地、とは言っても人口五万人位だから、たかが知れている。国鉄（今のＪＲ）荒尾駅から徒歩で十分程度、大通りに面したお寺・菩提寺の横から路地があり、右手は寺の塀に沿って野菜畑、左手は長屋が連なっていた。幅の細い道が二十ｍほど続き、その先に家主大山家の敷地があった。たしか、裏手の入口は焼いた板を釘で張り合わせた背丈ほどの簡素なもので、囲い塀を張り巡らせていた。母屋は一番奥にあり、正面玄関は小さなわが家の反対側の広い通りに面し、ご主人の袈裟男さんは、九州電力に勤務、幼い子供の目からも大きな屋敷を構えた大山家は裕福そうに見えた。

　裏手の入口に近い右側に板を張り合わせた木造の小屋があり、これに少し手を入れて借家に仕立てたようだ。間取りと言えるほどのものではなく、古びた木製の引き戸の玄関と狭い土間に台所。もちろん台所と言っても四角いセメント製の洗い場とカマドだけ。部屋は六畳一間に押入れ、板張りの床が少しあった程度、これが我が家である。

　ここで、小学一年生までを過した。家財道具などはほとんど無く、実家からもらってきたと思われる錆びた取っ手のついた古い箪笥があるだけ。段ボールを張ったリンゴ箱が机代わり。横にすると、膝がすっぽり入り勉強するには最適だった。リンゴ箱は、当時八百屋や駄菓子屋などの商品の陳列棚として使われるのが一般的で、店の片隅には使い捨てのリンゴ箱が山積みされており、その中から良さそうな箱を貰ってきたのだろう。他には何もなかった。

父の生まれは鹿児島。戦時中に荒尾の軍需工場に来ていた時に母と知り合ったらしい。母は、すぐ近くの大島町に生まれ育ち、三人姉妹の末っ娘であった。実家が近かったこともあって、何かに困るとすぐ飛んで行ってたようである。逆に、父は鹿児島の大きな商家の長男ではあったが、正妻さんの子供ではなく、どうも妾さんにできた、所謂、腹違いの子として生をうけたようである。このことについて、両親から一度として、生い立ちについての詳しい話を聞いたことはなかったが…。

一度だけ、父の親父（祖父）が亡くなったという連絡があって鹿児島に帰った以外、父はほとんど熊本を離れることはなかった。何か帰りたくない理由があったのだろう。そんなことで、近くに住んでいた母の実家の祖父母の世話になることが多く、何もかもが母親まかせの生活で、貧しかったが家の中は明るく楽しかった。ここでの借家住まいから私のセピア色の記憶は蘇って来る。

馬車での引越し

昭和二十八年春。小学二年になると、父の仕事の関係で、引っ越しをすることになった。

今みたいに、専門の引っ越屋がいるわけでもなく、荷物もさほど多くもない。十キロほど離れた会社の社宅まで馬車での引っ越しとあいなった。当然母方のおじいちゃんが御者を務め、知り合いから借りてきた、が体の大きな馬車馬で荷車を引くわけである。両親と伯母さん達は早めに引っ越し先へ行って、受入れの準備をしている。わずかな荷物が積み終わると、いよいよ出発。私と妹二人は、荷車の後部の空いたスペースに座らされガタゴトと揺られながら、初めて経験する小さな旅が始まった。道中、朝が早かったせいか、しばらくすると眠気がさしてきた。落ちないように荷物にしがみつき、夢見心地で揺られて行った。おじいちゃんの「つっこくんなよ」をたびたび聞きながら…。

〝つっこくんなよ〟とは荷台から落ちないようにしろよ、という荒尾の方言。おじいさんの名前は伊久馬。あまりお喋りではなかったが、農業をやっていたこともあり、日焼けした顔と痩せた身体は鋼のようで病気には縁遠い感じであった。時々振り向いては、やさしく言葉をかけながら馬を引いている。(何と、のどかな時代であったことか)

緑ヶ丘小学校に転校。二年生の新学期から新しい生活が始まった。思い起こすと、これが私の記憶に残る人生(少し大げさかな)のスタートラインだったようである。生徒の大半が三井三池鉱業所の炭鉱関係に携わる子弟で占められていた。引っ越した社宅は、二軒でひと棟、三十坪程の庭まで付いていた。どの家も、終戦直後の食糧難にくらべるとかなり改善されてはいたけれど、現在のように飽食の時代ではなかったので庭＝畑となっていた。以前の借家住まいからすると、板壁で瓦屋根の古い家ではあったが、今で言う二ＤＫのつくり、比べようがない程立派な住まいに感じた。明るい将来が開けて行きそうな、ウキウキした気分になっていた。隣の家は、会社が所有する専門の鉱業高校で数学を教えている色白の独身教師とそのお母さんの二人暮らし。お隣さんが、先生であったことが、その後の私の生活に大きな影響を及ぼすことになるとは知る由もなかった。

戦後、日本の復興を支えたエネルギーとしての石炭産業は、隆盛を極めていた。関連企業も多く大牟田・荒尾地域の繁栄の基礎となり、昭和三十五年の日本の総資本と総労働が対立し、死人まで出した三池争議を迎えるまでは我が世の春を謳歌する時代が続くのである。三池製作所、東洋高圧、三井電気化学・三井コークスなどの大企業も多く、これらの企業に就職できるのはみんなの夢でもあった。悲惨な戦後を経て発展していく街の様子を見ながら、親たちもまた、子供の将来に対して期待を膨らませていたようである。ご多分に洩れず、母の私に対する期待も並々ならぬものがあったようだが、日常の生活ではあまり「教育ママ」を感じさせることはなかった。「勉強しなさい」と言うより「勉強した方があんたの為になるよ」という言い方で優しく強要していたのかもしれない。

小学校の成績評価は三段階で、一番上が「大変良くできました」、次が「良くできました」、平均的な成績は「普通」で不良とか悪いという表現はなかったように思う。成績が悪いから頑張れではヤル気も起こらないから、上手い評価の方法だったのかもしれない。一クラスに五十五人位いたので、教室はいつもにぎやかだった。勉強はあまり好きではなかったが成績はまあまあ良かった。勉強より遊ぶことがめっぽう好きで、外だけでなく教室の中でも、授業中、静かにしていることはほとんどなく、学期末の通知表には、毎回、態度が良くないので、慎むようにとの注意が必ず記されていた。要するに授業中の私語が多く、先生の授業の邪魔ばかりしていたのである。

そんな子供だから、母も一計を講じた。勉強をしなさいと言ってもやらないので、勉強をしなければならない環境を作っていった。まず手始めに隣の先生に、次に他校の先生やら大学を出たてのサラリーマンなど、次から次に見つけてきては、そこの自宅に通わせて勉強させられていた訳である。小学四年生になると、どこで探してきたのか英語も習わされた。塾の無い時代に、まるで塾まがいに行かせることで縛りつけられ、いやでも勉強する（勉強させられる方が正しいかな）羽目にさらされて、結果的には母の作戦にまんまと乗せられていた。

それほど余裕のある生活ではなかっただろうとは思うが、おそらく母の内職でやりくりをしていたのではないだろうか。だが、これが後の私の人生で大いに役に立ってくるのである。すべてが、馬車での引っ越しから始まることになる。

おじいちゃんの手

馬車での引越しは、当時の私にとっては海外旅行でもするような気分で、御者のおじいちゃんはまるでパイロット。きれいに澄んだ青空に白い雲、春を待ちわびたかのように雑草が辺りかまわず芽を吹いている。ほとんど行き交う人のない道を、ガタゴト音を立てながら進んでいく。

途中、馬を休ませるために何度も休憩。おじいちゃんは荷台の縁に座り、腰にぶらさげた長いキセルと刻みタバコを取り出して馬と同じような間合いで煙を吹かせている。馬は道端に芽を出し始めた雑草を啄ばみながら、長い尻尾を上にもたげると、大人の拳よりも大きな糞をポタリ、ポタリと気持ちよさそうに休憩。あたりを見渡しても人影はなく、遠くの山とでこぼこ道だけがずっと続いているだけ。

一息入れたおじいちゃんに近づいて、しわだらけの手の甲を見ていると無性に引っ張りたくなった。

「ひっぱってよかね」少し加減しながら引っ張ってみた。

「よかぞ、もっとしっかり引っ張れ！」と、まるでオモチャで遊ぶような感じである。鋼のような細い身体に、薄いなめし皮でも張っているようなおじいちゃんの皮膚はぴかぴかに光っている。

「痛ぉなかね？」真っ黒に日焼けした、しわだらけの手の皮がどこまでも伸びていく。

新しい生活にも慣れた頃、小学校から帰ると、母からおじいちゃんの死を知らされた。九十歳をとうに超えていた。毎日一緒に生活をしていたわけではなかったからだろう、あまり悲しくはなかった。他愛もない仕草と、しわだらけの手の皮の感触が記憶の片隅に残り、知らない間に、幼い私の心はこの引っ越しあたりから自らの歴史を刻み始めていた。

自然がいっぱいの子供の頃

自然の中で

昭和二十年代の後半、家の周りには自然がいっぱいあった。

朝日が、標高五〇一mの小岱山の山頂から出てくる。筒ヶ岳と観音岳のすそ野続きに前崎山、その北側に三池山、南には遠く小天のミカン山が広がる。明治維新で、西南戦争の激戦地となった田原坂をかかえる壱の岳、弐の岳がとんがり帽子のように並んでいる。

西には有明海を隔てて、女神が横たわる姿に見える雲仙岳と島原半島のボトムネック、愛野から連なる多良岳が遠望でき、まわりを山で囲まれている風景は、まるで自然が作った箱庭のようで、ここで育った誰の目にも懐かしい故郷として焼きついている。

家の前には、川幅二mくらいの小川が流れており、透き通った川の水は有明海に注いでいた。一ヶ所、三mほどの段差があり、その下は滝壺となっていた。ここに魚がいて釣りをしたり、夏場はプール代わりに泳ぎを楽しんだ。水は冷たく、長く浸かると鳥肌が立つほどであった。滝壺から下流に向かって小石を敷き詰めた川床を這うようにせせらぎが緩やかに流れている。そこには、鮒、どんこ、ドジョウ、ハエ、川エビなどいろんな魚がいた。さすがに鮎が居つくほどの川幅ではなかったが、小学生の子供には溺れる心配のない格好の遊び場だった。（今は見る影もないくらい汚されている）

夏の朝早く、滝壺に棲みついている小魚たちが、小石の多い浅瀬を通って下流へと移動する。中には、また舞い戻ってくる魚もいる。夕方暗くなる前に、その通り路に細工をして、魚が小石を積み上げた袋小路に入るようにして朝を迎える。ハエや川エビなどがよく入っていた。たまに、背びれ尾びれあたりに薄い紅や青色模様の美しい十センチほどのヤマトバエもとれて、夏休みの早起きが苦にならないほどの楽しみであった。この魚は、とても美しかったが体力が無く、すぐ死んでしまうので金魚のような鑑賞魚ではなかった。他の魚はドロドロしたり、臭かったりで食するには向いていないがハエだけは焼いて食べると、くせも無く、鮒などに比べると、とても美味しかった。ただ、この魚は小指の半分くらいしかないので、数匹食べてもお腹を満たすほどのことはなく、おやつ替わりにもならない。だから、大きなヤマトバエが捕れると少しは食った感じがして、自給自足の気分に浸ることができた。(何をするにも、食べることに繋がっていたナー)

トンボ捕り名人

小学校に入る前は、トンボ捕りに熱中。「政行は、トンボ捕りの名人たい」と言われていた。目標はただ一つ、ギンヤンマである。体長十センチ、翅(はね)は左右で十二センチ、頭部と目玉は緑色、腹部はメスが黄緑色でオスはあざやかな薄いブルー、尻尾は黒である。このブルーを見つけると、心がときめいた。オスはたくさんいたが、メスを見つけるのはかなり難しい。川や池を優雅に飛んでいるブルーのオスを柄のついた網で捕らえるのは至難の業であった。いくら狙ってもスイとかわされてしまう。大人がやっても同じこと。だがひとつだけ簡単にこの魅力的なブルーのオスを捕まえられる方法があった。トンボとり名人の極意とは……、それは、メスを利用する捕獲方法。メスさえ手に入れれば、あこがれのブルーは何匹でも捕まえられるのだ。メスの胴体部を糸で縛り、一mほどの長さで頭上を飛ばしてやると、あの憧れのブルーがからみついてくる。からみついてきたオスは、絶対に離れない。手で捕まえるまでメスにしがみついて離れない。（どんな世界でも、メスのチカラは偉大である！）

しかし、メスを捕まえるのは並大抵の苦労ではなかった。子供なりに執念を持たなければ到底捕まえることはできない。オスとメスが交尾し繋がった状態で翅（はね）を休めているところを網で捕まえる以外にメスを手に入れる手段はないので、結合した一対を見つけると何処までも追い続けた。まるで、逃亡者リチャード・キンブル（？）を追い続けるジェラード警部みたいなものである。

極めつけがある。玄関先で怒鳴り声。母が引き戸の玄関を開けるやいなや、「お前がえん、バカ息子がまた、田んぼば荒らしたゾ」「大事な苗ば、どがんしてくるっとか！」と、毎度のことながら、えらい剣幕である。ギンヤンマの番（つがい）は、ひと気のない水辺や池の水草の上で翅を休める。そんな中で、もっとも好む場所が、稲の苗床。お百姓さんが、田植えの為に大切に大切に育てている苗床である。ここに、行くと必ずと言っていい程、番が気持よさそうに翅を休めている。ただ、この場所は聖域であって、苗床の中まで入って行くには、子供なりに相当の覚悟と勇気がいる。たかがトンボを捕まえるために、田植えに使う大切な田苗を踏み散らすのである。その結末は、想像の通り。親は、怒鳴られたうえ、菓子折りでも持ってお詫びに行く事態になる。それが、分かっているから誰も苗床には入って行かない。番が安心して翅を休められる場所なのだ。しかし、トンボとり名人の私には、どうしてもそのメスが必要なのだ。番を見つけると矢も楯も止まらない、網を片手に田苗に飛び込んでいる。大人のギャンブルと同じ、悪いと思っていてもブレーキが利かない。しかる後、待っているのは、いつも父親のそれはきつい鉄拳制裁であった。（平手ではなく、いつもゲンコツだっ

たので、かなり痛かった。その時は、もうやらないと決意はするのだが……いつもダメだった）

汚い話ではあるが、こんなこともあった。

田舎では、野菜畑の肥料として人糞を施すのは当たり前に行われていた。そのため、畑の所々に「肥え溜」が掘られていた。遊び呆けている間に、陸続きと間違って、硬くなった表面に足を踏み入れる。次の瞬間、ズズーッと吸い込まれて行く。胸まで浸かって這い上がってくる。そのまま家まで一目散。家に着くや否や、水攻めの刑となる。もう二度と失敗したくないと思うほど臭くて、惨めであった。ここまで夢中になって、野、山、川や畑をかまわず遊び回るのだが、毎日が楽しくて仕方なかった。

引っ越した家の前は、道路沿いの小川を挟んで、その先は低いなだらかな丘になっていた。

丘の手前は、いろいろな野菜を作っている畑。そこから先は、灌木が所々に生えている以外は、赤土の肌。一番高いところは丸坊主。起伏が多く、まるで、どこかの戦場を思い浮かばせるような自然の遊び場であった。その一角に窪みの平らな部分を見つけ、隠れ家（陣地と言っていた）を作るのである。木の枝を集め、骨組みを作り、ワラや茅葺で屋根を、壁には持ち寄った馬糞紙（ダンボール）や板ぎれで、高さ一m、奥行き二〜三mの小屋に仕立て、ここを根城に一日中遊びまわることになる。小屋の中には、折り重なると四〜五人が入れるくらいのスペースにはなっている。小遣いなど誰も貰っていない時代、昼近くになると当然お腹がすいてくる。あたりの畑に出向いては、カライモ、大根、きゅうり、トマトなど、あるものを手あたり次第に盗んでは、この小屋で食べることになる。（遊びと生活が一体になっている）イモは、小屋の中心に小さな穴を掘って焼くのであるが、風通しが悪いので中々うまく焼きあがらない。狭いうえに、煙がもうもうとし、目をしばつかせながら出来上がるのを待って、いざ食べようとすると、黒焦げの外側の一センチくらいはほかほかで、そこから先は生焼けでガリガリ状態であったが、空腹には勝てず気にせずに食べていた。

子供の遊び方

夏から秋にかけては、果物が多いので食べ物には不自由することはなかった。

荒尾は梨の産地。梨畑は、柵で囲われて、盗るのには苦労した。柵から道にはみ出した枝にぶら下がって梨を採るわけだが、ほとんどの場合、無理に引き寄せる為、枝を折ってしまうことになる。腹を満たす食料をゲットするためには、少々の悪さは仕方ない。しかし、梨園のオヤジに捕まると、子供と言えども警察に引き渡されることもあり、常に逃げ道を考え容易周到にやっていた。

それに比べると、スイカ畑は大変楽だった。見張り小屋はあったが、一日中見張っているわけにはいかない。昼食時や夕食時には見張り番も帰宅する。そこを狙う訳だが、昼間のスイカは食べられたものではない。直射日光に照らされて、ムレムレ状態である。中を割ると、沸騰しているような熱さで食える代物ではない。冷やして食べるような余裕はない。盗んだスイカは、その場で近くの木や石にぶちあてて、そのままガブリ。だから昼より夜遅い方が良かった。見張り番の黒いシルエットを避けながら、夜這いをしてスイカ畑に忍び入ることになるがスリルがあった。われらが陣地小屋は、こうして集めた獲物で満たされ、戦いに勝利したがごとく戦利品を前に武勇伝を語り合うのである。

子供の遊びといえども、殆んどが食べることに繋がっていたし、大人との駆け引きを学びながらの日々であったような気がする。遊びのネタで、困るようなことはなかった。パソコンやゲームなど、家の中で、しかも独りで、なんてことは、到底考えられなかった。いつも、仲間の悪ガキどもと一緒にいるわけで、上級生への接し方や下級生の扱い方が自然と身についてくる。同級生間の力関係はといえば、たいていが腕力と、学業の成績でほぼ決まり。（大人社会とたいして変わらないね）遊びの中ではあったが、将来の人と人との付き合い方を自然と学んでいたのかもしれない。

話は飛ぶが、大人になった今、小中学校の同窓会がたまに催される。不思議なもので、現在の職業や社会的立場よりも、当時の力関係がよみがえってくることがあるのをたびたび経験した。初めの数分が過ぎると、会話の仕方も、いつしか昔の口調になってくる。

ある年、小学校の同窓会で何十年ぶりかに近所の悪ガキ共に会った。「今、何してるんだ」と尋ねると、「高校の教員をやってるよ」〝へーぇ、先生か、けっこう頑張っているんだ〟と思いながらも、クラスの中でよく小突きまわしていた相手。しばらく話していくと、意識もしないのに双方で、昔の立場を自然と思いだしてしまうのか、いつの間にか、彼は丁寧に、私は横柄な話し方になっている。彼は、久留米の私立高校の教頭先生。定年退職後、間もなく訃報の知らせを聞いた。（六十じゃー、早すぎるよね）

他にも、いろんな奴がいる。矢舗秀治、通称ネコちゃんは、警察官を辞め、陶芸家になった。宮内庁にも献上するほどで、佐賀県有田の地で「與左衛門窯」を興し、現代の名工にも名を連ね、平成二十五年には黄綬褒章の叙勲を受け天皇陛下にも謁見しているほどの芸術家ではあるが、会うやいなや「おー、ネコちゃん元気かい」となる。

中には、テキヤの親分もいる。関東で三百人の舎弟を持つ組長さん（都合があるから名前は伏せよう）から、ある時、会社に電話がかかってきた。ドスの効いた声で「元気な！」と聞いてくる。私も「お前は、どがんしよっとや！」と聞き返す。彼は一つ年下だから、これが挨拶。しかしそうは言っても、今は現役バリバリのアウトロー。内心は少し委縮したが、とりこし苦労とわかった時はホッとした。どんな立場にいても幼馴染は、会ってしばらくすると、子供の頃の遊びの延長線上に戻る。だからと言っては何だが、子供の付き合い、子供の遊びと言えども、今になって思うと、ないがしろにはできないのである。

夏休みともなると、朝から暗くなるまで外で遊んでいた。「帽子ばかぶって行かんね、日射病になるよ!」母の注意も聞かず、家を飛び出すのが日課。現在の荒尾グリーンランド一帯は、当時は小高い丘が連なり格好の遊び場だった。木の枝や竹を刀にみたて、チャンバラごっこ。草原のような丘陵は、かくれんぼには最高の場所だった。時折、隠れているとごそごそと音がするので近づくと野ウサギが飛び出してきて驚かされた。小学校の冬場の恒例行事が早朝のウサギ狩り。父兄と先生も入っての一大イベントである。本番の前に、必ず予行演習があった。その練習場所がこの丘陵一帯。網班と追いたて班に分かれ〝チョウイ、チョイ〟と棒切れで地面をたたきながら、網の方向へ追い立てる。練習ではあったが、必ず一～二匹は網に掛かっていた。まさに「故郷」の歌詞にある〝兎追いしかの山小ぶな釣りしかの川～〟の時代である。

なつかしい声

丘の一番高い所に「梅檀池」という大きな池があった。今はグリーンランドのボート乗り場になっている。小さい頃はこの池がやたらとでかく見えていた。魚釣りに絶好の場所、そこから先は、下流に流れ込む小さな滝があって、ここが私たちのお気に入りの遊び場だった。何故かと言うと、この滝壺は水がきれいで泳ぎには最適、釣りもできた。そこから先は砂地のせせらぎとなって、更に大きな「黒池」まで続いている。ここにはシジミがたくさんいた。遊びつかれての帰り際、シジミを手のひらいっぱい取って帰宅。当たり前のように、その夜の食卓にはシジミのお味噌汁が出てくる。庭で取れた野菜が漬物になり、有明海で取れた魚を天秤棒にぶら下げて、行商のおばさんが売りに来る。

「今朝とれたばかりタイ。安うしとっケン」と元気のいい声。地元で取れるものばかりだから新鮮で値段も安い。イワシやサヨリ、クチゾコあたりを家族の人数分だけ買ってもたいした額にはならない。ほんとうに自然の中で、質素な生活をしていたような気がする。

現代社会では、勤めていた会社が倒産したり、何かの都合で会社を辞めようものなら、すぐにも生活が成り立たなくなってしまうのではなかろうかと心配してしまう。昔のような豊かな自然が失われていった分だけ、私たちの暮らしも窮屈になっている。会社勤めをしなくても、何とか生きていける環境（自然）があれば、人間はもっとおおらかに、楽しく生きていけるのかもしれない。人間は賢い生命体だから、これからも自然とともに、もっとうまくやっていけるはずだが……。振り返れば、昭和三十年くらいから少しずつ汚れていった空気や水を、これから先もっと大切にしていけるなら「何とかなるケン！」と思ってしまう。それにしても行商の声は今になっても耳元から離れない。

「どっけしゃー、いらんかねー」と富山の薬売り。

「トォーフー、トォーフーにアゲ！」小さいラッパを吹きながらの豆腐屋。

「きんぎょーえー、きんぎょ！」は本場、長洲の天秤棒を担いだ金魚売り。

どれもこれも懐かしい時代の風景にぴったりの声。

目を閉じると手の届きそうな気さえしてくる、自然がいっぱいの子供の頃であった。

松田家の思い出（昭和二十八年頃）

母の実家

太平洋戦争の真っただ中、国を支えるエネルギーとしての石炭は、「黒ダイヤ」とも言われ、当時の日本の基幹産業の柱であった。その生産地である大牟田、荒尾は当然のことながら活況を呈していた。石炭産業に関連した企業はもとより、火力発電所や軍需工場なども散在しており、戦争を支えている工業地帯という土地柄から、終戦を迎える間際の昭和二十年には米空軍のB―二十九爆撃機による大牟田・荒尾の大空襲に繋がっていくのである。戦禍を経験しながらも、後の昭和三十九年四月には、不知火・有明地域が「新産業都市」として指定され「有明臨海工業地帯」と呼ばれ、ここはその中心地として栄えていくことになる。

当時、人口二十二万人の大牟田は福岡県。人口五万人の荒尾は熊本県。

国道二〇八号に沿って、国鉄大牟田駅から通町の入口付近まで、洒落た店が並んでいた。その少し先には、白亜の洋館仕立てで、いかにもどっしりした柱に飾られた三井銀行・大牟田支店。通町の楽器屋さんには、若者があこがれたドラムやギターがショーウインドの中で輝いていおり、その隣には喫茶「ファンタジー」の紫のネオン看板が立ち、何処を見ても魅力的な装いの街であった。通町の角から大正町までの間、二百mほどが「銀座通り」。

この通りは踏切を過ぎた所からアーケードになっており、その中ほどに七階建てのデパート「松屋」があった。街は黒ダイヤの恩恵をうけて、とにかく人が多くて、やたらとにぎやかであった。

荒尾は、農業、漁業のほか、大牟田を支える石炭産業に携わる人々の住宅地が多く、あちこちに炭鉱住宅が広がっていた。中心地の大正区から十キロほど、緑ヶ丘までは単線の市電が走っており、朝夕は通勤通学でごった返すほどの人波であった。

松田家は、母の実家。頂上に真っ白の灯台と神社がある四ッ山のすぐ下の大島区に居を構えていた。四ッ山は、この地域のシンボル的存在で、桜の木が多く春ともなれば花見でにぎわう。春と秋には「虚空蔵祭り」があり道の両サイドには縁日の店が数え切れないほど立ち並ぶ。標高百ｍほどの小さい山が四つ、ラクダのこぶのように並んでいたので「四ッ山」と名づけられたのだろう。その頂上から見る景観はすばらしく、眼下に藍色の穏やかな有明海。上から見下ろすように眺めるからか、細い水平線を見るというより、海の幅がやたらと厚く、視界いっぱいに海が広がって目に映る。その先に雲仙岳が箱庭に造られたオモチャの山のように横たわっている。遠くには、三角半島と天草の島々が東シナ海にポッカリ浮かび、遙かにかすんで見える。

祖父、「松田伊久馬」と祖母「龍」（タツ）の間には三人の姉妹。

長女が雅子、次女が安江、末娘が絹子（私の母）で典型的な女系家族であった。長女の主人上山敏雄は、戦時中、朝鮮総督府に勤務し、終戦と同時に引上げて荒尾でガソリンスタンドを経営していたが、保証人ですべての財産を失くした後、菊池（現在の西合志）の開拓村に移り住んだ。幾多の苦労があったようであるが、この地で養鶏業と小さな石油店を開業、傍ら持ち前の知識から、開拓村民の経営指導・相談にもあたり、重宝がられていたようだ。伯母は、昔がたきの古風で優しい従順な女性で、当時では珍しく標準語しか話さず、私もたまに会うと「政行さん、どうされたの！」とそれは丁寧に話しかけてきて、荒っぽい方言の中で育った私には、不思議な存在であるとともに他にはない世界を感じさせてくれるので、会って話すことが楽しかった。

次女「安江」は養子をとり、後を継いだ。引っ越しで馬車を引いてくれた祖父は農業を主としていたようであるが、真面目一筋の働き者で、あちこちに土地を所有し、そこそこ裕福に暮らしていた。広い屋敷内に畑があるほか、私が知る限りでは、県境にある商店街の真ん中ほどに、小さなデパート「田中屋」があり、その敷地を賃貸していた。また、有明海の干拓地を利用して作られた荒尾競馬場の中にも広い畑があった。そこを耕し収穫するまで、同じ年の従兄弟と二人、毎日のようにリヤカーに乗せられ子守がてらに連れて行かれた。祖父が畑仕事をしている間、ザリガニを採ったり、ダートの競馬場の内柵に手をやり、砂をかぶるほどに、とんと目の前を駆け抜ける馬の当てっこなどをして楽しんでいた。レースの間隔が三十分、その間は馬が来ないので二本の簡素な柵にぶら下がったり、馬が走ってくる砂地めがけてジャンプしたりして遊んでいた。〝パンパカパーン〟のサイレンとともにラッパが鳴る。祖父はその度ごとに、いつもの大きな声で「前にずんなよ！馬にけらるっゾ」と注意する。間もなくレースが始まるのである。（何とも、のどかであった）

まだ小学校に入る前の事だから、昭和二十五〜六年頃のことである。伯母は背が高く、養子の〝満さん〟は中肉中背でノミの夫婦のようであった。伯父はご多分に洩れず愛想のよい真面目一徹の男性、養子の見本みたいな人であったが、義理の妹である私の母と、他国から流れてきて（実際は、兵隊に徴集されて熊本に赴任していた）、この地に居座った父の面倒をよく見てくれていた。母が三人姉妹の末っ子であったことも可愛がられた理由かもしれない。この夫婦には四人の子供がおり、娘三人と息子一人。松田家の一人息子「喜一」とは兄弟のように育てられたが私は身体が大きく、彼は背があまり高い方ではなかったので、弟のような感覚で連れまわしていた。

虚空蔵祭り

母の実家では年に数回、親戚縁者が集まるイベントがあって、これが待ち遠しくて仕方なかった。日頃はお目にかかれないようなご馳走が漆器のお椀とともに振舞われる。秋の「虚空蔵祭り」ともなると、数十人のお客が出入りし、家の中は人でごった返す。そして祭りの時になると必ず買っていい物があった。「凧」と「サル弾き」である。大人達からもらった小遣い銭を片手に、立ち並ぶ縁日の店を見て回るのであるが、欲しい物が有り過ぎて、立ちすくむほどであった。

秋の日差しは、つるべ落としと言われるように、アッという間に日が暮れてしまう。

さらしの腹巻をしたお兄ちゃんが店先の裸電球にスイッチを入れると、あたりがパッと明るくなり、いよいよ祭りは本番を迎える。やはり祭りは、昼間より夜の方がいい。肩口から二の腕にかけて店番のお兄ちゃん達の刺青が鮮やかに目に飛び込んでくる。この地域には、県境に闇市場があって、トタン屋根を連ねた店がごちゃごちゃと立ち並び、店と店との間の狭い通路は、上野のアメ横の比ではないほどの人だかり。肩が触れ合う路上では、喧嘩が絶えなかった。戦後のドサクサにまぎれてハバを利かせていたのがヤクザ、ここでは、〝ヨゴレ〟と呼んでいた。彼らは、大なり小なり組織をつくり、しのぎ（生活）をするのだが、聞くところによるとおおきくは「博徒」と「テキヤ」にわけられるらしい。他人に迷惑をかけてウワマエをはねるだけのヨゴレとは、同じようでも少し人種が違うのがテキヤである。こんな祭りがあると、かならずお出ましになる。働いて稼ぐテキヤには子供なりに親しみと、多少の憧れも感じ、怖がるような存在ではなかった。

夜営の縁日で遊び疲れると、まだ人ごみでざわざわしている中、お腹を空かして実家に戻る。そこには、昼間のご馳走が残っていて、夜は夜で、好きなものを好きなだけ食べることができた。まだまだ物資が豊かでなかった時代、空腹慣れしている私にとって、祭りを満喫できるこの日は、何ものにも代えがたい至福の日でもあった。

二つの苦しみ

翌日が休みの場合は、この家に泊まることになる。泊まると二つの苦しみが私を待っていた。一つ目は「便所」である。もうひとつが「ノミ」。

便所は、部屋を出て、廊下づたいの一番奥にあった。廊下はガラス戸と雨戸で閉め切られており真っ暗闇。便所には小さな裸電球しかないので手探り状態、風の強い夜など戸のきしむ音に背筋が凍りつく。眠たさを通り越して目はパッチリ。ご馳走をたくさん食べているので大にでも行こうものなら、二つ目のドアを開けなければならない。怖々しゃがみ込むと、垂れ落としの便所は遮るものがなくて下から股間をめがけて風が吹き上がってくる。手のひらサイズに切った新聞紙がペーパー代わり。急ぎ仕上げて床につくまでは鳥肌の連続となる。（小学生の頃だから、さすがに物音がするたびにゾッとした。いゃー怖かったな）

二つ目の「ノミ」には、とことん悩まされた。引っ越した我が家では、ノミに喰らわれることはほとんどなかった。当時、頭には「シラミ」、畳には「ノミ」が常識。ノミは、畳と畳の間の隙間に寝づいている。昼間は出てこないが、夜になると布団の中に入り込んでくる。

母は片づけが上手で、部屋の中や台所といわず隅々まで小奇麗にしていた。寝る前になると、必ず畳の縁にＤＤＴをまいた。白い粉の殺虫剤である。これをやっておくと、朝までノミの心配はなくぐっすりと眠れる。しかし、松田家は、そうではなかった。夜の楽しみと言えばラジオ。相撲の実況が終わると間もなく、連続放送番組「君の名は」の主題歌が流れてくると、春樹と眞知子の悲恋の物語が始まる。大人達はその放送に聴き入る。子供達も、騒ぐとラジオ放送が聞こえず怒られるから、仕方なく一緒に聴くことになる。やがて放送が終わると、「そろそろ寝るか」と声がかかるが時間はまだ八時。（早寝早起きの時代だったんだ）床に入って、しばらくするとモゾモゾしてくる。昼間にしっかり遊びまわって疲れているから、すぐ寝つくのだが、やがてあちこちがかゆくなってくる。かゆいところをボリボリかいていると、あまりのかゆさに目が覚めてしまう。ノミに喰らわれた部分が大きく腫れてくる。何ヶ所もやられて、もう寝るどころのさわぎではない。一間に五～六人が寝ているが、周りのみんなは、何ごともないがごとくスースーと寝息をかいている。時々、「ガー、ゴー」とうるさいいびきは聞こえてくるが、誰ひとりとして、ノミと闘っているヤツはいない。上布団をめくってみると、小さなノミが飛び交っている様子が見える。そこから、追っかけっこが始まるが、やつらの逃げ足は速い。丸々太ったのは血をいっぱい吸っているので動きが鈍い。これは捕まえてつぶすことができたが、たいていは逃げられた。そのうち、また、眠気がさしてくる。こんなことを繰り返しているうちに、朝を迎えるのであるが、この家の人達は、何事もなかったかのように、清々しい顔をして起きてくる。苦痛から解放された私は、ノミとの戦いを終えて、安堵の中にも睡眠不足の顔で床を出る。「こんな家、二度と泊まるか、やっぱり我家が一番いいや！」と思いながらも懐かしい母の実家であった。「蚤（ノミ）虱（シラミ）、馬のバリ（尿）する枕もと」と詠んだ芭蕉は、馬小屋と同居する東北・南部のまわり屋の畳で、はたして眠れたのだろうか？と心配してしまう。

母の涙

賢妻良母

私は母を尊敬している。小さい頃は、よく解らなかったが、年を経るごとにその思いは増していった。母は三人姉妹の末っ娘で、大正十一年に生まれている。昔風の二人の姉が普段でも着物を羽織っていたのにくらべると随分現代風の活発ないでたちをしていたようである。腰のくびれた解襟スーツにロングスカートという流行りの服を着て「ジャパン・ツーリスト・ビューロー」、今のＪＴＢに勤めていた。十歳以上も離れていた長女の旦那が朝鮮総督府に勤めていた関係で、たびたび海を越えて朝鮮まで遊びに行っていたようであるが、朝鮮はとにかく寒くて、お風呂上がりのタオルが、アッという間にガチガチに凍りつく話をよく聞かされた。好奇心の強い、現代的な女性であったようだ。

結婚後は苦労の連続。特に父との関係というか、生活の事で悩まされることになる。

父は鹿児島の出身で、「俺は薩摩隼人だ」と言って、あの西郷隆盛をこよなく愛していた。薩摩の男尊女卑は群を抜いており、食事はもとより、外を歩く時、家の中での座る位置、風呂の順番など、その手本みたいに極めて差別されていた。結婚直後、父の家を訪れた時、洗濯物さえ一緒には洗えないほどで、女性上位で育った母は、驚かされることばかりであったようだ。

こんな育ちの違いが、日常生活にも色濃く出てくる。生活は決して楽ではなかったが、何とか世間並みには暮らしていた。こんな我家は、両親と妹が二人。二歳下の「文子」、五歳下の「桂子」の五人家族である。普通に暮らしていれば何事も無く過ぎて行くのであるが時々そうはいかない事がある――。

当時の給料は、現金で給料袋といわれる手のひら大の薄茶色の封筒に入っており、会社が直接本人に支払うのである。何事も無く母の手に収まる月は、割と平穏な日々が続くのだが、賭けごと好きの父は、しばしば寄り道をする。子供の私達でさえ、給料日になるとまっすぐ帰宅するのか心配させられるほどであった。小学生の子供にそんな心配をさせる位だから、たまにと言うよりたびたびあっていたのだろう。給料が少し減っている月なら、母の愚痴程度で夫婦喧嘩もたいしたことにはならないのであるが、給料をそっくり使ってしまう月がある。今のように、臨時だとか、パートだとかで、すぐ働きに行ける時代ではなかったので、どの家も専業主婦のやり繰りで家計が成り立っていた。我家は、父の所為で目減りした生活費を母の裁縫の内職で補っていた。生地から裁断し、縫製、仕上げまでを一貫して着物を作るのであるが、和服の専門店からの依頼も多く、金糸銀糸をふんだんに使った高級和服の注文が、濃い緑色に屋号を白抜きした大きな風呂敷のようなものに山ほど束ねられて届くのである。目減りした給料の額によって、母の夜なべ仕事は朝方まで続くことがあった。裸電球の下で、拳くらいのテルテル坊主の頭のような針やまのスタンドを横に置き、薄い座布団に収まり、背中を丸めて針仕事をする母の姿を横目に見ながら寝入ってしまう記憶が今でも鮮明に残っている。

「良妻賢母」というより「賢妻良母」が当っていると思う。家族という単位で見た時、一般的にはオヤジ中心だろう。だが、我家では間違いなく母であった。父は酒こそ呑まなかったが、何かにつけ気に食わないことがあると、遠慮なく食台をひっくり返し、それでも収まらないと殴り、足蹴にしてしまう。自分の不始末を棚に上げ、自分のいちばん嫌な所を指摘されると頭に血が上ってしまう、短気を絵に描いたような父親であった。

一回で止めればいいのに、賢い妻は自分の主張を殴られても、押し倒されても夫のしでかした不始末について言い続ける。ますます頭に血がのぼりカリカリする父は、時々手がつけられなくなって、隣近所のご主人たちがあまりの物音と騒々しさに心配して仲裁に入ってくるさわぎになってしまう。だが、引っ込みのつかない父には、これが火に油を注ぐ結果となり、手当たり次第に物を投げるから危険で近づくことが出来ない。収まるまで遠まきに見ているしか術がない。その間、母は毅然として立ち向かう。殴られようが蹴られようが起きあがる。だが決して刃向かって、やり返すようなことはしなかった。

私は長い間、母と一緒に暮らしてきたが、手出しをした所を一度として見なかった。また涙を流す場面も知らない。強い信念というか執念を持っていたように思える。それは、とりもなおさず家族の存在と子供の将来への夢が、何事にも耐え、我慢すること、自虐的と思うほどの献身ぶりなどを支えていたのだろう。父の時々起る発作的暴力に涙を見せなかったのも、何の抵抗も示さなかったのも妻として、母としての賢い深謀遠慮があったからだと信じている。良い母であるには、子供の将来に対して責任を取れないような感情的行為には走らないことを肝に銘じていた感がする。父に対する意見も、言いたいことははっきりと言っていたが、限度はわきまえていた。たまに、予測を超えて言い過ぎた時に、いきなりの活劇騒ぎになることはあったが、そこを除けば、日頃はおとなしい良い主人面の父をしり目に、概ね母のペースで我家は成り立っていた。

質素倹約のわが家

私は、健康優良児であった。

小学校の六年間、中学校の三年間、そして肺結核を宣告され、突然入院することになった高校三年の十二月十四日までの十一年と八ヶ月あまり、無遅刻、無欠席で過した。それには訳があった。母が、学校に遅れることも、欠席することも許さなかったからである。永い間には、子供なりに調子の悪い時もあるのだが、どんな理由を言っても駄目だった。小学校の四年生の時、夜中から具合が悪く、熱も出た。朝、目が覚めたが、いっこうに熱は下がる気配がない。下がるどころか、上がりっぱなし、〝ウンウン〟唸っている。備え付けの薬箱にある風邪薬を飲まされた以外は、病院に連れて行くでもなし、医者を呼ぶでもなし、ただ水枕と洗面器に浸したタオルを額に乗せるだけ。頭に乗せたタオルもすぐ熱くなる。裏返ししても大して時間は持たない。熱を計ると四十度を悠に超えていた。今でもその時の身体が尋常でないという感覚が記憶の片隅に残っている。一晩中寝ずに介抱してもらったにも拘わらず身体は火をつけたように熱かった。

「学校には行っきらん！」、当然休むものと布団の中で震えながら縮こまっていた。

学校へ行く時間が迫っている。すると、何やらガタゴトと物音がする。母が押し車を用意したのである。小池一夫の漫画を映画化した、〝シトシトピッチャン〟で始まるかの有名な「子連れ狼」で萬屋錦之助が扮する「拝一刀」が息子「大五郎」を乗せて旅する、あの手押し車である。

自家用車もタクシーもない時代、これしか方法はなかったのか？何重にも毛布に包まれて学校まで連れて行かれた。二十分ほどかけて学校に着くと、ほどなく担任の先生と何やら話をしている。

熱が引いたわけではない。相変わらずガタガタと震えている。

「じゃー、二時間だけ授業をうけますか」と先生。母だけではなく担任の中山トミ子先生もたいしたものである。この先生も母によく似た気質の教師で、なかなか豪快な女性であった。「わかりました。先生、二時間外で待ってますから」と母。この二人の相談の結果、私は二時間の授業を受けることになったが、はっきり言って無茶な話である。その時間がどう過ぎたのかまったく分からないが、帰りの手押し車が窮屈で、小石に乗り上げるたびにお尻が痛く、朦朧とした中で乗り心地の悪かったことだけを身体が覚えている。

人の性格は、もって生まれたものと、環境によって育まれるものがある。

母は後者の方で、日常生活の中で形成された人格が大部分を占めていたと思う。家庭を支えるためのあらゆる事に、キチンとしていてそつなく諸事をこなしていたので子ども心に安心感とともに頼れる存在であった。家計を切り詰める為だろうか、食生活は極貧と言えるほど質素で、食事は、家族の食べた後のあまり物で済ませ、高価なものはいっさい口にせず、味噌汁と自分でつけた漬物にご飯が少量。お寺の精進料理より粗末な食生活をしていたが、私達には十分な食事を用意してくれていたので、不満を感じることはなかった。

昭和二十九年、私より七歳年上の従兄弟が、事情があって高校入学後、我家に居候して通学することになった。彼は、母の長姉「雅子」の一人息子で、食が細く華奢な身体でいかにも甘やかされて育っていた。毎回の食事には必ず「明太子」が必要で、これがないと食事が進まないため、母はやりくりの中でこの高価な食べ物をいつも準備していた。ちなみに、彼が我家から通学していた数ヶ月の間、私達は一度としてこれを口にすることはなかった。勿論下宿代など貰う筋合いもなく、母のやりくり上手と倹約だけで凌いでいたのである。

母への思い

こんな気質の母が一度だけ泣いたそうな。それはかなり後のことで、私が高校三年の卒業直前の時である。「泣いたそうな」とは、実際見ていないからである。詳しくは後で述べることとして、私は、結核の宣告を受けて緊急入院した半年後に「胸郭成形手術」を受けた。「身体髪膚、これを父母に受く。敢えて毀傷せざるは孝の始めなり」という。両親からいただいた身体は大切にせよ、傷つけないことが親孝行の基本であるということからすれば、三度も身体にメスを入れた私などは親不孝の見本であったろう。

その手術が失敗し、生死をさ迷うことになった時のことである。だから、母の涙など、死にかけていた私が知る由もない。気丈と言われる女性は、一見強そうな容姿を想像するが、現実はそうではないのかもしれない。優しく穏やかな物腰の奥に潜む芯の強さが、本質なんだろう。外見でいかにも強そうにも見える女性は、意外ともろく、逆におとなしく、弱々しく見える女性の方が実は強いのかもしれない。胸の奥に秘めた執念こそ、真の強さ、本物の強さなんだろう。そんな心の強い母に、手術の失敗から、誰もが私の死を予感させた時に、「何で、こぎゃんなるまでほっといたつね」と周りから責められて、大泣きしたようである。後にも先にも、この時の話を聞いた以外には、母の涙を見たことも知ることもなかった。

私は、痩せて細身の母に女のしたたかさと、妻というより母としての情念を見せつけられていた。

よく耐えられるなと、半ばあきれ、感心することが多かった。私が、どんな失敗をしでかしても、感情で怒ることはせずに、「何であがんこつば、したつね。何か訳があっとだろう」と愚行に及んだ理由を問いただすのである。これは父のご乱行に対する対応と似ている。餓鬼・畜生・修羅の形相をした相手に、同じレベルで立ち向かったのでは、修羅場以外は考えられない。ハムラビ法典の〝目には目を、歯には歯を〞のやられたらやり返せの精神では、争いになってしまい収まるものも収まらない。丸く収まるには、キリストの〝右の頬を打たれたら左の頬も出しなさい〞の方がまだいい。母はキリスト教徒ではなかったが、そのやり方はまさに後者であった。だが、男の立場から言うと、何の抵抗も示さない、まったく反抗しない相手には別の苛立ちが募ることも事実だろう。やる事なす事すべてにイラつくが如くである。言葉以外では抵抗しない「非暴力」、自分の主張を曲げない「不服従」は、まさに「インド独立の父、ガンジー」が起こしたイギリスからの独立運動の精神にもよく似ている。ガンジーは民衆暴動ではなく「非暴力、不服従」によって無血の独立を成功させた。男女の違い、世界感の狭さはあるかもしれないが、そんなイメージの女性としての自立心と慈愛の心を想い抱きながら、私は平和で穏やかな家庭を目指したであろう母の姿を見ていた。だから、私が母の涙を見ないで済んだことは幸せだったのかもしれない。

そんな母が何かにつけ口癖のようにいう言葉があった。耳にタコが出来るほど言われた。

「為せばなる為さねばならぬ何事も成らぬは人の為さぬなりけり」

私が何かに失敗したり、思い通りに物事が進まなかった時、母は必ず口に出していた。当時は、旨い事を言うな、くらいにしか思わなかったが、歳を重ねるにつけ言葉の重みを感じるようになっていった。

江戸時代幕末の米沢藩の第七代藩主上杉鷹山が藩の財政危機に直面し、見事危機を乗り越え藩の建て直しに成功した際に、藩士に対して説いたのがこの言葉である。母は土壌の違いこそあれ、常々この訓えを実践し私にも伝えたかったのであろう。無理やり押し込まれた知識はすぐに忘れてしまうが、日常生活の中で教えられた事は身体に染み付いているかのように、事あるごとに脳裏をかすめていく。この教えは、一度も見なかった母の涙の意味とともに、その後の私の生きる指針の一つとなっていった。他人の所為にすることなく、すべての結果は自分の責任であること。そして〝自らに強い意志があればやり遂げられないことはない〟と、諭すのである。

二〇〇六年八月二十一日夏の盛り、母の死を、遠くアメリカの地で知らされた。

その一週間ほど前、看病していた妹からの国際電話で〝母危篤〟の知らせを受けてはいたが、「危篤だけでは帰れない。はっきりしてからまた連絡してくれ」と言って待機せざるを得なかった。アメリカに責任者として駐在した時点で親の死に目には会えないことを覚悟していたし、母も解ってくれていたはずである。私の帰国を待って二十五日に葬儀を執り行った。最初で最後の母への手紙と共に弔辞の中に私の想いをしたためた。

〈弔辞〉平成十八年八月二十五日告別式にて

私の母の好きな食べ物は何だったのか。

私の母の好きな色は何だったのか。

私の母の楽しみは何だったのか。

私は六十年も一緒にいたのにほとんど何も知らないのです……。

昭和二十年、焼夷弾の雨降る空襲の中、私をお腹にかかえて生き延びてくれた母。

戦後の貧しい中、私達を育てるため身を粉にして働いてきた母。質素な生活の中で「教育」を大切にしていた母。つまらない事でも、真剣に人の話を聞いてくれた母。そして、いつも、誰にでも、励ましの言葉をかけ､最後には必ず「頑張らんね!大丈夫!何とかなるケン」と勇気づけていた母。だから、母の傍らには、いつも人が集まっていました。幾つになっても私達にとっての母親は何ものにも代え難い、かけがえのない存在でした。

四年ほど前から、父のアルツハイマー病が進み、老々介護をしていた母が少しづつ弱音をはき始め､その上本人も少しづつ物忘れをするようになり台所の火の始末が心配な状態になっていました。私が二度目の米国駐在をする頃には本人も介護治療を受けるために入院しなければならない状態で、今年の春先一時帰国した際母を見舞ったときには、もう声をかけても反応がありませんでした。

今、こうして母を思う時、いつも家族を包み込む様に慈しんでくれた母の姿は頼もしくも美しく私たちの脳裏に刻まれています。病床に伏してからの母には、妹二人と孫たちが心を尽くした看病をしてくれたことに深く感謝しています。遠くにいた私は、最後まで何もしてあげられなかったことを悔いるのみです。

戦後、両親二人でスタートした家族が、今二十人を超える大家族になりました。こうして家族の皆から見守られて逝くことができ、母は、母の目指した人生の役割をやり遂げたのではないかと信じています。お母さん！永い間本当にご苦労さまでした。これからは天国でゆっくり過ごしてください。そして最後になりますが本当にありがとうございました。

「私はあなたの子供で良かったです。心からそう思っています」

本日は、ご多忙の中にも拘わらず、亡き母の葬儀にご列席賜り遺族を代表し衷心より御礼申し上げます。ありがとうございました。

親父とピアノ

俺は士族だ！

父は大正九年鹿児島県日置市（旧、日置郡日置村庄ノ上）の生まれ。祖父は鹿児島市内に居を構える米屋、漬物屋などを天文館通りに営む商家であった。祖母は学校の教師。父はその長男として生を受け認知はされていたものの、この祖母の実子ではなかった。伯父伯母から垣間聴くだけで、父は頑として育ちについての話をすることはなかった。幼い頃、私が父から聞いた唯一の話が記憶に残っている。

それは、霧島神宮で軍服姿で写っていた写真を見て、尋ねた時のことである。

太平洋戦争の終戦間近、戦車隊員として召集されるまでは、自宅の米屋で手伝いをしていたようで、お金に不自由はしなかったという自慢話。それもそのはず、店の売上金を遊興費として使っていたという。どうも、そのことが度重なり、勘当同然に追い出されたあげく軍に入隊し、熊本の軍需工場に赴任したという話であった。

祖父の名は「春成次右衛門」、実家の仏間に写真が掲げられていたが、直接会った記憶はなかった。毎年、腹違いの弟が経営する漬物屋から年に一度たくさんの漬物が送られていた。

丁度私が高校に入学した頃、祖父の訃報が届いた。

それからしばらくすると、遺産相続の書類が郵便で送られてきたので、当時高校生の私もいれて家族会議を開き、どうするかを話し合った。鹿児島市近郊に数千坪の土地を有し、国分と加世田に漬物工場、天文館に大きな店、屋久杉の工芸品の製造販売まで手掛けていたようである。その商品が家に送られてきたこともあったが、間違いなく父の実家は資産家なのだ。（やったー）高校生の私は、口にこそ出さなかったが心躍る想いがした。数百万、数千万、いや、ひょっとしたら一億円位の遺産が転がり込むことになるかもしれない。そしたら、俺の人生バラ色だ！と。あわせて、父に国分にある漬物工場の責任者として鹿児島へ帰ってきたらとの誘いも加わった。数日間、両親のことは忘れて夢見心地の日々を過ごしていた。（宝くじに当たった気分がこうなんだろうなー）

一週間ほど経って、印鑑を押した相続書類を抱えて父は鹿児島へ向かった。そして、その翌日には帰宅していた。母と何やら話しているので、傍に寄って聞いてみると、何と、驚きの結末となっている。鹿児島へも戻らない、相続も放棄する、とのことであった。唖然として、開いた口がふさがらないとはこんなことを言うんだろう。詳細を聞き返すことも出来なかったがこの頃になると、すっかりおとなしくなっていた父は、金欲も物欲もかなぐりすてている様子で現状のささやかな生活を維持することで十分満足しているようであった。

こうして、はかない私の夢は、いとも簡単に海の藻屑と消えてしまったのである。

それでも、父は鹿児島をこよなく愛していた。

薩摩藩主島津氏は、遠くさかのぼれば鎌倉時代に三州（薩摩・大隅・日向）を治める守護職の任に就いている。我が「春成家」は島津家家臣、伊集院氏一族の中に名を連ねている。父は事あるごとに〝俺は士族だ！〟と威張りちらしていた。半ば疑いながら聞いてはいたが、事実その通りであった。だから何だと言いたくはなるが、薩摩を捨て熊本の地に骨を埋める覚悟をした時から、〝薩摩隼人〟の思いだけは残しておきたかったのだろう。口より手が早い、どちらかと言えば口下手な性格であっただけに、薩摩を捨てざるを得なかった複雑な心境を一人胸の奥にしまい込んでいたようである。

それにしても、何があったのか祖父の葬儀に帰って以来、晩年一度だけ南州墓地の裏手にある「春成家」の墓参りをした以外は鹿児島に行くことはなかった。薩摩をあれほど愛していたのに。それほど遠くでもないのに……。いまだにそのことが理解できない。

西郷さんへの想い

鹿児島を語るに忘れてはならない人、「敬天愛人」の西郷隆盛がいる。鹿児島県人の全てが、この人物を敬慕している。あえて全てと言えるのは、これまで西郷さんのことで敬愛の情を持たない人にお目にかかったことがないからである。

父の西郷好きも並はずれていた。神様に近いと思われるほどの存在なのだろう。

そんな西郷隆盛の最初の妻は、「須賀（すが）」と言い旧性は伊集院。伊集院家の分家の出身であることを考えると、分家の違いはあるものの同じ氏族の出であることは明白である。詳しくは探しようもないが遠い親戚縁者であった可能性もある。そうなれば、あの西郷さんと遠縁に当たるかもしれないなどと夢を膨らませることにもなってくる。そんなこんなで、熊本生まれの熊本育ちの私でさえも「西郷さん」を敬う気持ちはことさらに募るのである。

薩摩藩城下の下鍛治屋町で西郷吉之助は育っている。明治維新の立役者・大久保一蔵（後の利通）

とは兄弟のようであった。二人は薩摩十一代藩主・島津斉彬の庇護の下で頭角を現し、時に手を取り合い、また時には異論を唱えながらも薩摩藩のためにと全力で奔走している。やがて二人の活躍は、明治維新の大偉業を成し遂げることになる。その後、二人は揃って新政府参議（大臣）に就任しているが、三百年も続いた徳川幕府の封建体制から西洋文明を取り入れようとする近代中央集権国家体制への一大転換は国内に大きな矛盾を生み出すことになる。それは、最大の収入源である禄を失う士族たちの存在で、未だ武士道精神から抜け出せないでいる彼らを想う西郷にとっては、大久保が進める合理主義的数々の洋化政策とは、その手法において相容れないものであった。二人のイデオロギーは時として対立し、所謂「征韓論」をもって衝突するが、やがてそれが撤回されると袂を別つことになっていく。そして時代のうねりの中でこの二人を明治維新最大で最後の内乱「西南戦争」へと駆り立てていくのである。

私は一九八九年から米国オハイオ州に工場を作るため駐在していた。一九九〇年一月に始まった司馬遼太郎原作のNHK大河ドラマ「翔ぶが如く」の終了と同時に二十本近くのビデオテープが手に入ったので見始めたが、寝食を忘れ二日間ぶっ通しで全刊を観てしまった。西田敏行が西郷役、加賀丈史が大久保役の設定である。

最後のビデオは、「田原坂の戦い」に敗れた薩軍が退却する様と薩摩武士の心の拠り所である桜島を望む城山の洞窟前に疲弊し切った者達が自決を迎えるシーンが続く。最後の一時間のテープを観ている間中、おかしいくらい涙が溢れてきた。

田原坂と川尻・延寿寺には戦死した薩軍の兵の名前が記念碑として刻まれているが、この中には私が聞き及んでいない「春成兼致」の名前以外に「春成姓」は見つからなかった。私の曽祖父が西南戦争に加わって、この地で戦ったことは密かに聞いていたので、ということは、敗残兵として手傷を負いながら八代、球磨、えびの、栗野から霧島の山中を（本陣部隊は、延岡、日向路から小林を辿って）さ迷いながら薩摩を目指したに違いない。約三百キロの距離をズタズタに引き裂かれた心と身体で歩くのである。

私は、故あって大晦日から元日にかけて別府駅から真冬の山道を独り、熊本までを歩いた体験〈第三章・別府からの独り歩き〉があった。健康体の人でさえ山道を五十キロ以上も歩き続けると腰から膝にかけて身体のいたる所が鈍痛に見舞われ、精神が朦朧としてくる。

ましして、このような激戦後の退却行は想像を絶するものがあるはず。その辛くかたくなな思いとは理解しながらも、自分の曽祖父が、同じように田原坂から城山までを敗行していることを想像するとは理解しながらも、身体を引き裂くような体感を、自分の経験から少しは分かることができただけに、テレビでのことを想像すると、それは他人事ではなかった。辿りついた若き兵士達が桜島を前にして城山で自決するまでのシーンは、声を上げずにはおれなかった……。

――この時――

薩摩武士らしい死を諭していた西郷は、多くの若き兵士たちを国賊として死なせる汚名を晴らす決意を固めていた。しかし、激戦のさなか桐野利秋（旧姓中村半次郎）桂久武らが相次いで敵の銃弾に倒れこんでいく姿を知り、西郷は遠く延岡の本陣で解き放った薩軍を偲びながら、独り自裁する。そして、「晋どん、もうこの辺でよか！」と、最後の一言を残す。

大西郷を師とし敬慕してやまない別府晋介の介錯の大太刀が振り下ろされていく……。

城山で自決した者は、西郷の不意の死に居合わせ、追い腹を切った村田新八他わずかな数の側近と若き憂国の志士達であったが、西郷隆盛もまた彼らとともに、ここで終焉をむかえることになる。それは同時に「敬天愛人」の理想とともに新しい日本の未来につながる時代の幕開けでもあったろうと、私は思う。

祖父にも会った記憶のない私に薩摩の真実など語れるはずもないが、私の心の中には我が先祖の生死の真偽を問わず、「勝てば官軍、負ければ賊軍」と言われた逆賊であったが故の男達の生き様が脳裏から離れないのである。

父への恩返し

薩摩隼人を自称する父に、こうした時代背景等の考証があったとは思わないが、先祖からの繋がりの中に自然と薩摩武士の名残りや魂が宿っていたのだろう。しかし、父と過した日々の生活では、それ程高尚な香りはしなかった。逆に、知力と言うより親の権威や腕力を前提にした命令調であることが多かった。その延長線上に、指示に従わなかった罰、期待通りの成果が出せなかった時の仕置きとしてのきついゲンコツが飛んでくるくらいの身勝手な親権をかざす程度で、明治維新を演じた面々を支えたであろう曽祖父の壮絶とも思われる生き方とは大きな隔たりを感じてしまうのは仕方ない事なのかもしれない。

小学校に入学する前から二年生くらいまでだったろうか。リンゴ箱の机に座らされると、すぐ横に父が座る。新学期が始まる前の一ヶ月、かき集めた教科書（当時は、上級生の教科書を譲り受けていた）を勉強させられるのである。国語、算数、社会などの一年分を新学期が始まるまでにすべてやらされた。横に居て一頁づつ進んでいくが、一度読み方を教えた後に間違えようものなら遠慮なくゲンコツに見舞われる。それが痛いのだ！だから勉強しながらも、いつ飛んでくるか分からないこぶしに恐怖を感じながら座っていた。

そんな教育が薩摩武士のやり方だと言わんばかりに叩かれた。体罰で脅すやり方が嫌ではあったが、学校では先生が教える授業の内容をほとんど済ませているわけだから、真面目に聞かなくても理解できるので楽で仕方なかった。先走って、知ったかぶりをする悪い習慣も身に付きはじめ、先生からするとやりにくい生徒であったかもしれない。小学四年生になると、今度は母親が探してくる家庭教師についての勉強が待っていたので、結局、なんだかんだといいながらも勉強に馴染むという姿勢だけは身についていたようである。

父のこぶしは、怖さだけしか印象に残っていないが、このことから机に向かうこと、成績を良くすることなどの意欲が高まっていった事を考えると、あながち、悪いやり方だと批判することはできない。自分の子供を持った私の教育は、どちらかといえば放任主義。「やりたければやればいい、やりたくなければしなくていいよ」という方針である。今思えば、父同様にもっと厳しくやった方が良かったかなと、反省している。そういう意味で、私は、かなり暴力的であった父に感謝することになり、後日これが間違いなく私の大きな財産となっていった。そして、父の腕力行使は私が中学に入った頃からピタリと止んで、仏の父親に変身するのである。

母が亡くなり、父もアルツハイマーで長期の入院生活を送るようになり、妹たちが実家の整理をしていると、押し入れの中から、私の小学一年から中学を卒業するまでの通知表と九年間にもらった賞状などが山ほど出てきた。父がきちんと整理をして、時々は思い出しながら、こっそり見ていたようである。それは何も語らない父の私に対する無言の期待の証左である。

ちなみに、中学三年の通知表を見ると、「良く頑張り、目標を達成しました」と山本勲先生の評があり、一年間全科目オール五であった。父のしたり顔が目に浮かんでくる。（たいして勉強したわけではないが、ゲンコツのお陰かもしれない……）

薩摩魂を少しは注入されたからなのか、父のこぶしの痛さを感じつつも、正真正銘の熊本県人である私に薩摩の生死一大の血脈が流れていることを痛感することがある。

平成二十一年に労働行政の大先輩で薩摩出身、脇田五典氏の勧めで「熊本三州会」のメンバーにも加わり、薩摩との縁を残すこととなった。

更に、両親の眠るお墓は、生前に、それまでの菩提寺にあった荒尾の古い墓から、田原坂の激戦地を眼下に、遠く薩摩の地を望める小岱山公園墓地の高台に新しく建て直した。

父のアルツハイマー病が進む直前であった。

「こりゃーよか。鹿児島が向こうに見えるばい」と父は正気で喜んでいた。

私の、父に対するせめてもの恩返しのつもりでもあった。

不思議な光景

文化的な臭いなど微塵も無かったと思っていたこんな父に、私も知らなかった予想外の一面があり、たまたまそれに出くわしてしまった。

ある年の新年会で、家族全員（いつも二十人くらいになる）が実家に集まった時。酒も入り宴もたけなわになった頃、居間にあったピアノの前に父が座った。

「オヤジ、何か弾けるのかい」と、冷やかし半分に声をかけてみた。

すると、間髪を入れず、鍵盤の両手が動き出す。

学校の唱歌や童謡に歌謡曲など、昔の歌ではあったが、伴奏から始まって弾き終わるまでの間、あきれた面持ちで聞いてしまった。楽譜も無いのに、まるでどこかの作曲家が弾いているような演奏である。その後も、リクエストに応えて、次々と奏でるピアノの音色に聴きほれてしまった。そういえばハーモニカをよく吹いていたのを覚えているが、まさかピアノを弾けるなど想像もしていなかった。音感は良かったのだろうが人には計り知れないというか未知の才能があるのだろう。六十年以上も親子でいながら、そんな特技があったことさえ知らなかったことへの申し訳なさと、わけのわからない不思議な感情が交錯している。

それは、はじめて感じる父親へのほのぼのとした温かさであった。

晩年、入院先の病院でピアノを弾く機会があったようで、私の顔さえ忘れてしまっている八十歳を過ぎたアルツハイマー入院患者の父が、どこかの音楽大学でも卒業しているかのような話まで出るほど、病室の高齢者の皆さんに重宝がられて、ピアノを弾いていたようである。私の親父に抱いていた薩摩の田舎侍のこだわりと、頑固で少なからず封建的、腕力的なイメージしか感じられないこととのあまりのギャップに驚かされた。「ゲンコツオヤジがピアノ弾く」

今でもこの不思議な光景が旧い映画のワンシーンのように思い出されてくる。

振り返ると、二人でゆっくり話したことが一度もなかったし、永い間、父の直接的な愛情を感じるような場面には出くわすことはなかったが、この件があってから優しい言葉を掛けられない父の胸の奥底には誰にも悟られない家族への深い愛情が潜んでいたのかもしれないと思うようになった。あえて口に出さない、まさに薩摩隼人の真骨頂ではなかろうか。

すべて母親任せの父ではあったが、案外幸せだったのかもしれない。

何もしてあげられない、もどかしさを感じながら七年余りの入院生活の後、九十歳を目前に他界した。そういえば一度も言わなかったことを今になって、私は後悔している。

「ありがとう。オヤジさん!」

小学校の先生（小学四年から六年の頃）

中山トミ子先生のこと

母の実家近くに専行寺というお寺があった。その境内に自宅を構えていた中山先生は、引っ越し先緑ヶ丘小学校四年生の時の担任。四十度の熱をおして二時間の授業を受けさせたあの女性教師である。この頃の小学校は女先生が多かった。一年は田中恭子、二年は原愛子、三年は上田敏子、四年がこの中山トミ子、五、六年は男性の右田先生。この先生だけが下の名前を思い出せない。あまり印象に残らなかったんだろうか。中学は一年平山巌、二年で江口圭子、三年山本勲の先生達が担任であった。

中山先生は四十半ばくらいで、それは元気のいい朗らかで活発な教師、ゆうに八十キロはありそうな大柄の体型で他を圧倒していた。女性教師は割と細身でインテリジェンスのある人が多く、丸まるした体型でべらんめー調の喋りをする先生は、彼女を除いては見当たらなかったので小学生の私達の眼にも異彩を放っていた。授業中であろうが、放課後であろうが、名前はいつも呼び捨て。「春成、こっちへ来い！」で呼びつけられ、あれやれこれやれと、やたらと命令されるのであるが、これが妙に気持ちいい響を持っていた。だから、どんなに怒鳴られても反発するような気にはさせないのだ。たまに命令を無視していると「春成、なにやってんだ、言ったことをさっさとせんか！」とまた怒鳴られる。あの身体と怒鳴り声に、それ以上逆らう気にはなれない。しかるに騒がしい悪ガキ共をうまく統制していた。一日の授業が終わると、教室、廊下、窓、机や椅子の掃除が始まる。もちろん全部が木製である。それぞれ当番表で担当が決められており、それに従って机・椅子片付け、雑巾がけ、はたきがけなどをする。女子はまじめにするが、男子ははたきの柄やホウキをもってチャンバラごっこに興じる。すると気の利いた女子が職員室へ告げ口に走る。間もなく、赤い顔をした巨体がバタバタとやってきて、気がついた時にはもう遅い。頭の上にゲンコツが見舞われ、「春成、またお前か!」と毎度毎度、代表で叱られていた。このゲンコツの痛さはどこかでも味わったなーと思い起こすと、そう、親父のゲンコツと一緒だった。だが、違っていたのは、先生のこぶしには愛情がこもっていた。痛かったけれど、恐怖も憎しみも感じなかった。

掃除が上手く終わると机と椅子を隅に押しやり、土俵にみたてた教室の真ん中で相撲を取らされた。相撲の強い五島敬や内掛けのうまい川井正敏などが我先に教室の土俵に上がってくる。ひと通り取組みが終わると、巨体の先生のお出ましとなる。たまにではあるが、女だてらに私達の相手をしてくれた。私も何度か立ち向かったが、ピクリともしなかった。だが学年で一番強かった五島君(通称又兵衛)が相手の時は、さすがにいい勝負をしていた。クラスのみんなに愛されていたんだろう。

トイレは鏡

先生には四人の子供がいた。娘三人に息子一人。特に次女の美恵さんとは同じ時期に入院していたこともあり永いつきあいになった。私には姉がいなかったので、四歳年上でスラリとした美人の彼女は、私の格好の相談相手になった。退院後米屋の長男と結婚してからも自宅に遊びに行っては話し込み、将来の事やら彼女の事やらも素直に話しアドバイスを受けていた。母親ゆずりの性格は、カラッとして歯切れのよい返事を返してくれるので、数少ない理解者としてありがたい存在であった。時代の流れで、米屋が立ち行かなくなった後は、苦労の連続であったように人づてに聞いたが、その後どうしているのか、行方はわからない。（もう四十年近く会っていないなー。どうしているんだろうか？）母親の先生と同じような苦労をしているのではないだろうかと心配が頭をかすめていく。

ある時、先生の苦労を子供心に知ることになったのは、伯母達が先生のことで話しているのを聞いてしまったからである。

私が知った時には、先生のご主人はいなかった。母子家庭となって四人の子供を育てていたが、当時の私には、それがどういうことなのか解かるはずもなかった。本当か嘘か知らないが、自由人のご主人は妻と子供達を残して、どこかへ行方をくらましたまま、二度と帰ってくることはなかったように話は続いていた。（本当のところはわからない）

学校で見る先生には、そんな背景やら事情は気配すらないうえ、一女性としての、又母親としての見えない苦労なども含めて辛さを微塵も感じさせるところはなかった。先生と私の母と気が合ったのは、近所に住んでいたこと以外にも夫に対するいろんな苦労で共通する何かがあったからではないだろうか。だから、先生の事情を知っている生徒の母親が、時々おこる夫のご乱行に悩まされている姿を見せたことで、先生との間に、他の父母にはない信頼関係が芽生えていったのかもしれない。そう考えると、四十度の熱で唸っている私に対して、あのような判断をしたことも理解できる。裏を返せば、その結果具合が悪化して、死ぬようなことになったとしてもお互いを攻め合うようなヘマはしなかったはずである。

当時の教師に比べて、現在の教師の質が世間で言う程ひどくなったとは思わないが、（私が知らないだけで、本当はかなりの質の低下があっているのかもしれないね！）、この時代の先生に対する父兄の信頼と尊敬の念は、今と比べようがない程篤かった。

よく新聞紙上やテレビで、教師の不始末を見聞きする。その内容を知ると、もう話する気さえ起きないほどのものも多い。しかし、それ以上に保護者の教師に対する対応が目を覆うばかりである。先生達もたまったものではない。教頭や校長先生などの管理職になれば尚更だろう。中学生の孫が、時々悪さをして担任の先生から呼出がかかる。母親（娘）が電話口で謝っている。

「今度は何をやったんだ！」と聞いてみると、これが何ともたわいない内容。「机をひっくり返したみたい」とか、「悪口言って、相手を泣かせたみたい」とかである。確かに良いことではないが、話の内容からするとフンフンと聞き流し、孫を怒る気にもならないのだ。

先生達も、自らの意思に反していても保護者達の我儘な注文に応じなければならない学校事情があるからなのだろうか。

最近、教育者という言葉をあまり聞かない。先生はいいほうか。教員、先公、名前の呼び捨てに至っては友達以下。どちらに責任があるのだろうか。タカ派の政治家は、〝今の教育が日本を駄目にしている〟と叫ぶ。結局は何が悪いのか真の原因は分からずじまいに的確な対策も打てないままに流されているようだから、とても改善されることを期待するのは無理なのでは……と思ってしまう。

中山トミ子先生は、家庭訪問の時必ず、玄関から便所に直行していた。

それから、おもむろにテーブルに座り、話し始める。何度か同席させられたが、その時の顔は「すべてをお見通しよ！」と言わんばかりの表情をする。母は、「勝手知りたる手の内！」と先刻承知の様子である。むろん、言われるまでもなく、我家の便所はいつも埃ひとつないきれいな状態で維持されていたので先生も満足気に会話を進めるのである。後日、母から内輪話を聞いた。

「あのね、中山先生はね、その家のあらゆる事が、トイレを見れば分かるんです、といつも言うとるよ」だった。だから、我家の便所が、いつもきれいだったわけではないが、この二人の意見はぴったし合っていたんだろうなーと想像する。教師と保護者の関係が、職業意識を超えて、もっと心の通い合う信頼関係が築けるなら、もう少しは益しになるのかもしれない。

先生と母との関係を思い出しながら、今の時代に欠けているのは、こんな事ではないのだろうかと感じてしまう。

先生の教え

四、五年生を無事終え、六年生ともなるといろんな行事に駆り出される。運動会に学芸会などは楽しく待ち遠しくて仕方なかった。
この年の学芸会で、〝石炭の誕生まで〟という寸劇をやることになり、例の如く役決めにかかった。いつも出張っていた私には、割といい役が回ってきていた。指導するのは、他のクラスの担任、米野先生。ひと通り役が決まった後、全員の前で先生が私に一言。

「春成、お前、大きな声で笑ってみろ」と言い出した。急に言われたので、訳が分からず「なんでですか」と聞き返すと、「いいから笑ってみろ」と催促。仕方なく「ワッハッハ」と恥ずかし気に笑ってみた。すると、「もっと大きな声で！」と言われたが、何の事やら分からず、とうとう期待に応えられる様な大声にはならなかった。私には多少の戸惑いと疑問が残ったが、その場はそれで終わった。

学芸会の当日、この疑問が解けた。

黒の緞帳が舞台に垂れ下がり、「石炭の誕生」の劇が始まった。すると、黒いマントに真っ赤の内張りをしたいで立ちで大柄の米野先生が、地響きのするような音楽と共に舞台狭しと飛びまわっている。地底の奥で石炭が誕生するまでの永い期間を表現しようとしているのだ。大きな笑い声がしばらく続き、地底の爆発音とともに次第に静寂へと変わっていく。そこから私達の劇はスタートした。舞台の袖から見ていた私は、子供心にハッとするものを感じ、「そうだ、私にこれをやらせたかったのだ」と、やっと先生の真意がわかった。

大人は、時として訳の分からないことを言い出す。訳が分からないから何もしない。それでは先に進みようがない。騙されたとしても言われたことに真剣に取組んでみると、意外と分かってくるものかもしれない。そうすることで、自分の人生が開けることになるのなら、やってみた方が良い。損得で考えるものではなく、上司・先輩を含め師と名のつく人がさりげなく言ったことにも、そこには何か意味があるのだ。いちいち説明など不要である、要は素直に聞くことが大切であることを知った。私もこの事があってから、多少の戸惑いがあったとしても言われたことは黙って聞いた方が良いのではないか、と考えるようになっていた。

かの吉田松陰も十七歳の伊藤博文をして「才劣り、学幼きも、質直にして華はなし」と評している。更に「我、これをこよなく愛す」と言っているくらいだから、素直であることがいかに大切であるかを物語っている。大人になった自分がはたしてそうであったかどうかは自分では判断できないが、どうも「才劣り、学また劣り、質偏屈にして、むろん華はなし」ではなかったかと危惧している。

中山トミ子先生の「便所を見れば良く解る」も、同じことだった。それが年を重ねた今になっても、素直に他人の言うことを聞くことの大切さが心の奥に刻まれているのは、生徒に対して何かを教えようとした先生達の熱い思いと信念があったからなのではないだろうか。（小学六年で悟ったようだけど、実際はその通りにはいかなかった。反発することが多かったようにも思う。反省！）

二〇〇七年十二月二十三日、玉名温泉の竹水苑で小学校の同窓会が久しぶりに計画され、私にも案内が届いた。幹事の一人は、木村博文君。まじめ一徹の性格で、我が母校緑ヶ丘小学校の校長も歴任。（なんと幸せなヤツだ！）

その案内に、米野先生出席予定とあった。会って、五十年前のこの思い出を話したかったが、年末に駐在中の米国の会社を離れることは出来ず参加できなかった。やむを得ず自宅から会場の木村君に国際電話をして不参加のお詫びをした。

（本当は、こんなことを中山先生や米野先生とゆっくり話したかったんだが……）

中学から高校時代（昭和三十三年〜三十九年）

中学校の思い出

昭和三十年代に入る頃には、戦後の貧しさから抜け出そうとする新しいエネルギーが社会のそこかしこに見られるようになってきた。マッカーサーの占領支配からの自立に拍車がかかり始める。バスに乗っても、電車に乗っても、貧疎な商店街の買い物などでも、人の波に押しつぶされるような賑わいが見られ、真に新しい時代の到来を予感させる人々のパワーが海の底から渦を巻くように音をたて、大きな波紋をつくっていくのである。後ろを振り向く暇などない、猛然と先を見て突っ走る人間集団が全国土を覆い尽くすかのようであった。戦後生まれの私達は、子供の数も飛躍的に増加。三人兄妹の我家などは平均的、中には片手で足りない子供のいる大家族も当たり前のようにあった。子供の数が多いことは、未来に向けた大きな希望となって、「末は博士か大臣か」と期待される時代へと突入していく。そんな時代背景の中での中学生活は、まだまだ豊かではなかったが、これから訪れようとしている飽食の時代を彷彿とさせる人々の熱気と熱い思いがいたるところに満ち溢れていた。

石炭景気に沸く荒尾市には、荒尾一中から四中までの中学校があった。その中でも我が三中は、当時県下でＮＯ１のマンモス校。校歌に歌われていた―緑したたる小代の、産湯を浴びて十余年鍛え鍛えしこの腕、見よ三中の伝統を―の一節を千五百人以上の生徒が全校集会で一斉に歌い出すとそれは荘厳であった。昭和二十年生まれの私達の学年は、終戦後の食糧難の時代に育ったために、栄養失調などで死んだり、中には餓死する子供もいて、他の学年に比べると生徒数はかなり少なかった。それでも、緑ヶ丘小・平井小・第四小の三校から集まった数は七クラス三百五十人を超えていた。二歳下で、所謂団塊の世代の始まりであった昭和二十二年生まれは、十三クラス六百五十人もいるほどの大所帯で、少子高齢化の現代では考えられないほどの生徒数である。

第三中学校は、緑ヶ丘の高台に位置し、校門を入ると左手に真っ白のロダン、「考える人」の摸像。後年、米国の「シカゴ美術館」で本物にお目にかかるまでの間、いろんな「考える人」像を見せてもらったが、三中の像は飛びぬけてバランスの悪い作品であった。いったい誰が製作したんだろうか、今でもその拙さ加減が印象に残っている。（おそらく若かった美術の林先生の作だろうが、五十五年経った今でもシンボルとして現存している）

その像の斜め後方には、木造の古い体育館。柔道部や卓球部が主としてここを使っていた。右手には職員室と図書館。前後の建物を繋ぐように二階建ての大きな木造校舎が二棟。中央部分に幅広い廊下があり、その左右がテニスコート。各階段の下部分がそれぞれのクラブの部室。校舎の先には広いグラウンドがあって、右側がバスケットコート、左側にバレーボールコート、その奥が野球場となっていた。野球場の外野の部分は陸上のトラックと共有状態で放課後ともなると、このグラウンドに各部の部員がひしめきあって部活に興じていた。学校の周囲は、緑の木々に囲まれ、すぐ後ろに小岱山、遠くに雲仙岳が見える自然豊かな環境が自慢の中学校である。

私も、中学入学と同時にクラブ活動に熱中。それは勉強よりはるかに面白かった。はじめはバスケット部。当時は屋外のコートが常識。体育館などは想像も出来なかった。

三ヶ月ほど頑張ったが、先輩のしごきに耐えられず退部。しごきというより厳しい毎日の練習と先輩風を吹かせての腕力的ないじめに嫌気がさしたのが本音である。

その後すぐテニス部に誘われた。ここでのクラブ活動は、先輩との関係も良好で、とても楽しく過すことができ、ほとんど一年三百六十五日を練習に没頭できた。たかが小さな中学生社会であっても、先輩後輩の有様の大切さをクラブ活動を通して体得していた。

テニス場は二棟の校舎の間にあった。コートの先に駐輪場、その脇に大きな栴檀の木。校舎の二階にも届きそうな高さで、我々の練習を見守っている。夏休みの間も、一日の休みもなく練習に没頭。夏のコートは、じりじりするような蒸し暑さで、栴檀の木で鳴くワシワシ蝉のやかましい鳴き声を聞きながら、一学年下の谷口君とペアーを組み白球を追いまわした。

後年その彼と、妹（文子）夫婦が営んでいる「松屋うどん」の駐車場で、ぱったり出会った。荒尾市議会議員の選挙中で、永く市会議員をやっているようだ。だが、当時の面影はほとんど無かった。元気のいいウグイス嬢の娘さんがやたらと話しかけてくる。（五十年は随分、昔だなーと思い知らされる）ふっと、目を瞑ると当時の顔や場面が手に取るように思い出されてくる。これって何なんだろう、空間をワープするというより、時間をワープしているような不思議な感じさえしてくる。卒業記念アルバムを見ると、〝練習中の春成君〟のタイトル入りでサーブをしている写真が大きく載っていた。テニス部の紹介写真は別にあったので何の目的で挿入されたのかはよく分からないが、ただコートが男女一面ずつ、二階建ての校舎に挟まれて、それはよく目立っていたからだろうか。放課後ともなると廊下から、教室からテニスの練習風景を見ることができて、それはまるで演劇の舞台にでも立っているような気分でプレーをやっていた日々が昨日のことのように目に浮かんでくる。

まだまだ純な心と身体の中学生であった。そんな初心な中学生の私の前に、生まれて初めての異性が現れた。三年生の夏休みの午後。いつものように練習していた時、二階の教室から声がかかった。「二階に上がって来て」と言っている。練習を止めて二階の教室に入ると、数人の女生徒が待っていた。すると、その中の一人が近づいて来て、「私と交際して」とひと言。

彼女の名前は一つ年下の「橋村貞子」、これが初めての経験で私の初恋である。有頂天になって手紙のやり取りなどをするようになったが、その後の彼女の悲運な、短い人生を知ることになるとは、この時は想像することも出来なかった。

喧嘩のツケ

中学卒業から高校入学までの間、解放感で生活態度が想像以上に乱れて、非行の一歩手前までいった。思春期の異性への興味や腕力に任せての喧嘩など。それまでは考えられないような、ぎりぎりの悪さを友人達と連なってやりだした。勿論、親に気付かれないように慎重には遊んでいたはずだったが、とうとう、逃げも隠れも出来ない場面になってしまった。

ある晩、共同浴場での事。二歳年上の森井さんからけしかけられた。

彼は県立荒尾高校の番長を張っていたようで、そこそこ喧嘩も強いという噂で、命令されると断りきれない雰囲気があった。同級生の一人が「生意気だからヤレ！」のひと言で、風呂上がりのタオルを拳に巻いて、何の理由も無く無抵抗の彼をしばいてしまった。暗がりの中で何発か殴ったが、彼は口から血を流し倒れこんでしまった。

それから数日後、暗くなり始めた夏の夜。家の周りに高校生らしき連中が数人、玄関の戸を叩き私を出せと呼出をかけてきた。父親が応対に出たが、引き下がる気配も無い。彼らの言い分を聞いた父は、仕方なく「行って来い」と、冷たく放り出された。

取り囲まれながら着いた先は、小学校の校舎裏。黒い影が十数人待っていた。大牟田高校の野球部の連中である。私が何の理由もなく殴った相手柴尾君は、中学の野球部でキャッチャーをやっていた関係で高校でも野球をやる予定であったようだ。当時のこの高校は、評判の悪ガキ集団で、地元の不良仲間と連れだって、近隣の高校生を震え上がらせていた。その野球部から仕返しを受けたのだ。

大柄の二人が両サイドから肩を組むように寄り添って暗闇を歩き始めた。覚悟は決めていたものの、中学を卒業したての私は、それこそ震え上がる心地でいやいや付いて行くしかなかった。圧倒的数と大柄な相手に反抗する気など完璧に失せていた。

数歩進んだ所で、いきなり左のこめかみに火の出るような鉄拳が飛んできた。倒れたところに数人が何か喚きながら殴る蹴るの集中砲火。どうなったのか何も覚えていない。叩きのめされ地面に這いつくばったようにして嵐が過ぎるのを待った。しばらく経つと、別の集団と示し合わせたようにぞろぞろと立ち去って行った。

もう一つの集団は、森井さんをやっていたのだ。私の比ではないくらいコテンパンにやられ、暗い中でも分かるくらい顔がはれ上がっていた。(全身が痛いのを通り越して、あー怖かった)やっぱり喧嘩するより勉強の方がいいや、と思いながら自分のしでかした非を反省はしたが、フラフラし始めていた当時の私には、いい薬になったようである。

ごく最近のこと、年の瀬に中学の同級生数人で飲む機会があり、この事件以来五十年ぶりに、理由なくしばいた相手柴尾君と会った。彼は、脳梗塞を患い、不自由な身体で参加していた。私は彼の顔を見るなり、あの時のことを謝った。

すると、「俺、何で春成君に殴られたのか今でも分からん」と言いながら、その時のことをよく覚えていた。酒を口にしながら、懐かしんでいるかのようにゆっくりとした口調で喋ってくれている姿と、その言葉の端々から憎しみや恨みが残っていないことが伺え、ひと安心した。永い間、気になっていたことだけに積もっていた胸のつかえが下り、何かほのぼのした気持ちになることができたひと時となった。

だから私の中学生活は、勉強よりも友達との悪戯や喧嘩、そしてクラブ活動などでエネルギーを発散させることが何よりも楽しい時代であった。そんな私達中学の同級生には、一つだけ共通の忘れられない苦い思い出が残っている。それは修学旅行での出来事である。

南九州一周の旅行も最後の日を迎えていた。別府で地獄めぐりをした後、いよいよ荒尾への帰路についた。豊肥線で別府を出発、初めての経験だろう長旅に疲れ気味の同級生たちはウトウトしながら荒城の月で有名な竹田駅を過ぎ、豊後から肥後へ移り変わるトンネルに差しかかった。その時、突然汽車が「ガシャン」と音をたてて停止した。もちろん当時のことであるから汽車は蒸気機関車。時間が経つにつれてトンネル内には、煙とススが充満してきた。窓を閉め切っても何処からか湧いてくる。ハンカチで口を押えながら三十分経っても汽車は微動だにしない。このまま車内にとどまるか、それともトンネルを歩くかの思案をしながら一時間ほど我慢したところで、ゆっくりと汽車が動き出した。やっとのことで暗いトンネルを抜けるとまぶしいばかりの明るい日差しが私達の顔を照らしてきた。私の前に座っていた独身の江口圭子先生の鼻の周りがススで黒ずんでいたので、「先生、鼻の中が黒かですよ」と声をかけると先生は慌ててハンカチで鼻の周りを拭きだした。トンネルを抜けた所は宮地駅。何台もの救急車にパトカー、大事故を予想しただろう白衣の医者に看護婦、さらに新聞記者らしい人なども来ていて、そこは大騒ぎであったが、私達の誰一人として、不具合を訴える生徒はいなかった。当時中学生であった私達は、戦後の貧しく厳しい環境の中で育ち鍛われ続けていたので身も心も強靭であった。蒸気機関車の煙とススを吸いながら、トンネル事故を無事にやり過ごしたことは本当に誇らしいことだと自慢できるのではなかろうか。

青天の霹靂

高校進学の第一希望は、黄な線の「済々黌」であったが、いろんな事情があって玉名高校に入学。入学前の春休みに、勉強もせず遊び呆けていた為、最初の校内テストは、四百五十人中百五十番程度の成績。こんなはずではなかっただけにショックが大きかった。そこから思い直して真剣に勉強に取組んだ。高校時代は、クラブ活動もせず、勉強に明け暮れた。少なくとも百番以内でないと国立大学への入学は無理であることはわかっていた。一年生では汽車通学、二年では時間が惜しくてバス通学に、三年になると朝夕の課外授業のために自転車通学に切り替え、片道十六キロを一時間ほどかけて通った。ハンドルの前に単語や歴史の年表などを挟み、暗記しながらペダルをこいだ。

二〇八号線がまだ舗装されていない時代で、夏ともなるとダンプやバスの通過した後は前方を白い煙で遮られたような砂ぼこりの悪路は、とても快適な通学路ではなかったが、とにかく頑張って母親の期待に応えたい一心で勉強に取組んだ。

努力の成果は徐々に表れてきて、三年の春には、全体の十番以内を狙えるところまで成績は上がってきた。中学からの唯一の女友達、「貞子」に時々手紙を書く以外は、異性との付き合いも無く、クラブ活動もせず、ただただ成績の為だけに勉強一筋に頑張った。

だから高校時代の楽しい思い出などあまり残っていないが、玉名高校の三年間は間違いなく私の人格の礎をつくってくれたと思う。それは質実剛健を醸し出す級友、恩師、白亜の学舎そして学校の伝統そのものであった。

三年生の二学期ともなれば、大学受験先を決める時期。成績も上位にランク、一期校で九州大学、二期校で神戸外大の国立大学を目指して、チャレンジするように準備をしていた矢先の十二月十四日授業中に、いきなり緊急事態の宣告を受けた。入学願書に付けて出した健康診断の結果、肺に異常が見つかっていた……。

授業中、担任の亀崎先生の指示で玉名中央病院へ行くことになった。

診察の後、医者に恐る恐る病状をたずねてみると、なんと即入院との診断である。

自転車通学でたまに感じる疲労感以外に身体の異常はなく、健康優良児の自分がまさか病気になるなどとは全く想像もできないことであり、それだけに医者の宣告は、幼い十代の私の胸にぐさりと突き刺さった。突然の仕打ちで私の頭は絶望で真っ白、泣きながら教室へ戻ってきた。その日は、授業を途中で切り上げ早めに帰宅したが、帰路、自転車のペダルを踏みながら、「青天の霹靂」となったこの思いがけない事態に身も心も打ちのめされてしまった。

その翌日、母親に連れられて大牟田の天領病院へ行き再度の検査を受けたが、答えが変わることはなかった。次の日荒尾市民病院に入院、正月は独り隔離病棟のベッドの上で過ごすことになった。三月一日の卒業式には、何としても出席したく、担当医にお願いし、入院先の病院から式典に参加した。

これからどうなるのか不安がいっぱいで、同級生達にお別れを言って、寂しく入院中の病院に戻ったが、その夜は辛く、悲しく一晩中泣き明かしてしまった。

出席日数がやっと足りたので、三学期は全休したが、何とか卒業できたのがせめてもの救いであった。そして、小学校一年から続いた無遅刻・無欠席の記録が十一年と八ヶ月余りで途絶えてしまうことになる。

十八歳の挫折

闘病生活へ

ほんの一瞬にして世界が変わった。地球の自転が止まってしまったかのような衝撃が身体と頭を突き抜けた。夢も希望もある高校三年生から、一日中寝たきりの闘病生活へ。母が準備した真新しい布団と共に荒尾市民病院のいちばん奥にある結核病棟の大部屋での生活が始まった。一般病棟からは隔離された古い木造の病室。数日の間で、立ち直れないほどのダメージを受けたうえに、その心に覆いかぶさるような暗い病棟は、現役高校生が過すにはあまりにも酷な環境に見えた。ただ救われたのは、外来や一般病棟もある総合病院であったこと、結核病棟はそこから少し離れているだけで、行き来は自由であったことなど寂しさを紛らすには余りある環境ではあった。エックス線検査などはマスクをしてさえいれば、一般病棟にも堂々と行けるし、昼休みともなると玄関の両サイドに広がる芝生の上で誰とでも自由に話ができる。卒業から大学受験の合間をぬって、同級生や友人達が見舞いに来てくれると、天気のいい日などは病室を避け、外の空気を吸いながらの彼らとの語らいが入院生活での唯一の楽しみであった。

しかし、それが終わった後の孤独感と虚しさは何ともたとえ様のない、まるで空気が抜けた風船状態になってしまうのである。大空へ舞い上ろうとする友人達の姿が羨ましく、逆境に曝されている自分が惨めで仕方なかった。いったいこれからどうなるのだろうか……。

将来に対する不安が脳裡をかすめていく。

病室は六人部屋。土建屋の親分塚本さん、片足の無い義足の判子屋松石さん、六十を過ぎていがぐり頭の小林さん、小柄で控えめな田中さん、地元会社の工場長の原田さんと新入りである私の六人。ここには、結核患者が男女合わせて六十名程いて長期療養生活を送っている。永い人は二十年近く療養しており、病棟の主みたいな存在で入院患者の私生活に至る隅ずみのことまでも精通しているのである。だから何か分からないことがあると、彼らに尋ねれば大体のことは呑み込める。病状のことや入院生活での悩みなど、心配事一切を医者よりも詳しく丁寧に説明してくれる。そして、それが妙に説得力があるのだ。

結核は、法定伝染病に指定されており、入院費用等も国が負担する仕組みになっており、入院患者には何の請求もない。経済的負担が無いということは、患者やその家族にとっては幸運なことで、社会復帰を目指して治療に専念できるようになっている。だから、十年居ても、二十年居ても三食昼寝付きで何ら経済的問題は起こらないので、病状が回復せず生涯を療養生活で終える人も稀には出てくる。幸か不幸か個人差はあるが、この生活を楽しみながら過す人もいて、あれほど感じた悲壮感が嘘のように日を追うごとに薄れて行く。あきらめというより、人間が如何に置かれた環境に順応する動物であるかを肌で感じることになった。

寝ることを惜しみながらの充実した受験生活から、寝ることが商売の療養生活へと変化していく中で、突然訪れた不幸への怒りや焦りを通り越して次第に怠惰な生活に飼いならされるように、少しづつ本来の自分自身を見失っていった。

三回の大手術

六ヶ月が経過したが、病状に回復の兆しは見えない。右肺の病巣は沈静化せず左肺にも転移する気配で、もしそうなると、早期退院の目途もつかず、所謂飼い殺しの状態になる可能性も出てきた。担当の女医満田先生と東外科部長から、レントゲン写真を見ながらの詳しい説明があった。むろん、母親も同席しての結論は早急に悪い部分の肺を切除する手術を施すことに決まった。

「大きく息を吸って、数を言ってください」「一、二、三、四、五……」

三度目の全身麻酔は、十を超えたところで意識が途絶えた。わずか一ヶ月の間に八時間を超える大手術を三回する緊急事態になった。当初の説明では、右肺の病巣部分を切り取るだけの簡単な手術で終わる予定であったが……。執刀医は、温厚な外科部長の東先生と医学部を卒業して間もない元気のいい松兼先生の三十代半ばの若手医師二人のコンビである。

東先生は、その後熊本市田迎に医療法人東病院を開業。松兼先生は、熊本日赤病院でチンドン屋を趣味とする名物院長として活躍。この二人が私の身体にメスを入れた。一回目の術後、病室に戻された。ベッドに横たわる私の頭越しには、冷たく重そうな鉄製の酸素ボンベが二本見える。頭を囲う四角い酸素テントの中で更に酸素マスク。ベッドの右下を見ると、身体の三ヶ所に埋め込まれたゴム管から出血する血液が透明の円筒のような容器にボコボコ音を出しながら流れ込んでいる。上を見ると、両足にそれぞれ二本、左手に一本、合計五本の輸血瓶がスタンドの高い位置に無造作にぶら下がっている。輸血は一定の周期でぽとり、ぽとりと落ちている。どう見ても輸血する量よりゴム管から流れ出る血の量が多い時が続くと、それが何を意味するか、尋ねるまでも無かった。

二回目の手術が終わっても、状態は変わらなかった。病院中に、危篤の情報が流れたようである。むろん、私がそのことを知るはずもない。

一週間を置かず三回目の手術を言われた時には、さすがに無頓着の私にも〝これはヤバいかも〟という意識が芽生えた。手術以来、私のベッドの下で二十四時間付き添って看病してくれている福田のおばちゃんに鏡を見せてくれるように頼んだ。出された鏡を覗き込むと〝アッ〟と息を呑み込んでしまった。顔色が焦げ茶色になっている。自分の顔じゃない。輸血によるひどい黄疸症状で黒っぽい茶色の肌にげっそりした頬が鏡の中にある。

覚悟しなければならない状況にあることは一目で理解できた。

肺は、右が上葉、中葉、下葉の三つに、左は心臓がある為か上葉、中葉の二つに分けられる。通常の肺切除はその中の一つか、せいぜい二つの病巣部分を切り取るもので、一回の手術で完了すると聞かされていたので両親も私も、この手術をそれほど深刻に受け止めてはいなかった。まさかこんな事態になるなど想像すらしていない。血液型の問題も発生したらしい。輸血をする場合、ＡＢＯ式などで形成された血液に、型違いの血液を混ぜると凝集や溶血が起きるため型合わせが必要とされている。

術後の医師の説明では、凝集点が通常の人より遅いための問題らしい。出血が止まらないまま三回目の手術を迎えた……。両親をはじめ家族全員が集められている。麻酔を打たれた後、このまま〝あの世に行きそうだなー〟と感じながら意識が途絶えていった。

「…………」どれくらい時間が経過したのか解らないが、ベッドの上で麻酔から覚めた。だが、胸がやたらと重い。それもそのはず、二～三キロはありそうな砂袋が右胸にどっかりと乗っている。

背中の切開傷がチクチクと異常に痛い。出血は少し減ってきたが、相変わらず五本の輸血は続いている。胸の中は、熱く、普通ではない感覚の中、〝ズキンズキン〟と音がしている。それでも、何とか生き延びられたことの喜びで胸がいっぱいになった。

死ななくて済んだ安堵感とともに窓越しに見る空の青さが涙目に飛び込んできた。健康であれば当たり前の「生きている歓び」が全身から溢れ出てくる。

一ヶ月の間に三回の大手術をし、死の淵から逃れてきた後に見る人も物も、病室の様子もすべて、何もかもに生命の息吹を感じるのである。

人間の体内には、体重六十キロの人で約四千二百ＣＣの血液を保有している。

私の場合、三回の手術で一万二千ＣＣを輸血。体内の血を三回入れ替えたことになる。胸の砂袋の正体は、肋骨三本を切り取り、右肺全てを除去した後の膨らみを抑えるための重しであった。背中の傷は、肩甲骨に添って三度にわたり三十センチの切開跡がケロイド状態になっている。ケロイド状になると、なかなか傷口が繋がりづらく、所どころにガーゼを当てて止血している。五ミリ程のゴム管は、内部の出血液を体外へ出すために、脇の下、右横腹、背中の腰に近い部分の三ヶ所から切除した肺に向かって突き刺さったままである。

「若いのに肩が落ちたら可哀想だから、何とか鎖骨は残すように最善を尽くしました」と二人の医師は、あたかも肋骨を三本も切り取ったことを正当化するように強調しているが、十八歳の健康優良児であった私の身体は､見るも無残な姿になってしまっていた。容態が落ち着き始めた頃､ベッドから自力で降りようとするとくるくるとめまいがする。目を閉じて、付き添いの福田のおばちゃんの手を取ってやっと立つことが出来た。三か月ぶりである。フラフラしながら体重計に乗ると、八十キロあった体重がなんと三十五キロまで減っている。飢餓に苦しむアフリカの難民と同じ骨と皮の体型に退化していた。それでも、こうして生きていることの事実は何にも替えられない喜びであった。

手術後は順調に回復。半年もすると体重も五十キロ近くまで戻り、時々みまわれる身体の変調を除くと普通の生活ができるようになってきた。入院から丁度二年後の年末に無事退院。この年の大学受験は、何の準備もしていない有様で、見送らざるを得なかった。新学期がスタートした四月、玉名高校の学力テストを受けることにしたが、二年間のギャップの大きさを思い知らされたというか、無残な成績に叩きのめされてしまう。それからは勉強する気力も失せ、身体の不調と同期するかのように次第に自暴自棄の生活にのめり込んでいった。

荒廃した生活

昭和四十年代はじめに、ベンチャーズを筆頭にエレキバンドが大流行。

悪友数人で、大学バンドを集めてのエレキコンサートを企画。とにかく、遊ぶお金が欲しかった。後に、高橋真理子がソロで歌う「ペドロ&カプリシャス」の前身で福岡大学の「ブルーマウンティンボーイズ」や西南学院のバンドを中心にした興行を大牟田市民会館等を借り切って行った。私の役割は、コンサートのポスター作りや入場券の作成と集めたお金を管理する会計が主な仕事。しかし開催までの過程で、いろんな問題が発生した。地元ヤクザさんとの興行に関する調整、近在高校の番長どもを集めての入場券の押し売りが、恐喝事件を多発、税務署への入場税の前納に関する脱税事件などである。

そして、とうとう仲間の一人が酔って喧嘩をしたあげく、ブロック塊で酔客の頭をたたき割り、その相手が死亡してしまった。彼は、現役の大学生、他は私を含めてチンピラまがいで無職の風来坊達。この殺人事件を契機に警察にも目をつけられ、全員が逮捕の対象になっていった。私は、暴力事件には関与していなかったが、巧妙に前納税の還付を受けた脱税容疑の嫌疑がかかり始めていたので、いつ事情聴取を受けても不思議ではなかった。

当時のコンサートの入場チケットは三百円が相場。昼夜二回の興行で二日間。入場者の見込みは一回で三千五百人、延べで一万四千人。入場券の端の方にミシン目が入り、裏側に納税の割印スタンプが押されている。通常入場者には半券を渡すのであるが、ほとんどの入場者に半券を渡さず回収するように指示をした。前納額は入場券の十一％、一万五千枚分の四十九万五千円。半券を切らない入場券は、前納した税金の還付が受けられるのである。

ほどほどにしておけば良かったのが、欲をかいてしまった。結果として、恐喝容疑や脱税容疑などで取調べを受ける状況になってしまった。大学生の初任給がまだ一万円にも満たない時代の話である。

会計を任された私は、当時銀行に預金をすることなど思いもつかず、使っても使っても減らない現金を百万円位はいつも持ち歩き、アパートも二軒借り、朝から高級レストラン「ロイヤル」で豪勢な食事、昼間はあちこちから持ってくる入場券の代金を「蜜蜂」という喫茶店で受け取る毎日。夜になるとキャバレーや仲間がバーテンをやっていたクラブ「結」や「真砂」で飲み歩き、深夜には暇なホステスを連れて、高倉健や鶴田浩二のヤクザ映画を観て、朝方アパートに帰る生活が続いた。もう、どうでもよかった。どうなっても関係ないと自分に言い聞かせながら家にも帰らず、喧嘩っ早い悪友達と町の中で、とぐろを巻いて遊び呆ける日々。まさに挫折の真っただ中で、二十歳を迎えていた。

福岡県の南部から熊本県の北部にわたる高校で、この地域一帯を仕切っていた大牟田高校の大番長でお好み焼き屋の息子が、大号令をかけていたことが原因で、入場券の売りつけがらみの恐喝事件が多発。これらに関わった連中は、警察に確保されそうなヤツから順次、この地を離れて行くことになる。残金を分配した後、蜘蛛の子を散らすように関東、関西方面に消えていき、散りじりになってしまったが、最後に独りだけ残った私は、どうしたらいいものか途方に暮れていた。

所持金も残り少なくなり、親にも迷惑をかけたくないとの思いもあって結局、「松田」の伯母を訪ね京都行きの旅費を借りることにした。警察の厄介にもなりかねない状況であったことと、まともでなくなった心と身体が、この地を離れることを決心させた。京都を選んだのは、大学へ通う親友がいたから。伯母は心配そうにしながらも、私の切羽詰まった様子からすぐにお金を出してくれた。理由は何も聞かなかった。両親にも話さず、その日の夕刻には借りた三万円を握りしめ、大牟田駅から京都に向かう夜汽車に飛び乗った。

どのような悲観的な言葉を並べても及ばないような打ちひしがれた気持ちでデッキに立っている。そこから見る夕暮れ時の車窓の移り変わりと、わずかな期間のうちに大きくうねりながら荒海に放り出された自分自身の運命が交錯する。何故こんなになってしまったのか……、走馬灯の薄灯りがうつろぐようにいろんな想いが頭の中を駆け巡った。まったく、予想さえしなかった方向へと進む挫折感にさいなまれ、生まれて初めてのあてのない旅に出て行かざるをえなかった。時々痛む背中の傷は、心の疼きと呼応するかのように〝ズキンズキン〟と音を立てて響いている。こうして十八歳の高校三年生から始まった辛い反動の時が二年余り続いていった。

京都への逃避行

前ぶれも無く、京都西本願寺の先にある山陰本線の丹波口駅前通り、昔の遊郭を改造した下宿屋から立命館大学に通う高校時代の同級生で親友の古城雅義の所に転がり込んだ。何をどうしたいのか、これから先の計画もあてても何もなかった。ただ逃げてきただけの虚しいものでしかなかった。彼は、突然現れた私を不思議に思い、京都に来た理由を尋ねた。仕方なく、退院後の荒れた生活と大牟田での事件の経緯を話すと、ここまで出てきた訳がやっと呑み込めたらしく、その後は何も尋ねることはなかった。翌日から、ここを根城に生活をはじめた。下宿の年老いたおばさんには、古城君がうまく説明したらしく暫く居候をすることを了解してもらった。金のない私には願ってもない宿が見つかり一安心。すぐに職探しをはじめると、贅沢さえ言わなければ仕事はいくらでもあった。四条河原町東入るのネオン街で「ジャズ喫茶 ハト」のドアーボーイを皮切りに京都先斗町の三条寄り、都踊りの練踊場前にあった高級クラブ「葵」のフロアーボーイなどをして生計を立てる目途はついたが、下宿代も払わない居候生活を長く続ける訳にもいかないし、彼の勉強の邪魔をしてもいけないので内心、早く出て行かなければと考えながらの日々を過ごすことになった。

渡りに船とはこの事か。山城新吾や倉岡伸太郎などの芸能人がひんぱんに出入りするこのクラブでバーテンをやっている小柄で色白の矢野君と仲良くなった。宮崎の出身で一つ年下。九州出身ということもあってか何かと面倒を見てくれた。店が終わった後、食事をごちそうになったり、二人で風呂に行ったり。彼は、四条の南座を少し下ったところのアパートに一人暮らしをしていた。泊まっていけというので二〜三回お世話になった。一緒に風呂に行くと背中を流してくれる、バーテンで高給取りの彼は食事もご馳走してくれる、部屋もある、居候生活の私からしてみれば申し分のない環境にあった。

ある晩、風呂屋の洗い場で私の背中の傷を見て「この傷どうしたんですか」と尋ねられた。とっさに「この傷は九州で喧嘩をしたとき切られたったい」と冗談半分に嘘をついてしまったが、彼はすっかりその言葉を信用してしまったらしい。

「引っ越してきてもいいよ」というので、迷惑をかけている下宿での生活をやめられると思い、少しづつその気になりだしたところで、ふと妙な感じに気づき始めた。いくらなんでも男にしては優しすぎる。ある冬の寒い日、夜の仕事を終えて銭湯帰りに一杯やってアパートへ戻り、間もなく床に就くと、なんと彼が私の布団に忍び込んできた。何ごともなかったが、その夜は、生きた心地はしなかった。早々に朝帰り、二度と泊りに行くことはなかった。

あたたかく迎えてくれた古城君には感謝しながらも、大学生活を送る彼らとの違いに悔しさが込み上げてくる毎日が続いていた。そして、決定的瞬間が訪れる。いつものように店の前を通る若者達に呼び込みを掛けていた。「いらっしゃい!」と数人の学生に声をかけたところ、たまたまその中の一人が、これまた高校の同級生で仲の良かった級友の戸上博。向こうは気付いていない、〝ヤバい〟と思った瞬間、顔をそむけてしまった。何事もなかったかのように彼らは通り過ぎて行った。

私の卒業した玉名高校は県下でも有数の進学校。級友のほとんどが進学している。

そんな中、夜の盛り場でこうして呼び込みをしている自分が恥ずかしく、惨めな姿をさらしているのを見られたくなかった。まだ若かったが、同級生に対するプライドだけは強烈に残っていた。〝こんなはずじゃない〟と大学生活を過ごす彼らとの、現実的な比較の中で、情けない自分の姿が負け犬のように思えてくるのである。この一件があってから、ぐうたら生活を続ける中で、やっと自分自身を直視する意識が少しずつ芽生え始めていた。毎日の生活の中で接する二つの面は明らかに相反するものであったが、安直で快楽的な夜の世界に染まらず、本来の姿の自己実現を目指そう……と、思い直したきっかけは、こうした些細な出来事の積み重ねと、それに触発された自分本来の信念が再び目を覚ましたからではないだろうかと思っている。そして身体全体から、もう一度やり直さなければという熱い思いがふつふつと湧きあがってきた。京都に来て半年あまりが過ぎた頃、やっと熊本へ帰る決心がついてきた。

この間、無賃で泊めてくれた下宿は、元遊郭跡を改造したもので、階段や円形の格子窓などは、その時代を髣髴とさせる造作があちこちに施されていた。ここを仕切っている年老いたおばさんは、地味な和服姿の、いかにも京女の風情を漂わせていた。風来坊の私を温かく迎え、そして今は玄関口で小さい孫を抱きながら、これから京都を去り九州へ帰ろうとしている私を見送ってくれている。

「がんばりやっしゃー」と一言。ぐさりと胸の奥に突き刺さった。それは再起への合図となって私を、辛かった京都の街からの旅立ちを後押ししてくれているようにも感じた。

古城君や下宿のおばさんにお礼を言いながら、居候生活に終止符を打つとともに、あきらめかけた自分の人生をもう一度取り戻そうと心に誓いながら京都を後にした。

「貞子」の死

入院中の体験

入院中には学校では学ぶことのないような出来事を数多く体験した。刺青を入れた人達との付合い、札が飛び交う花札賭博の鉄火場、病室で密かにうつヒロポン注射、昭和三十三年に廃止になったはずの赤線にも連れて行かれた。ある時、隣の病室の「幸ちゃん」が、いつもの腹巻にセッター履き、肩から二の腕にかけてチラチラ見える刺青を得意そうに、荒尾競馬の出来レースの八百長情報を流してくれた。目いっぱい掻き集めた三千円を託すと、それまで手にしたことのないあぶく銭が手元に届いた。

永い人生のほんの数年の回り道ではあったが、絶望感に打ちのめされた入院当初を考えると必ずしも無駄なことばかりではなかったようにも思えてくる。良いか悪いかは判断できないが、ストレートにいった人生では味わえない何かを知ることが出来た。これらの貴重な体験を活かせるか、それとも無駄にしてしまうかはそれぞれの分かれ道となる。どちらの道へ進むかは、その人の運命なのだろうか。いやそうではないかもしれない。年端もいかない短い人生ではあっても、その人の生まれ育った環境から醸成された人格が道筋をつけてくれるのではないだろうか。そういう意味では、家庭のあり方や親の役割が如何に大事かということを思い知らされる。学校では絶対に教えてもらえない、経験できないような場面を幾つも知ることになった。そしてそれらは全てが、映画や小説の中での出来事ではなく現実社会で日常起きていることばかりであった。

三回の手術を経て「死ぬ」ということを肌で感じた。

健康な身体であったなら、恐らく「信仰」だとか「宗教」の類に接する機会も、興味もなかったはずである。手術を前にしたある日、クラスメートで親友の坂口恵之佑が見舞いに来た。彼は私の友人の中でも特別な存在で豊かな人間性と包容力を備えていて、唯一尊敬できる人物であった。私がこれからしようとしている事をまったく同じように体験していた。彼も結核で入院し肺切除の手術を受けていることがこの日の彼の説明で分かった。彼は二年遅れで我がクラスに編入、大柄ではあったが落ち着いた雰囲気と優しい眼差しが印象的ですぐに親しくなった。体育祭ともなると美術部に所属していた彼と私が中心になって応援団のバックに飾るタタミ十畳ほどもある大看板を夜を徹して作成したり、勉強以外でも何かと親交を暖めていた間柄。とにかく波長が合っていた。その彼が、放課後たびたび病院を訪れては難しい「信仰」の話をするようになった。中身はよく理解できなかったが、彼の熱意と同じような体験を通しての話を聞くうちに、信頼する彼がそこまで心配して、いろいろと言ってくれるのであれば信じてみようという気に少しずつ傾いていった。

私の信仰心は、決してほめられるような熱心なものではなかった。ただ、三度目の手術の前には窮地の神頼みで〝何とか生かしてください！〟と、それこそ生まれて初めて真剣にお願いしていた。若し、何もすがるものがなかったとしたら、あれほど強く「生」に対して執着していなかったかも知れない。彼が私に言った〝願いとしてかなわざるはなし〟の一語が耳から離れなかった。人は信仰心を持たないより持っている方が強くなれる。法治国家では、行動の善悪を法の基準に照らして判断することはできるが、あくまで人の行為が前提となる。人が何を思い、何を考えようが内面的な思考を律し、罰することはできない。信仰は人の愚かな内面の問題を善悪でたとえるなら、一般的には善の方向に導いてくれるものだと思う。だから信仰心のある人は強くなれる。

誰でもそうかもしれないが、自分の信じるものが唯一無二だと思うだろう。それはそれでその人の信仰心の深さによるものだからあえて否定するものではない。ただ狂信的、盲目的では困る。信仰の対象を考えれば、世界中に百万とある。自分の信ずるものだけが正しいとするならば、あとのものは全て悪となる。しかし、それでは困る。困るというより、そうではないはずだ。宗教が何でもいいとは言わないが、法治国家の中で許された思想信条の自由の範囲内であれば、良と言わざるを得ない。だから、他人が信ずるものをむやみに否定することは良いとは言えない。手術の後で、時折もたげてくる善からぬ思考が頭をかすめる。「こんな身体になったから、もういいか。死のう」、「家に火をつけたら」、「銀行でも襲って」、「あの女を手篭めにするか」など、若くして行き詰った私の破滅的妄想を優しく、時には激しく内面的に律してくれたものの一つが信仰の力ではなかったかと今でも感謝している。

人の悩みの根源は「生老病死」にあると言われる。生まれてきたが故に直面する途方もない苦難、老いていく不安、病からくる絶望感、そして死ぬことの恐怖心など、人はそれを避けては通れない。この頃の私は、これらの悩みの反対側にある、「夢」や「希望」そして苦悩や困難に立ち向かおうとする「覇気」などとの内面的な瞬時瞬時の戦いの場にいた。その戦いを後押しし勝利に導いてくれるのが信仰の力であるとすれば、それは私にとって大いに意義深いものであったと思う。信仰とは対象物の如何を問わず、人間の最大の知恵であり、宇宙の真理であるとともに万人に分け隔てなく平等に与えられた特権であるはずだ。楽観的で無神論者であった私が、生死をさ迷う事態になかったならば、おそらくは信仰に接することも信じることもなかったはずである。

初恋の人の自殺

入院して半年が過ぎたが、初恋の人、一つ年下の橋村貞子とはなかなか会うことができなかった。彼女は、中学を卒業して大牟田駅通りにある笹林産婦人科に住み込んで大牟田準看護学校に通い始めていた。手紙を書いたり病院に電話をしたりして会うことを試みたがいずれもうまくいかず、年に一、二度顔を見るくらいの遠縁になってしまっていた。

ある日、病室に妹（文子）が駆け込んできた。「橋村さんが死んだてよ！」「何でや！」「自殺らしいよ」「えっ……」彼女が十七歳の時である。

彼女の家は、小岱山の麓にあった。両親と姉の四人暮らし。古いお寺の前から路地を少し行くと突き当たりに平屋のこじんまりした家と、軒先に五十坪ほどの畑。裏は人が入れそうにもない雑木林が裏木戸あたりまで覆いかぶさるように枝を伸ばしている。彼女はこの家で生まれ育っていた。中学三年の夏休み、テニスの練習中に呼び出され交際するようになって三年近くが過ぎていたが、デートらしいことをしたのは二～三回しか記憶にない。

ほとんどが手紙のやり取りで終始した。私の方は、吉永小百合に似た美人の彼女への想いだけが勉強漬けの毎日の生き甲斐であった。ある時、写真を添えて手紙が来た。天にも昇る気持ちで文面を追っかけた。内容は期待するほどのものではなかったが、最後に「懐かしい春成君へ」とあった。その時は、「懐かしい」と書いた彼女の気持ちを理解することができず、〝あぁー、まだ俺のことを想ってくれているんだ〟と内心ほっとしたのと甘美な幸せ感が体中に溢れていた。しかし、それは私の誤解であって、彼女の方は私を過去の人としか見ていなかったことが後日解った。次に来た手紙の中で、同僚の「景子」を紹介したい旨の内容がしたためてあり、この事から「懐かしい」（なつかしい）の正しい意味を思い知ることになった。

私の入院を伝え聞いてるとは思いながらも、見舞いに来てくれることを期待していた矢先の突然の訃報であった。だから社会人になっていた彼女と高校生の私の間には大きな隔たりが生じていたのだろうが、その時の私にはそんな事情などわかるはずもなかった。

彼女と中学の同級生で仲良しの虎口さんが、私の入院している病院に看護婦として勤めていた。私たちの交際を知っていた彼女の計らいで葬儀には間に合わなかったけれど自宅にご焼香に行こうと誘ってくれた。そして数日後、彼女の家を訪れる日が来た。

毎日顔を合わせているような身近な人が亡くなってもすぐには信じられない。頭の中では解っていても、現実として受け止められない、というより事実を受け止めたくないのが普通である。私の場合は七夕さんと言われても仕方ないくらいの間柄だった。だから突然の訃報を聞いてもよそ事のようにしか思えない。その日、焼香に行っても悲しくもないし涙も出てこないのだ。会いたいと思って、家の前まで何度も訪ねて行ったことはあったが、勇気がなくそのまま引き返すばかりであったのでこの時が、家の中に入るのも、お母さんに会うのも初めてであった。お母さんの名前はツルヱ。私の母にも似ていて、ほっそりした身体にしっかりした顔立ちで優しく出迎えてくれた。

「よく来てくれましたね」「春成です」「知っていますよ。貞子も喜んでいるでしょう、ゆっくりしていってくださいね」私を前にして微笑みながら話しかけてくれた。上手な挨拶もできないでいると、お母さんは一冊の写真帖を取り出してめくり始めるとすぐに手を止めた。私の写真が二枚張ってあった。「これこれ」と言って、見せてくれた。自殺の動機についても尋ねたかったが、とうとう家を出るまで言い出せなかった。

帰る間際、欄間に故人と思わしき写真が数枚かけられていたので見ていると、左端の幾分新しい遺影を指さして、「あれは、貞子の父親ですよ。半年前に炭鉱の落盤事故で死にました」と無造作に話すのである。私は、それを聞いて愕然とした。長女は広島へ嫁いでいるからか、お母さん以外の姿はどこにもない、独り暮らしなのだ。彼女の置かれている状況と立場が、それはそれは深い悲しみのどん底にあるにもかかわらず、悲しみや辛さを見せない平然とした立ち居振る舞いは信じられないほどの穏やかさで私を迎えてくれている。

しかし、その事実を聴かされた瞬間、私の中に、とてつもない悲しみが込み上げてきた。この母は、その年、ご主人と最愛の娘の二人を亡くしていたわけである。だが考えられないほどの優しさで、今も微笑みながら、何事もなかったかのように応対してくれている。貞子の死で出なかった涙が、そんな母親の姿を見ているとわけもなく流れてきた。

家を離れるときの、「また来てくださいね！」が深く耳に残り、それから退院後この家を何度となく訪れては、近況を話すことになったが、いつ伺っても穏やかで優しく私を迎えてくれた。一度として、二人を亡くした悔しさや愚痴を聞くことはなかった。こんな風に、とてつもない悲しみを乗り越えられるのも「三世の生命」を信じる信仰のなせる業なのかと、死を覗き見した時にわりと平然としていた自分の心境を思い浮かべて、何とかこの強く見えるこの母親を理解しようとした。

立派な人に！

二回目の米国駐在を終えて、実家へ帰る機会があったので、その足で久しぶりに、そう十年振りくらいで貞子の家を訪ねてみた。表札は掛かっていたが、人が住んでいる気配はなかった。私の母も一年ほど前に亡くなっていたので、やはりそうかなと思うしかなかった。

彼女の死が、何故これほど私の心に焼き付いているのかは、初恋の人であったからだけではない。彼女の自殺からしばらくして手術をし、それから一年後には退院したが、退院後、何故彼女は自殺をしなければならなかったのか、原因を知りたくて知人に聞いて回った。その頃から、彼女の姿が夢枕に立つようになった。友人から脅かされて、「橋村がそこに立ってるぞ」と言われただけでビビり、全身に鳥肌が立った。恋しいとか会いたいとかの艶やかなものではなく、ただ怖いのである。特に、自殺からの二～三年の間はひどかった。「懐かしい」と思われていた私に、何かを訴えたかったのか、それとも何かしてほしい事があったのか。自分自身の体調の悪さと、将来への悲観的な想いが、彼女を自殺へと追いやった得体の知れないものへの復讐心みたいなもので頭の中は覆いつくされていった。肋骨三本をとられ、へこんだ胸とケロイド状に切り刻まれた背中の傷の痛みが、助長するかのようにあてもない加害者に向けて、あの穏やかな母親の本音を想像しながら、敵討ちのような強烈な想いを募らせていく。貞子の死は、彼女の母親の表には見せない深い悲しみ、そして私自身の自暴自棄の心とリンクしながら二十歳の私にとり憑いていた。

たいした付き合いをした訳でもないのにこれほど重く私の人生にのしかかってきたのは、こうした背景があったからなのだろうと考えている。彼女の死は若かった私の心を大きく支配していた。

本気で敵討ちを考え、妊娠していたとのわずかな情報を楯に、彼女が勤めていた病院へ悪ガキ数人を引き連れ、それこそ殴り込みにいく手筈までしていた。だが勇気がなかったのか、確証のない噂だけで他人を危めることはできなかった。もし、あのまま突っ走っていたなら刑務所暮らしを経験することになっていたかもしれない。だが、一方では十八歳の挫折を味合わされた自分の行動の曲がり角に来ると、彼女の死が、いつもへこたれそうになる私を励ましてくれた。その時も、彼女が私に望むのは決して暴力的解決ではないことを夢の中で示唆してくれた。そして手紙の中にあった〝立派な人になってください〟との言葉が未熟な私をいつも勇気づけてくれたのである。（だから、事の真相は解らずじまいである）

もし彼女が生きていたなら、こんな思いはしていなかっただろう。

「懐かしい人」と言われた時から、彼女の住む大人の世界と未熟な高校生の私の関係には大きな隔たりが生じていたのだが、当時の私には解ろうはずもなかった。しかし、彼女の存在は間違いなく人としての〝えにし〟を私の心の中に感じさせていた。

貞子の死は、彼女が期待した私への思いを実現させようとする執念とともに、その後何度も絶望の淵から私を立ち直らせてくれた。そして、自分の置かれている挫折の境遇を彼女の死と重ね合わせている、これまでとはあきらかに違う自分がいた。信仰心もそういう発露から芽生えていったのかもしれない。貞子も、そんな心を知りえたなら、また違った人生があったかも知れない。このことがあってから、若いうちに「死」を経験することが大きな人生の糧となることを知った。悲しみが人を大きくするのだろうか……。

病気との闘いから始まった私の挫折は、寂しさと苦労をともなう茨の道ではあったが、その事が、その後信じられないようなエネルギッシュな生きる源泉に変じるのだから、世の中捨てたものではない。何が幸いするか「妙」の一語に尽きる思いである。私の好きな作家の伊集院静が若い人に捧げる提言の中で、〝十七歳までに「死」を経験しなさい〟と書いていた。どんな意味なのか本人に尋ねてみたいと思っているが、私の体験を通して、貞子の死や自分自身の死と向き合ったことで、一種の「あきらめられる度量」と「何も恐れずチャレンジする精神」の相反する二つ信条が、日常生活のバックボーンとなって私の生き方に根付いていったことを考えると、十代でのこうした無駄と思えるような経験こそが、若者にとって何ものにも替えがたい大切な生きる術と言うか、反骨精神を宿すことになるのかもしれないと思っている。まして若い時になんらかの「死」に向い合う事で、間違いなくその人に「人生の厳しさ」や「命の大切さ」を教えてくれるものだと思う。

だから彼は、十七歳の若かった弟や最愛の妻、夏目雅子を亡くした経験を通して、「若いうちに一度は死と直面した方がいいですよ」と、アドバイスしているのではないかと解釈している。私の場合も、死と関わったこの二年余りのいろいろな経験が、それからの自分の生き方に良い意味で大きく、強い影響力を及ぼしてくれることになった。

半年間の京都へのあてのない家出から久しぶりにわが家へ帰ってきた。

いつものように母が実家の台所の小さい方の椅子に座り込んでいる。以前より身体が小さく縮んでしまったようである。家を出てからやがて一年振りに会ったにもかかわらず、何処で何をしていたのかも聞かず優しい眼差しで「よかよ。これから頑張らんね」と。

「何とかなるケン、大丈夫!」とお茶碗をすすりながらテーブル越しに呟いている。どんな励ましよりも心に響いた……。

第二章　新たなスタート

家出した京都から帰ると、やっと新たなスタートをきる事ができた。一度死を乗り越えたことで私の度胸は決まっていた。

やるだけやってみよう！……と。

司法試験への挑戦

人生のやり直し

京都での逃避生活を最後に、久しぶりに実家に帰り、心を入れ替えての新たなスタートを決意した。貞子のいう「立派な人」のイメージは漠然として掴みきれなかったが、「遅れた歳月を取り戻すには何をやらなければならないのか」悩んでいた。卒業した玉名高校へ出向き、大学受験の模試を受けてみたが準備の期間もあまりなかったせいか、それほど甘くはなかった。というより、二年を超えるブランクを思い知らされる結果となった。

現役のとき、少しくらい成績が良かったといっても継続していなければ、それは昔のことでしかない。現実は厳しいのだ。元に戻すには、倍かそれ以上の努力と時間が必要になる。それでも取り返すにはやるしかなかった。いろんな事情を勘案して、昼間は働いて夜間の法律専門学校に行きながら法律を勉強することにした。

入院中に多額のお金を使わせたこともあり、アルバイトをしながら自分の力で何とか勉強できる環境を選ぶ方法しか考えられなかった。両親への経済的負担を無くすにはちょうど良かったし、成績が良ければ二年後には大学編入試験も受けられる仕組みにもなっていた。

日本の社会では、若者の志を受け入れてくれるシステムがたくさんある。

不登校や学校嫌いの為の高校、仕事を教えてくれる職業訓練校、十万円も支給して資格を取らせてくれる就業支援制度もある。自分が何をやりたいのかを信念を持って探せば何とか道を開くことが出来るようになっている。問題は本人が「あきらめる」ことで、自分の夢を自らで砕いてしまうこと。だから、あきらめさえしなければ「為せば成る……」ものだとつくづく思う。茶の間で優しく語る母の言葉が大きな励ましと支えになった。

さぁー、これから頑張るぞ。

裁判所に来ている司法修習生との懇談の機会があり、おぼろげながら将来への進むべき道が見え始めていた。遅れた分を取り戻すにはこれしかない、司法試験に合格することで全て解決できるし、特に入院以来心配のかけ通しであった母親への恩に報いることができると、それは大きく私の確信を揺り動かしてくれた。ただこの試験が至宝試験といわれるほど国内では最難関の資格試験でもある。ちなみに、医師の国家試験は九十%近くが合格する。一方で司法試験は三～五%程度しか合格しない。医学部と法学部では学生の絶対数が大幅に違うので同じレベルでは語れないかもしれないが、司法試験合格者の平均年齢は二十七～八歳だと記憶しているので、やはり日本一困難な試験であることには違いがない。大学を卒業して五年以上も要するのが実情で、時間と金がかかる仕組みになっていた。近年の司法試験制度は大きく変化し、受験回数なども制限され合格者も大幅に増えているが新たな弊害も生まれているようだ。

昼間アルバイトをしながらの二年間の努力がみのり中央大学への編入試験に合格することができた。大学は御茶ノ水の駿河台に本学があり、中央線御茶ノ水駅から湯島天神を過ぎて東京大学の赤門近く、本郷三丁目の下宿屋での生活が始まった。残された時間は二年間。大学卒業後に何年も浪人できる経済的な裏づけは全くといっていいほどなかった。

下宿屋には二十名ほどの学生がいた。東大生もいた、見るからに三十歳を超えていそうな人、中にはアルバイトに熱中しほとんど部屋に戻らない学生もいた。その中で試験を目指す連中は、キチガイじみた日常生活を送っている。

朝起きると、昨夜の勉強の不具合点を思い起こしながら朝飯もそこそこ通学の路を歩き始める。当時の東京は、光化学スモッグ情報が出され、夏ともなると朝から空気がよどんでいた。車社会がスタートし、溢れる排気ガスが都内のあらゆる道路を覆いつくしていた。排気ガス対策の遅れは自然破壊の寸前まで進んでしまった。

ある日の朝、いつものように通学路を歩いていると東京医科歯科大学の前の街路樹に止まっていたすずめが反対側の樹に飛び移ろうと飛び出したところへタクシーが猛スピードで後を追いかける。どうなるのかと心配になって本から目を離し見ていると、すずめはあっという間にフロントガラスに弾き飛ばされてしまった。法律の勉強以外に何も目に入らなくなっていた私に、先の見えない日本社会への不安と目の前で起こったすずめが車に追突されてしまう姿が、まるで自分自身の事の様に感じられ、それからずっと、このシーンが記憶から離れることはなかった。

授業が終わると、ゼミや図書館へ直行。暗くなるころ下宿へ戻り、風呂に入り夕食を済ませると、すぐに机に向かう。休みの日も同じパターンで生活の全てが試験のための時間に費やされた。三年も遅れてしまった私にはほとんど時間の余裕はなかった。

憲法の団藤重光、刑法の下村康正、刑事訴訟法の渥美東洋、商法の鈴木竹雄などの教科書をむさぼり読んだ。先輩からは「三当五落」などと、五時間以上寝るやつは合格できないなどと度々脅かされた。一方では、あっさりと現役で合格する秀才もいるのに。

高かったハードル

静岡県伊東出身の津川君は優秀で、卒業の翌年には試験に合格し司法修習生となった。黒ずくめの服装が特徴で、遠目にもすぐわかるほど年中同じ服装をしていた。同じクラスで気があったこともあるが、勉強に疲れるとよく二人でふらっと出かけた。行き先は彼の実家がある伊豆伊東の少し先にある熱川。彼のオヤジは有名な料亭「米若荘」の料理長。

この高級料亭は、浪曲家の鈴木米若がオーナーで、毎年京都で行われる四条流包丁式にも出るほどの腕前だそうである。台所の片隅で、「これ、食べてみな！」と出された鯵のたたきの美味しかったこと。貧乏暮らしの我々には及びもつかない世界ではあったが、いつもやる気をもらって帰った。つかの間の優雅な時間を過ごした後は、再び始まる勉強づけの生活が続くわけで、まさに塀のない獄中生活にも似た毎日が待っていた。

津川君は猛烈な勉強家ではなく、どちらかといえばサラッとしていた。

飄々としている風情ではあったが芯はしっかりしていて、キチガイ集団の中でも普通の学生風で気負いのない振る舞いが印象に残っている。合格者の平均年齢が二十代後半であることを考えると卒業後すぐに合格するのは稀である。だから普通の受験生は、この間をどう過ごすのか、ここが大問題となる。生活に余裕のある人などほとんどいない。彼のように恵まれた環境の中で、現役か1浪程度で合格できる幸福者を除くと、残りの人は人生を掛けての大勝負となる。それだけの競争に打ち勝ってはじめて司法修習生の栄誉を掴み、その先弁護士や検事などと社会が認める職業にありつける。

もう一人優秀な人がいた。玉名高校の同級生で岡田尚君。早稲田の法学部を卒業してすぐに司法試験に合格したようである。特別な交友はなかったが、ある時テレビを見ていると彼の映像が名前とともに流れてきた。見ていてすぐに彼だとわかった。

あのオウム真理教事件で殺害された坂本碧弁護士の関係者としてインタビューに応えていた。坂本弁護士が所属する横浜法律事務所の上司としてオウム事件を担当させたのが彼であるとの話であった。その後、新聞やテレビで度々岡田君の論説を聞いたが、私など足元にも及ばない、紛れもなく秀才のなかの一人に間違いない。

津川君や岡田君のような人を除くとほとんどの受験生は何らかの犠牲の下でギリギリの賭けをしている。よくよく考えてみると、世の中の全てがそうなっているようにも思う。競輪・競馬や花札賭博の賭けになにやら似ているような気さえする。むろん質は全く違うが、生活をかけての乗るか反るかの判断は、ある面同じような気がしてならない。それでも一攫千金の穴狙いの賭け事では、ひょっとすると当たってしまう事があるかもしれないが、司法試験には〝ひょっとしたら〟のまぐれはない。まぐれで合格できるようなレベルではない。

試験は五日間を通して、短答式・論文・口述試験が行われる。短答式は選択問題であるが一ページを二分程度の短時間で回答していかなければならない問題を五時間以上も続ける。ゆっくり考えている暇などない。瞬時瞬時の正確な知識と判断力が要求される。

この試験で八割以上が落とされてしまう。論文試験は更に厳しくなる。一科目十ページにも及ぶ出題を二時間でまとめ論文として回答しなければならない。条文や判例の解釈は当然であるが、それよりも出題の求めるものを正確に捉え、自分の判断を「表現」する文章を作らなければならない。

これが八科目にも及ぶ。まぐれあたりはない。最後の口述試験はよほどのことがない限り合格できるようだ。

当時、受験者は一万人を超え、合格者が五百人程度であったと記憶しているが、その中に入るには並みの努力では不可能である。

私は、それでも一日十二時間から十五時間は机に向かった。スポーツの世界と同様に、これにも好不調の波が押し寄せてくる。すいすいと頭に入ってくる好調の時間が一ヶ月も続くと、今年は大丈夫と思わせる。しかし、すぐに反動が大津波のように押し寄せ、どうしようもない不安が襲ってくる。〝あーぁ、やっぱり駄目だ〟〝俺には才能がない〟と決まり文句のように独り言。しばらくすると、〝ダメ、ダメ、ダメ！〟の絶叫とともに壁に向かって奇声を発し始めると、もう常人ではない。気がふれる寸前まで追い込まれていく。

こんな事を繰り返しながら、卒業までの二年間を過ごした。

かなり頑張ったつもりではあったが、合格できる見通しは立たなかった。卒業後、浪人をしてまで不確実な生活をするほどの境遇にはなかったので、ここであきらめるか、または仕事をしながらぼちぼち頑張るかの選択に迫られることになったが結局、後者を選ばざるを得なかった。それでも、努力した成果は試験には合格できなかったが就職後の仕事に大いに役立つことになる。そういう意味では「努力は嘘をつかない」と言われる所以であることを肌で感じることが出来た。そしてこの二年間のチャレンジが忘れかけていた自信を取り戻すことに繋がっていった。

法律を勉強した成果

後日、仕事の中で弁護士や裁判官と接する機会が度々訪れた。

一九八九年、親会社である柳河精機が米国進出する際に現地法人設立の一切を任された時にオハイオ州首都コロンバスの大きな法律事務所で多数の弁護士と接した。通訳を介しての協議の中で法的解釈と判断で臆するところは何もなかった。むしろ解釈の深みという点では日本の法律家の方が数段上のようにも感じられた。そのことはアメリカ人の人事マネージャーの採用の時によく解った。

三千人以上の公認会計士を擁する世界のトップ企業アーサー・アンダーセン社（後に倒産した）の紹介で五人の候補者の中の一人が現役の弁護士であった。ニューヨークで十年ほど開業していたが商売として上手くいかず、当社の現地法人の人事マネージャーに応募してきたようである。

採用した彼、バート・ロビンスが私の部下となった。人柄は良く、私の指示にも素直に従い、そこそこの仕事はこなしてくれていたが、現役の弁護士として目を見張るほどの能力ではなかった。後年工場長にはなったが更なる飛躍を望んで他社へ転職していった。

一九九五年には日本企業の中国進出が真っ盛り。天津に天津柳河圧鋳有限公社、翌年には広州に広州柳河圧鋳有限公社と立て続けに会社を設立。中でも広州は初年度から利益が出て順風満帆のスタートを切った。しかし、投資や利益還元の問題で当局と意見の相違が出て訴訟に発展。その時、日本では考えられない担当裁判官との法廷外での会食懇談、日本からのお土産と称して腕時計やカメラを渡すとなんの躊躇もなく受け取ってくれた。まさに賄賂である。裁判の終盤には、通訳を通して〝次はあれが欲しい〟と言ってくる始末。レベルの低さにあきれ果ててしまったが、争点の法解釈においてもしかり、裁判官を感じさせるものはほとんどなかったし、裁判の結果にもあまり結びつかなかったことを考えると、結局、都合よく利用されただけなのかもしれない。

一九九八年には、イタリアの北部ベルガモに本社を置く自動車の制御装置では世界のトップ企業であるブレンボー社と二輪車のブレーキ装置の共同開発の協議を進めた。

数回の会議を重ね、とりあえず「技術提携契約」を結ぶことになった。技術担当の藤本部長と私の二人で、ミラノ経由でイタリアに乗り込んだ。社長、副社長、担当役員など多数を紹介され、最後に顧問弁護士のお出ましとなったところで「そちらの弁護士はどうされますか？」と顧問弁護士の質問。「ハイ、私がやります」と言うと、いささか驚いたようではあったが、それから通訳をまじえて契約書作成の会議が始まり、五日後には分厚い契約書の原案が完成。まず共通語の英語で作成し、後日イタリア語と日本語に翻訳したものを作成、その三冊にそれぞれ代表者の署名をいただき完成した。

これらの体験を通して、あの時勉強した努力の範囲内でも充分世界の法律の専門家とも渡り合えるという事実を知ることが出来た。食う時間を惜しみ、寝る時間を割いての努力が決して無駄ではなかったことを肌で感じ、内心は報われた喜びで叫びたくなるような感動が胸を締め付けた。司法試験には敗れたが、それ以上の達成感を手に入れることができたのである。

近年、司法試験には合格しても仕事がない人が出てきているとの巷の情報を知った。

〝なに、そんなことがあるのか〟と調べてみるとけっこうあるらしい。中には、仕事が見つからず、詐欺まがいの事件を起こしている人もいる。一体全体世の中どうなっているの、努力が報われない社会などあるわけないだろうなどと考えていた私がまちがっているのだろうかと思ってしまう。

アメリカでのことになるが、オハイオ州都コロンバスの外環状線道路は、一周するのに二時間はゆうにかかる。ここで交通事故が起こると、まず道路の不備情報を持っている弁護士のお出ましとなる。「道路のどの部分に穴が何個、サイズはこれくらい」と調査された資料を持っている。迎え撃つ道路管理者のコロンバス市側には穴専門のお抱え弁護士がいるという。アメリカのような訴訟国家にでもならない限り、日本で弁護士の数を倍にするなどの新しい司法試験制度など先に述べた「大学は出たけれど。司法試験には受かったけれど」の世の中になってしまう。努力した者が浮かばれない、夢のない社会など誰も喜ばない。

こうした経験から振り返ってみると、挫折の中から抜け出し、遅れた分を取り戻そうとした私のチャレンジ魂と強い覚悟が司法試験という目標を掲げて再スタートさせてくれた。試験には合格できなかったものの、この決意と努力がそれからの私を大きく変えていった。

出逢いの不思議

二十年ぶりの電話

「もしもし……」

「浦島太郎チャンですよ。覚えていますか？」

突然かかった電話は、まるで浦島太郎のおとぎ話のように、ふいに現れた。

それは二十年振りに聞く声であった。

人はいろんな出逢いをする。良い出逢いもあれば、あまり思い出したくない出逢いもある。人は人と関わり合って生きていく。それでも生涯で記憶に残る出逢いはさほど多くはない。電車の中で見かけ、ふと声を掛けられたことが、二十年を過ぎてもまるで昨日のように鮮やかに蘇って来る出逢いなどは稀有のまた稀有なこととしか言いようがない。

和子との出逢いは、通勤通学列車の中。まだ司法試験をあきらめきれないでいた私は、アルバイト程度の仕事をしていたが、行き帰りの車中では、法律書を読みながらハンガーにぶら下がっていた。車内はいつも混雑し、女子高生のたわいのない会話が否応なしに耳に入ってくる。線路のガタゴトきしむ音と周囲の雑音は子守唄のようにさえ感じられるほど熱中しながらページを追っていた。ある日、内心〝うるさいな〟と思いながらも退屈して本の行間から目を離し、ふと辺りを見ると、一人の女子高生の視線がこちらを見ているのに気づいた。彼女たちの会話に入っている風でもなく、さりげなくこちらの方に小さめの顔が向けられている。あたりを見回したがザワザワしている以外は何も変った様子もなく、それは気にかけるほどのない、日常どこにでもあるほんの一瞬の出来事のようでしかなかった。しかしどうも私の方を見ていたような気がして、何かしら心の隅に残ってしまった。

そんなある日、いつものように改札口を出て歩き始めると、後ろからバタバタと足音。振り返ると赤いリボンのセーラー服姿の小柄な女子高生がハァーハァー息を切らしながら走りよってきた。

「あのぉ……」一息入れて臆面もなく、いきなり「つきあっていただきたいのですが」、二十代半ばにかかろうとしている私は、オカッパ頭でまだあどけなさの残る女子高生からのいきなりの申し出に少々面食らってしまった。「あなたとね」「いえ、違います。私じゃないんです」「私の友達がぜひ、つきあいたいと言っているので、私が代わりに伝えに来たんです」息切れがまだ治まらない様子で、いっきに話しかけてきた。それを聞いて、すぐにピンときた。電車の中で時々視線を感じていた彼女だろうと……。

七歳年下の「田島和子」との出逢いは、これが始まりであった。

彼女はエキゾチックな顔立ちで黒髪を肩まで下し、くりくりした目をややうつむき加減にいつも物静かに立っていた。私にはどうでもよかったことだが、後から聞いた話では通勤電車の中では男子高校生の憧れの的であったようだ。この突然の申し出に一瞬躊躇したが、〝おそらくあの娘だろう〟との期待もあり、何となく「いいですよ」と返事をしてしまった。

当時、私は学生時代の経験から多少の法律知識を活かしての不良債権の法的措置による債権回収の仕事を専門的にしていたので毎日、法務局や裁判所へ出向き多忙な時間を過ごしていた。同時に司法試験への未練も残り、いつも本の入った大きな黒いバッグを片手に電車の中では法律書を読んでいた。だから、そんな私の姿は、他の人とは少し違う堅物に見えただろうと思う。

そんな私の職場に、彼女は割りと積極的に電話をしてきた。顔立ちや印象からするとかなりかけ離れた、朝起きの喉にかかったような、かったるい声で、とても十代の高校生とは思えないような落ち着いた語り口で話しかけてきた。しかし、高校生の彼女と私の間には何の接点も共通の話題もないのだから話の進みようがない。たわいのないやり取りをするしかなかった。

二ヶ月ほど過ぎて、夏の終わり頃だったと記憶しているが、初めてのデートで隣街の大牟田へ映画を見に行くことになった。

国鉄の荒尾駅で待ち合わせて、はじめて私服の彼女を見たが、白の上着に水色のスカート姿、艶のある黒髪をストレートに肩まで垂らし、前髪も同じようにまつ毛が見え隠れする、まるで日本人形のような髪形をしている。セーラー服姿に比べるとはるかに大人びて見えた。何故彼女が同年代の男子ではなく、かなり年上の私に興味を持ったのか、不思議で仕方なかった。

後で解ったことだが、それには大きな理由があった。

大病を克服した後に、乱れた時間を経験しながらやっとたどり着いた普通の生活の中に自分らしい生き方を見つけ始めたばかりでもあったし、そんな私は高校生を相手にするほどの暇はなかったが、何かしら言いようのない魅力も彼女に感じていた。間違いなく恋だの愛だのとは別次元のほのぼのとしたものであった。この日、何の映画を観たのか、何処で食事をしたのか、など何一つ思い出せない。

大牟田からの帰路、バス停を降りたところに野原八幡宮があり、その日はそのまま別れがたい気持ちもあって、少しの時間、社まで歩くことにした。そこまでは記憶も疎らであったが、ただそこから先の事は、昨日のことのように鮮明に覚えている。私には何がしかの下心があった。それは愛くるしい彼女を抱きしめたいとの思いであり、それ以上に彼女を困らせるつもりはなかったのだが……。私の言葉と言動はぎこちなく、あきらかに彼女に警戒心を抱かせた。歩きながら彼女の手を私のズボンのポケットに無理やり押し込んで握り締めると、彼女は強く手を引いて嫌がった。それでも掴んだ手を離さずに歩いた。古い社の廊下伝いに大人の胴回りほどの柱が四隅に立っている、その一角で立ち止まると、彼女の明らかに怖がっている様子が握り締めている手を通じて分かった。繋いだ手は長くは持たなかった。やがて嫌がる強い力で振りほどかれ、彼女は神社を背にして西の方角へ何も言わずに走り去っていった。陽が沈みかけた頃、雲仙の山陰は夕焼け雲の横帯の下で夕暮れの帳に覆われ始めていた。あまりにも立場の違いや年齢の差があり過ぎて、追っかける勇気もなく、ただ無事に帰宅してくれることを願いながら後姿を見送るしかなかった。

その時の私には悪いことをしたという気持ちはさらさらなかったが私も若かった。

「これで良かったんだ」と予想された結果を招き、苦い思いの中で独り頷くしかなかった。そして二度と会うことはないだろうと予感した最初で最後のデートとなった。

その日から二十年近くが経過していた。

当時、毎晩のように飲み歩いていた私が、その夜はめずらしく家にいた。居間の電話が鳴りだしたが、周りには誰もいないので仕方なく電話を取った。すると女性の声。「お久しぶりです。わかりますか……、和子です」

聞いた瞬間に彼女だとわかった。「ほんとうに和（カズ）か？」

そう言ったまま後が続かない。それはまぎれもなくあの〝かったるい声〟であった。本当に久しぶりに聞くあの懐かしい声だった。電話越しにざわざわした雑音とやかましい音楽が流れて話し声がよく聞き取れない。とぎれとぎれの会話しかできない中で、彼女が「近いうちに是非会いたいんだけど」と言っている。私は、妙にドキドキして浮き上がった心とは裏腹に、落ち着いた口調を装いながら相槌をうった。

再会

それから数日後に再会した。

ホテルの喫茶で待っていると、少し離れた入り口の階段をゆっくりと上がり、黒っぽいワンピース姿の彼女がこちらに歩いてくる。大人になった感じ以外は、あの時とちっとも変わっていない。家庭もあり子供もいる年齢の割りに世帯やつれした様子もなく、むしろ洗練された大人の雰囲気を漂わせている。

コーヒーを飲みながら久しぶりの再会に時間を忘れて話込んだ。

「あの時は悪かったね。無事に帰れたのか」「うん！」彼女は微笑みながら、「私も若かったからね。心配したでしょう、ごめんね」

あの日のことを思い出すように謝った。

二十年も前の出来事が、まるで昨日の出来事のように続くのだから不思議としか言いようがない。あのような不自然な別れ方をして以来、永い間気になっていた彼女の私に対する想いがなにも変わっていないことを知り、胸の痞えが下りた。

彼女は、大学を卒業後まもなく、大きな会社の御曹司と結婚し二人の子供がいること、旦那が外に愛人をつくり別居状態であること、金銭的には恵まれているが決して幸せではないことなどを静かな口調で語ってくれた。そして突拍子もなく「私、地獄を見てきたの、信じられないでしょう」と顔を曇らせながら呟いた。外見はすべて順調で幸せそうに見えていた彼女の口から意外な言葉が返ってきた。

「ええっ、何で」予想もしなかった突然の言葉に、久しぶりに会った喜びを通り越して、驚きと信じがたい気持ちが交錯した。二十年間の想いを語り合うには、どれだけ時間があっても足りないはずだったが、「地獄を見た」という一言で淡い思いは吹き飛んでしまった。

私は、その言葉の端々から彼女が明らかに救いの手を求めているような気がしてならなかった。彼女には兄がいたが幼少の頃、不慮の事故で亡くなったことも聞かされた。高校生の彼女は、私に亡くなった兄の面影を見たんだろう。通学電車の中で、しかも、かなり年上の私におくびもなく声を掛けてきたその謎がやっと解けた。

そして今、目の前にいる彼女は、誰にも言えない深い悩みをかかえながら、あたかも兄を慕って救いを求める、いたいけな姿で私に話しかけている。それを聞いていくうちに、鬱積した悩みが少しずつ氷解していくように、彼女は二十年前のあの明るさを取り戻し始めていた。

―出逢いとは、本当に不思議なものだ―

あの時、声を掛けていなければ、こんな再会など出来様はずもない。もし彼女が幸せな家庭生活を送っていたなら、電話を掛けてくることもなかったろう。すべてが偶然で、たまたまこうなってしまったかのように思われてしまいがちだが、実はそうではない。運命というより偶然の二乗が必然へと変化すると思ってしまう。だから度重なる偶然は、明らかにある方向に自然と導かれている。二十年後に再び会うように仕組まれていたのだろう。彼女は私に何かを求めて再び声を掛けてくれた。それ以来、困り事があると相談に乗ってやったが、あの時、苦しみの真っ只中に居た彼女に、少なからず良いアドバイスをし、勇気づけてやれたのか、自問自答しながらの日々を送ってきた。

歳月の流れとともに子供達も成長し、今では孫達にも囲まれて幸福な日々を送っているようだ。もう長い間、音沙汰がないけれど〝便りがないのは元気な証拠〟だろう。

四十年以上過ぎても十七歳のあのあどけない笑顔を思い出してしまう。おばあちゃんを演じる彼女の姿を連想すると、それはまるで「浦島太郎」の物語のようにも思えてくる。そういえば、和子もよく言っていたな、「何とかなるケン」と。

一言の思い切った勇気が生涯を通しての出会いを得ることになるんだと知った。

それは初めから、そうなるように決められているのだろう。だが何もしなければ道は開かない。声を掛ける勇気が第一歩、それから先は「神のみぞ知る」なんだろう。出会いとは自分が想像する以上に不思議なものである。

もう一つの出会い

私には、もう一つの出逢いがあった。それは遅れた時間を取り戻すためにすべてを割いていたときのことである。上野駅から信越本線に乗ると三時間ほどで群馬県高崎駅に着いた。駅を降りると東の丘の中腹に大きな高崎観音像が見える。ここが「津久井正子」の故郷である。彼女の誘いもあって、初めてこの地を訪れ、市内を案内してもらった。実家は更に二時間ほど奥まった田舎にあるとのことであったが、その時は時間の余裕もなく、市内を見物し他愛のない話をしただけで、私は東京へ戻った。何の目的で其処へ行ったのかあまり記憶に残っていない。ただ彼女の凛とした佇まいと、さりげない所作の一つ一つには、それまで見たことのない美しさと気品を感じていた。案の定、彼女は大学卒業後、二年程法律事務所でアルバイトしながら、その後司法試験に合格、司法修習期間をを経て弁護士になった。

本郷三丁目の下宿から御茶ノ水を通り駿河台の本校学舎へ通学する日々。司法試験を念頭に置いた勉強漬けの毎日が続いていた。昭和四十年代前半のこのあたりは、学生運動のメッカになっていて、教室の一部は、映画のスクリーンほどもありそうなプラカードや角材の山で占拠されていた。白いヘルメットに「中革」だの「革マル」だの訳のわからない文字を書いた連中が、マイク片手に怒鳴り声をあげている。学問の府とは程遠い環境になっていた。それでも大部分の学生は、そんな騒音には眼もくれず勉強に打ち込んでいた。いつものように、今どきはお目にかかれそうもない、ゆうに三百人は入れそうな広い板張りの古い教室で、窓際の椅子に座り講義の始まりを待っていると、黒シャツに黒のパンタロン姿の女性が数冊の法律書を小脇に抱え、これも黒のバックを肩に掛けバタバタと私の隣の席についた。これが正子との最初の出逢いである。彼女は頭脳明晰でシャキシャキしていた。物事にはすべて自分の意見を持って、明確に相手に伝えてくる。頭の回転の遅い男性などは無残なものである。瞬く間にやり込められる。顔立ちもきりっとして、いかにも頭の良さそうな上州女で「カカァ天下と空っ風」を地でいく性格の彼女と私は話の波長が合ったらしく、席を同じくすることが多くなった。

ある年の夏、彼女のたっての希望で、信州への小旅行を計画した。

新宿発二十三時五十四分、車内は夏の登山客でごった返し、足の踏み場もないような混雑。やっと車内通路にスペースを確保し、新聞紙を敷いて座り込んだ。暫くすると眠気がさして、周りの若者たちもウトウト。彼女の化粧っ気のない顔が無造作に私のお腹のあたりに沈み込んで朝を迎えた。午前六時、松本駅に到着。市内で松本城を見て、先に飛騨高山を目指し、中央分水嶺の最高峰・剣ヶ峰を望みながら乗鞍スカイラインをバスで移動。高所に差しかかると下から湧き上がるように白い霧が前方を覆いつくす。まるで雲の中をバスが走っているような幻想的な情景である。小京都と呼ばれる飛騨高山は、江戸時代の町並みを随所に残した静かな盆地であった。暫く散策した後、引返して上高地へ。梓川にかかる河童橋を渡り奥穂高連山の連なるアルプスの山々に魅了されながら、旅行の目的であった上高地五千尺ホテルでコーヒーを飲むことができた。それから松本市内に戻り、次に美鈴湖から美ヶ原高原へ。夏の高原は、そよ風と高山植物、そして遠くから聞こえてくるホオジロのさえずりが最高。青く澄み切った大空と果てしなく広がる高原の緑を満喫し、麓の浅間温泉「西石川」に到着した。

信州路を一日で駆け巡る強行軍ではあったが心に残る旅となった。翌日、長野まで篠ノ井線に乗車し、生まれて初めてりんごの木に赤い実が鈴なりになっている風景を眼のあたりにし、いたく感激したことを思い出す。上田から千曲川を抜け小諸駅で一旦下車、懐古園をぶらぶらした後、上野への帰路についた。

彼女は高崎駅に着くと、うつむきながら「私、これから実家へ帰ります」と言って下車した。何か言いたそうな素振りに気づいたが、私は素知らぬ振りをし独り席に残って別れを告げた。

旅行から帰ると、慌ただしい日々に埋没されながら、時間を惜しんで学業に勤しんだ。お互いに恋愛よりも司法試験が優先していたようで、恋に溺れるという事にはならなかった。だから、二人の関係がそれ以上に進展することはなく、大学を卒業すると、彼女はアルバイトをしながら弁護士を目指し、昼夜勉強に没頭。私は大阪の半官半民の職場に就職して、わずかな望みを託す道を選んだ。

すれ違った想い

五年ほど勤めた大阪の事務所をやめて二度目の仕事についた私は、度々府中の本社と狭山市にある工場に出張する機会があった。その折、図らずも彼女からの手紙を受け取った。司法試験に合格したことなどの近況が綴られ、出来れば近いうちに会いたいと言ってきた。次の出張の際に会う事を返事にしたためると間もなくその機会が訪れた。本社での仕事を終え、上司からの夜の食事の誘いも断り、急ぎ新宿の京王プラザホテルに向かった。屋上階のレストランが予約され、リッチな気分と久しぶりの再会で時が経つのも忘れて話し込んだ。夜も更けて、宿泊の段取りもしていなかった私に、彼女は自分のマンションに泊まっていくようにと勧めてくれた。断る理由は何もなかった。

高田馬場から西武新宿線に乗り十分もすると都立家政駅に着く。夜も遅く、赤提灯の他はシャッターを降ろしている小さな商店街を進むと、木々に囲まれた三階建てのマンションが暗闇の中に見えてきた。二階角にある彼女の部屋はいかにも女性向きの二ＤＫ。

独身女性の部屋に泊まるということが何を意味するか理解はしていたが、お互いに日常生活を追求するほど野暮ではなかった。彼女も私がどういう立場にあるのかについては、必要以上のことを尋ねる事はなく、既に結婚していた私は、そのことをあえて言わないほうがいいのではないかと自分自身に言い聞かせながら……、やがて一夜が明けた。

翌日は土曜日、羽田から熊本までは午後の便を予約していたので、ゆっくりした朝を迎えた。手作りの朝食をご馳走になって、出発の時間が迫ると、駅まで送ると言い出した。午前十一時も過ぎると、商店街は人通りも多くざわついていたが、まるで静寂の森の中を歩いているような錯覚を覚えながら駅に近づいてきたとき、ふいに彼女が小さな声で呟いた。

「私、九州へ行ってもいいんだけど！」それは彼女の精一杯の表現であったのだろう。その意味をあらためて尋ねるまでもなかった。

「実は、俺……」言いかけたが、それから先は口を噤んでしまった。

頭のいい彼女は、それ以上話すことはしなかった。恐らく、私の曖昧な態度で、すべてを察知したのだろう。

歯車は最後まで噛み合わなかったが、私の生涯でもすばらしい出逢いであった事には間違いない。最初のちょっとしたボタンの賭け違いがなかったなら、もう少し別のストーリーが待っていたかもしれない。それでも、生涯をかけた挑戦の中で、机をはさみながら、ふと訪れた空間が鮮明に思い起こされ、懐かしむことが出来るのは、いい出逢いであったという証ではないだろうかと思っている。人が人と接する機会は、何百万回とある。夜空に瞬く星屑と同じ位。その中で心に残る星は、川底からすくった泥の中でキラリと光る砂金を探すようなものであろう。自らが、自らの努力と意思で探さなければ自分のもの（財産）にはならない。それでも男と女の出逢いはままならないが故に妙であり、なおかつ魅力的で面白い。

「人が人と出逢うことは、本当に稀であり、価値があり、大切なものだ」と、振り返られる歓びを今になって、つくづくと感じている。

婚前旅行

家人との出会い

地球上には六十億もの人間が生きている。幸せな人も、不幸な人もいる中で、いつの時代に、何処の国で生まれたかによって人の運命は大きく左右される。私達は、物質文明からだけで観るならば今の日本に生まれたことに感謝しなければならないだろう。一方で精神文明は、太古の昔のほうがより人間的であったかもしれないと思うほど磨り減っている現代。磨り減った精神同志がぶつかり合った太平洋戦争という過酷な時代を経験しながら、私達は戦中・戦後を生き抜き、命を育んできた。ある意味、不幸な時代に生まれながらも、もっとも幸福な時代をも経験するという激しい起伏の中で生かされてきたのかもしれない。

家人（カツ子）の母は、終戦間近い昭和十九年に結婚。夫は三ヵ月後に出兵し、帰らぬ人となった。そのわずか三ヶ月の間に生を受けたのが家人である。それから女手独りで戦後の厳しい時代を乗り越えてきた経緯は、簡単な言葉では言い表すことの出来ない苦労の連続であったようだ。戦争未亡人とはいえ、戦後の殺伐とした中での母一人娘一人の生活が如何ほどのものであったのかは私などには想像も出来ないほどの過酷な環境にあったことだろう。

私達が知り合ったのは通勤電車の中。家人はそんな境遇にあるとは及びもつかない明るい、屈託のない女性であった。私は、いまだしぶとく司法試験への望みを追っかけていた。電車の通路の向い側に、残業でもしたのか、遅い時間にOLらしき二人の女性が疲れた様子で座っている。無造作に受け答える会話からすると、どうも仲のよい友達同士のようだ。

すると突然、「春成君！元気や！」と大きな声の主が、隣の席に座り込んで来た。夜間の大学に通う同級生の甲斐君である。

席が暖まる間もなく、前の二人にも「こんばんは！今、帰りよっとね」、二人は知り合いらしくクスクス笑いながら「はい！」と型どおりの返事。そして彼は、私を彼女たちに何のためらいもなく紹介してくれた。これが交際へのプロローグであるが、この時はまさか生涯の連れ合いになるなどとは思いもしなかった。人の出逢いとは本当にまか不思議としか言いようがない。

彼女は、熊本市内のデパートの化粧品売場にいた。

〝一歳年上の女房は金の草鞋を履いてでも探せ〟という諺があるが、まさにその類いの相手が、なんの努力もしていない私の処へ転がり込んできたような上手い話となった。私も、ご他聞に漏れず年上の女性に対する憧れみたいなものがあって、交際は順調に進んでいった。暫く経つと、もう勉強することなどそっちのけで夢中になり、そしてどちらともなく結婚を意識し始めるようになっていた。

――一年が過ぎた頃、結婚を前提に彼女の家に招待された。

私はまだ定職には就いておらず、アルバイト程度の仕事ではあったが結婚に対しては何の支障もなかった。我家の方も、挫折の体験を乗り越えて何とか人並みの生活が出来るようになった私になんら注文をつけることもなかったので、事はすんなりと行くことを疑う余地はなかった。

その日自宅に招待され、はじめて彼女の母親に会った。夕食をご馳走になりながら初めてとは思えないほど打ち解けて楽しい時間を過ごしていた。おそらく父親がいたならば、とてもこんな風に楽々とはいかなかっただろうと思う。

二人で結婚したい旨を伝えた。全ての思惑が完了して「めでたし、めでたし」といくはずであった。ところがお暇する間際、彼女が席をはずしたわずかな時を見計らって、母親が明らかに今までとは違った面持ちで話を切り出してきた。

「あのぉー、ちょっと大事な話があるんですが……。」

「なんですか？」言い難そうにしながらも、明らかに信念をもった声で、「あの娘と別れて欲しいんです」、自分の耳を疑った。というより、あまりの突拍子もない言葉に不意をつかれ呆然としてしまった。

彼女が席に戻ってくるのを気にしながらも、はっきりした口調で、その訳を話し始めた。戦争未亡人の母子家庭に来てくれる養子縁組を段取り済みだと言っている。

「あの娘に言うと怒るので、あなたにお願いするしかないんです」

夏の夜も更けて、あたりは真っ暗闇。部屋の電灯の明かりを背にした母親の顔は、ただならぬ気配を漂わせているのがわかるほど真剣であった。

「だから私の邪魔をしないで手を引いてください。お願いします！」

と必死の形相で懇願してくるのだ。その勢いに返す言葉を失って、私はただ黙って聞くしかなかった。ほどなく彼女が戻ってくると、何事もなかったかのように挨拶をして帰路についたが、私はこの予期せぬ事態に平常心を失っていた。母親の切ないほどの思いが分かるだけに、時間が経つにつれ自分だけの夢を追い求めることが我儘のようにしか思えなくなってきた。

答えは他にはない。女手一つで苦労して育てたひとり娘を連れ去るほどの熱い思いはもう湧いてこなかった。私はあの夜見せられた母親の執念に完全に打ちのめされてしまった。

別れの旅行

数日後、彼女に別れを告げた。

別れる理由を尋ねられたが、母親の想いを聞かされた自分に、それを覆すだけの勇気も愛情もない旨を伝えると彼女は泣き崩れた。

苦労して育ててもらった彼女の脳裏にも、異性への想いよりも深い母親への感謝の想いが焼きついているのだ。それは肌に染み付いた歴史の積み重ねの中、誰にもどうしようもない母娘の血の繋がりが創り出している姿なのだろう。長い話し合いの末、結論が出た。

「婚前旅行」は、彼女の最後の我儘であった。婚前旅行は読んで字の如く、結婚を前提とした旅行であるはずだが、私達の場合は別れる事を前提としたもので、気持と実態が相反することを百も承知の上でのことであった。一週間、二人で時間を過ごし、その後はきっぱりと別れようと心に決めての行き先の定まらない、衝動的で場当たりな旅に出ることにした。

熊本駅を出発し、とりあえず鹿児島の指宿を目指すことにした。

私はほとんど金のない貧乏暮らしであったため、この旅行の費用はすべて彼女の預金を叩いて充てることになった。月給が二万円位の時代、結婚資金として貯めていた二十万円の所持金での行き当たりばったりの旅。それを全部使い切ると言いだしたのも彼女である。

西鹿児島で指宿線に乗り換えると錦江湾から噴煙を上げる桜島を望む海岸線を一時間ほどで最初の目的地に到着。駅の宿泊案内所で今夜の旅館を紹介してもらった。指宿観光ホテルの夕食は、それまでの私の人生でも見たことのないご馳走が食卓に並んでいる。

食事前に入った内風呂は海岸に近いせいか、塩っぱい味のする温泉。豪華な料理を前に、何もかもが初めての経験で、私達は旅の目的とは裏腹に夢見心地の世界にいた。

世の中には「三婚説」なるものがあるらしい。起源はどうも共産主義国のようで、かの中国・清時代にもあったとされる仮説である。

法律によって結婚する相手や回数が決められるなら、なんと事務的なことか。この仮説では初婚と次の再婚は二十才以上の年齢差が条件。二十五才で結婚したいなら相手は四十五才以上、二度目はまた二十才年下となる。案外上手くいくのかもしれないなどと、下衆の勘ぐりではあるが……。晴れて三度目に同世代の相手と結ばれるというシナリオなら満更でもないが、初恋の成就が如何に難しいかを物語っているのだろう。

目の前にある贅沢な料理や温泉宿の佇まいと甘美な時の流れは、まさに新婚旅行そのものであるが、一週間が過ぎた先は、「三婚説」の如く思い通りには事は運ばない現実が待っている。そのことが脳裏をかすめていくたびに、だから、〝今、この時を大切にするしかない〟と思い直しながら初めての夜を過ごした。

この時、私には大きな悩みがあった。手術後の変形した身体とケロイド状の背中の傷は、隠しとうせるものではない。それが分かった瞬間、すべてを失くしてしまうに違いないとの強い不安があった。真面目に結婚なんて出来る体形ではないと自分自身に言い聞かせていただけに、絶頂の裏側で愛を失ってしまう怖さを感じながらのこの時間は、私には大きな賭けのようでもあった。もし嫌われたとしても、いづれ別れなければならない間柄。どっち転んでも答えは一つ、と卑劣にもそう言い聞かせる自分がいたのも事実である。

次の日は、鹿児島からバスで宮崎の青島と日南海岸へ向った。

あれほど心配していた身体のことが、なんの不具合にもならず、平然と、そしていつも通りの笑顔とともに、昨夜までの悩みがまるで嘘のような晴れ晴れとした朝を迎えた。傷物の私を受け入れてくれた彼女への熱い思いが、澄み切った南国の青空の下でさらに深まっていくのを感じていた。腹のそこから「ありがとう」と言いたかった。旅が終わったら別れるはずの決意が、この時から少しずつ揺らぎ始めていた。

薩摩、大隅、日向は島津藩の統治下にあった三州である。大隅と隣接する日向は、都城一帯を中心とする宮崎の南部地方の呼び名で、気候、風土、方言や、人柄に至るまでもが薩摩の色に染まっている。ただ海岸線は切り立った山々が海まで張り出して、宮崎から日南までの道のりは「日向七浦七峠」と云われる難所で、日向とは地続きではありながら薩摩の統治の及ばぬところでもあった。

ここには、日本神話で知られている「山幸彦・海幸彦」伝説の舞台となった鵜戸神宮がある。昭和四十年代の新婚旅行のメッカといわれた宮崎・日南海岸の堀切峠からサボテン公園までタクシーを飛ばした。運転手に写真を撮ってもらう私達の姿は、疑う余地のない新婚カップルである。この地方の慣わしで、結婚した夫婦が手甲脚絆（てこう・きゃはん）に草鞋履きといういで立で、鈴をつけた飾り馬に花嫁を乗せ、この七曲峠を越えて鵜戸さん参りをしたようである。馬が歩くたびに響く鈴の音から「しゃんしゃん馬」と名付けられ、今も伝統行事としてその姿が残されている。馬が車に代わっただけだが、はたして効果のほどはあったのか。小学生の時、馬車に引かれて引越しをした記憶が蘇って来る。ひょっとしたら、馬に引かれる旅は新しい世界を予言しているのかもしれない……。

二日目は太平洋を望む青島橋ホテルに宿泊。

なんと豪華なことか。三階建ての大きなホテルの部屋は、目の前に鬼の洗濯岩と、その先に南海の孤島・青島を一望できるオーシャンビュー。恐らく、私だけではなく彼女自身も、間違いなくこの後に来る辛い結末など忘れてしまっているかのような贅沢なひとときを、本当の「婚前旅行」と錯覚しながら過ごしていた。部屋の窓越しに聞こえてくる太平洋の優しい波音とともに、彼女もまた新たな世界に漕ぎ出したいと感じ始めていたのではないのだろうか。

強かった絆

次の日は宮崎駅から汽車に乗って別府を目指した。

無計画の行き当たりばったり旅行。たくさんあったと思っていた資金が、あっという間に底をつき始めてきたことに気づいた。

「遅い、全く遅いのだ！」三日目は、もう安宿に泊まるしかなかった。

一週間の予定で出発した旅行ではあったが、四日目には破綻してしまった。翌日、別府駅から熊本までの高速バスの切符を買おうとしたところ、阿蘇宮地駅までの料金分しか残っていない。あちこちの小銭を掻き集めると何とか熊本までの汽車賃が出てきた。この日は昼飯抜き、やっとの思いで帰還することが出来たが、あまりのお粗末加減に二人してあきれ果てたが、この三泊四日の旅は、間違いなく切り離せない二人の絆を積み上げていたように思えてならない。

恐る恐る、これからどうするつもりか尋ねてみた。無論、「熊本へ着いた時が別れる時」の覚悟はあったのだが……。

「わたし、玉名へは帰らない。このまま一緒にいたい」と言い出した。

「それはまずい！一度家に帰った方がいいよ」と勧めても頑として聞き入れてくれない。どんと腹が据わったような物言いである。そうなることを願っていた私には、母親の思いを無視してでも離れがたいとする彼女に、それ以上の無理強いをすることは出来なかった。

私が住んでいたアパートは、大江町渡鹿にあり、熊本市役所に勤めている七歳年上の先輩が借りていた。先輩・志本さんの好意で、その一部屋を間借りする居候の身分であったから、一緒にいたいと言っても、私自身では勝手に決められない立場にあった。しかし、彼女の決意は、もうどうしようもないほど硬かった。それから、奇妙な三人での同居生活が始まり、彼女は図らずもこのアパートから仕事に行くことになった。

一ヶ月が過ぎた頃、彼女の母親がアパートを訪ねてきた。

私に別れてくれる様に必死で頼んだ時の、あの鬼のような形相は影を潜め、平素の穏やかな母親の顔である。一見して、〝娘の一徹さに負けました〟と言わんばかりの物腰に安堵の想いと、これで結婚できるとの期待と確信が頭を掠めていった。

反対されれば反対されるほど

麦が踏まれれば踏まれるほど

強くなるのと同じように
愛はさらに深くなっていく

一年後にめでたく結婚式を迎えることになったので、別れるはずの旅行が、本当の「婚前旅行」になったわけである。何気ない汽車での出逢いが、糸を引くように結婚まで繋がってしまった家人との出逢いは、強い絆で結ばれた、まさに定められた道程だったのかもしれない。母親からは、一言だけ、「娘を捨てないでくださいね」と釘をさされ、私は「はい！」と力強く応えた。しかし、よくよく考えると、当時の私は、大切なひとり娘を安心して委ねられる様な男ではなかったのだろう……。

大阪への就職（新たなスタート）

新しい生活

十八歳の挫折から、あっという間に七年が過ぎ、中央大学の卒業証書とともに思いがけない「結婚」までを、いっきに手中にした。奈落の底から這い上がってきたという強い想いの中で、順調に進んだであろう他人には理解できないかもしれない安堵感というか幸福感が体中にあふれ、これからの新しい生活に胸躍るような日々を迎えていた。それは、やっとの思いでたどり着いた「普通の姿」であった。そんな折、友人の父親から興味ある就職話が舞い込んできた。そこは仕事をしながら司法試験の勉強ができる環境の職場であった。

大阪の新興都市「枚方」（ひらかた）は、京都との府境に位置し、東に生駒山、北に桂川、宇治川と木津川の合流地、西は名水の湧くサントリーで有名な山崎を淀川の対岸にかかえている。隣町は「なめたら、いかんぜよ！」で有名な「鬼龍院花子の生涯」の舞台となった花街・「橋本」と日本三大八幡宮「岩清水八幡宮」が京阪電線に沿って位置する処。宇治から伏見を過ぎると東寺が見えてくる、古都・京都の市街はすぐそこにある。

人生にはいろいろな転機が訪れる。

自分自身では気付かない変化点であることが多いようだ。その波に乗るか乗らないかで、その人の運命が大きく変わってくる。「タラレバ」ではないが、「もしも、あの時」と思い巡らすこともしばしば起こるが「後悔先に立たず」の諺通り、それをいくら悔やんでもやり直すことなど到底出来るものではない。私の場合は、新天地「大阪」への就職を決意したことで、転機の波に乗り、社会人としてのキャリアを積むきっかけとなったが、当時の私には、これから始まるシナリオなど予測もつかない第一歩となった。

昭和四十六年四月、大阪府枚方雇用対策協会に入職。この頃になると一九六〇年にスタートした池田内閣の「所得倍増論」が現実となり、ここから更に「高度成長時代」へと歩を進み始める。東京・大阪・名古屋などの大都市への若い労働力の流入はピークを迎えていたが、産業の発展に人材の確保が追いつかず、慢性的人手不足が当然の如く表面化していた。

大阪府でも、革新の黒田府政が、この重要な課題に取り組み、大阪のＰＲのみにとどまらず、新規学卒の人材確保、定着指導、人材育成などの主要課題を企業と行政が歩調を合わせて推進するための外郭団体を立ち上げることになり、大阪市、堺市、泉州、そして枚方の四ヶ所で雇用対策協会が設立された。半官半民のこの職は、まだ諦めていない勉強ができる時間が取れることが決め手となり、自らの判断であえて県外就職を選択した。それが、その後の企業人としての道筋をつけるきっかけとなっていく。

管轄地域の北河内は、枚方市をはじめ寝屋川、交野、四条畷、大東に守口、門真を入れた広域である。ここには大企業から中小合わせて千数百社の企業がひしめき合っている。在籍した五年間で、おそらく五百社以上の事業所を訪問し、その生産ラインと工程の特徴について説明を受けた。松下電器精密モーター事業所・カネボウ住道工場・三洋カラーテレビ工場・小松製作所枚方工場・久保田鋳機工場・象印マホービン・大金製作所・ユシロ化学・初田製作所、有名ブランドが集まっている枚方既製服団地など枚挙に暇がないほどの企業群である。たくさんの工場を見学することができたお陰で、知らず知らずのうちに私の工場を見る眼は肥えていったようだ。それがどのような形で身についたかは解らないが、生まれて初めて見る日本の企業の生産ラインとそれに携わる人々の動きに興味津々の毎日が続いた。

私の上司は、大阪府労働部雇用保険課長を最後に退官した、鹿児島県徳之島出身の山田時雄事務局長。小柄で温厚、実直な彼はいわゆる天下り人事で、この職に就いていた。二十代半ばで仕事経験の殆どなかった私には、眼を見張るほどの職務経験と人脈を有したすばらしい人であった。後年、最後の勤めで、再び労働省の高齢者対策事業に関わることとなった折、「天下り、まかりならぬ！」と労働行政の古い慣習を「悪の権化」と言わんばかりに、当時の民主党政権は非難した。その流れは末端まで浸透されていったが、高級官僚のそれと下っ端役人のそれとには大きな違いがあることを見逃して、「十把ひとからげ」の手法で断罪してしまった。思うに、行政経験のない者がやろうとしてもなかなか難しい専門分野。「餅は餅屋」であるがごとく、彼らの行政経験を根こそぎにした罪は計り知れない。

求人難の時代

昭和三十年位から始まった、所謂「集団就職」は、当時「金の卵」と呼ばれ、四十年代半ばまでの高度経済成長期を支えることになる。東北、九州、沖縄から集団就職列車なるものが連なり、九年間の義務教育を終えた十五歳の中学生達が、職業安定所の職員に誘導され、大都会のホームに降り立つのである。四十年代後半になると、安定経済成長へと移行。企業は労働集約型から省人化、機械化の自動ラインが主流となり、生産性も飛躍的に伸びていく。それでも人手不足が解消されることはなかった。

若年労働力の確保には、二つの手法がある。一つは新規学卒者で、もう一つが中途者の採用である。中学卒業者が極端に減少すると、ほぼ義務教育化しつつあった高校生の争奪戦は熾烈を極めた。高卒一名の採用コストが三十万円～五十万円と云われる時代に突入する。お金が絡むと必ずと言っていいほど不正事件が横行。綱紀粛正の大声を上げてはみても、なかなか癒着の構造は止まらない。企業の人事担当者にしてみれば、若い労働力を何人連れて来るかが能力評価になるのだから、少々の無理は承知の上での採用活動になる。もちろん半官半民の私達にも、誘いの手は伸びてくる。

ある年、田舎の母親から、高校を卒業予定の友人の息子の就職依頼を受けた。早速、本人の希望に沿った会社を紹介すると、入社試験などそっちのけで採用決定。するとまもなく自宅に四角い荷物が届いた。中身は高級背広の生地と仕立券、底に白い封筒があり、開封するとなんと現金十万円が入っていた。また、求職中の従兄弟を印刷会社に紹介すると、京都祇園の料理屋に接待を受けた。着物姿のお姐さん方、数人に囲まれてのお座敷にはまったく驚いた。何軒か飲み屋をはしごのあと、若い社員が京都から枚方の自宅までタクシーで送り届けてくれ、降りる時には「小倉屋の昆布」を手土産として渡された。当時は、日常茶飯事のように、こんなことが横行していた。私もまだ二十代ではあったが、たいした権限のない私ですらこうだから、採用に関わる甘い罠は、いたる所に張り巡らされていたのだろう。熊本県でも安定行政の職員が採用に関する不正事件を起こし、綱紀粛正の大号令が言われた時代であった。

新規学卒者の採用促進事業は、求人ＰＲ誌の作成と配布、九州・四国各県の高校や県庁、職安等関係機関へのＰＲ活動がメイン。学校を訪問すると、すでに多くの事業所が順番待ちをしており、先生方もその応対に苦労していたようである。このころは、工場が集中している大都会へ人（求職者）が動く時代であった。それから暫くすると、地方分散化と称して、工場が人を求めて地方へ移転する企業誘致が激しくなってくる。そして二十世紀の後半には、より安価な労働力を求めての海外移転が花盛りとなる。一体全体、これから先、日本企業は何処へ行こうとしているのか？……教えて欲しいものである。

中途採用も労働力確保の大きな柱であった。各社が、各県ごとに駐在員なる者を常駐させ、職安詣でをしながら、一般求職者を面接して、あたりかまわず工場へ送り込んでいた。特にトヨタ・日産・ホンダ・マツダなどの自動車業界はひどかった。

私のいた雇用対策協会でも中途採用の求人募集は、年間七～八回ほど計画し、一回の求人企業は二十社程度が参加する。求人条件等を記載したパンフレットを事前に面接予定地の職安に配布、そこまでの段取りは私の仕事。人事担当者十数人を引き連れての求人行脚は、当時の恒例事業であった。地方の職安の小さな会議室に各社の担当が机を並べ、いつ来るか分からない求職者をひたすら待ち続ける姿を、今になって振り返ると何とも滑稽に思えてくる。この一週間の求人行脚で一社一名でも採用できれば上出来とされていたから全く優雅でもあった。

ある時、隣に座った自動車会社の人事担当者の言葉が当時の状況を物語っている。大手企業は、全国各地に現地駐在員なる者を配置し採用活動にあたっていた。たまたま隣り合わせた車メーカーの担当者に尋ねてみた。「いったい何人採用する予定ですか？」と、「今月の採用目標は八百人ですよ」

とさりげなく答えてくれた。私は不思議に思ってさらに聞いてみた。「なんでそんなに毎月、大量に採用しなければならないんですか」、すると答えは簡単、「毎月それ位が退職するから、その補充ですよ！」と。今はロボットがやっている仕事を当時は人がやっていたのだ。

穏やかな日々

最近、厚生労働省が、数年ぶりに有効求人倍率が一倍を超えたと、アベノミクスの効果と言わんばかりに発表していた。だが、この頃は三倍前後で、求人倍率は二・五倍以上ないと求職者が本当に就きたい仕事は選べないというのが通説であったから、現在と違い、いかに売り手市場であったかが解る。その後、厳しい労働集約型の生産ラインの自動化が進み、求人求職のいたちごっこは次第に消滅していく。大阪での五年間は、こうした仕事を通して多くの人脈ができたことが一番の成果であった。後日、人生の転換期とも言える転職に際して、大きな影響力を及ぼしてくれることになる。

大阪での就職条件として用意されていた団地生活では幸せな楽しい毎日を過ごすことができた。休日ともなると、度々京都のお寺詣でをした。家出をして辿り着いたこの街には、ひとしおの思いが浮かんでくる。居候した下宿の近くにある西本願寺の境内の石庭を子供達と歩いただけで込み上げてくる懐かしさが嘘のようにも感じられ、京都が第二の心の故郷のようにも思えてくる。特に気に入っていたのは、四条大橋の袂にある交番から入り、練舞場に程近い三条大橋までの細い石畳の「先斗町」界隈。金閣寺から龍安寺、仁和寺を経て嵐山渡月橋まで続く「衣笠の道」。そしてお気に入りは、銀閣寺から「哲学の道」を通って南禅寺、知恩院、二年坂の五重塔、三年坂の路地を抜けて清水寺までのコース。少し足を伸ばすと三十三間堂までもたいした時間を要しない。

昭和四十五年の長男・右恭につづき、昭和四十八年には長女・由美子が生まれた。

毎年、お盆と正月には帰省。家人の母親が独り暮らしをしながら、私達の帰りを首を長くして待っている。私の両親は、二人の妹達も結婚し近くに住んでいたので、あまり寂しさは感じていなかったようである。だから帰省中はほとんど義母の家で過ごしていた。独り息子の我家は大変おおらかで、「向こうのお母さんが、いつも一人で寂しいだろうケン」と言いながら、まるで養子にでも出しているような物言いで理解してくれていたことが何よりであった。ただ、義母の寂しい思いは年を追うごとにつのり、「よかなら、熊本に帰ってきてほしか─」と、なるべく早く帰熊することを言葉にするようになってきた。大阪での五年間の生活は、紛れもなく私の曲がりくねった道を穏やかな一本道に変えてくれていた。熊本を離れ、多少の苦労はあったものの、これからの人生にかけがえのない経験と時間を与えてもらった。

熊本での生活スタート（昭和五十年前後）

就職試験

昭和四十九年十二月二十四日、クリスマスイブの日が面接試験となった。

周囲の強い要望もあり、熊本へのUターンを考えていた折、熊本県庁の職業安定課から事務所に電話が入ってきた。電話の主は野山茂樹職業安定課長補佐。大阪のPRで毎年、県を訪問していた際知り合った労働行政の達人？である。

労働行政は「基準」と「安定」に分かれているが、同じ労働管轄でありながら、かくも違うのかと驚かされてしまう。それは「署」と「所」の違いであり、大別すると労働基準監督署は「取り締まり」、職業安定所は「お世話する」という立場にある。何のコネもない私は、熊本での仕事探しに頼れる人は誰もいなかったので、厚かましく仕事で来熊するたびUターンの相談に乗って貰うようになった。その後、紡績会社の人事担当など二～三社の紹介があったものの、あまり気乗りせず、諦めかけていた矢先、本田技研工業が熊本の大津町に広大な敷地を確保し、熊本県との間で進出協定が結ばれるとの情報をいただいた。野山さんの指示に従って、早急に履歴書を送りホンダからの返事を待った。しかし回答はNGであった。

私の希望職種は、人事・総務一本。他の職種には全くといっていいほど興味はなかった。大阪での人事担当者たちとの繋がりが、いつの間にか自分の将来とを重ね合わせ、この職種を思い浮かばせていた。野山氏の推薦依頼を受けたホンダ熊本事務所の永田所長は、ホンダが人事・総務担当を中途採用する方針のないことを伝えてきた。普通であれば、これで一貫の終わりである。ところが依頼した側も簡単には引き下がらない。後日、熊本県労働行政の重鎮として活躍された若き日の野山氏の真骨頂ではなかったかと思わざるを得ない。私の人生の大きな節目に出現した神様みたいなものである。

永田氏が提案してきたのは、二十〜三十社ほどの関連企業の中から、人事・総務の担当者を探している企業の紹介であった。その中の一つ、柳河精機（株）を推薦されたのが十一月。急ぎ応募書類を整えて会社宛てに送付すると、師走に入るとすぐに面接の通知が送られてきた。しかし入社面接と試験までにあまり時間の猶予がない。あわてて本屋へ行き、入社試験問題集を掻き集めて必死の受験勉強に入った。

京都から新幹線に乗り東京へ、山手線で新宿へ、京王線に乗り換えて東府中で降りた。

二十日あまりではあったが、かなり準備はしていたので自信はあったが、なにせ初めての経験で不安も付きまとっていた。駅を降りて案内図に従って甲州街道沿いに歩いていると反対側先方に柳河ビルの看板が目に入ってきた。すぐに横断歩道があったので渡りきると、いきなり二人の紳士から呼び止められた。

「春成さんですか?」「はい」と応えはしたものの、東京に知り合いなどいる筈もなく怪訝そうにしていると、今日面接する予定の本社・古市取締役総務部長と杉田取締役熊本工場長の二人である事がわかった。「大変申し訳ないが、緊急な要件ができて外出しなければならなくなりました」とのこと。「あとの事は、総務課長に伝えていますのでよろしく」と言いながら、そそくさと歩き出した。あっけに取られただけでなく、一度も会った事がない私が何故分かったのかそれが不思議で仕方なかった。間もなく、面接会場である柳河本社ビルに着いた。

応接室に通され、暫くすると面接官らしき人がたくさんの書類を片手に現れた。

（後に私の上司となる河口時義氏である）

先ほど、道路上で会った二人のことを報告しながら面接が始まった。さほど流暢ではないが人の良さそうな面接官に多少緊張も解れ、通り一遍の質問に答えていった。前もって提出していた履歴書の内容に沿っての確認が進む。簡単な会社説明もあったが、私以外に応募者らしき姿は見えない。（少し安心した）三十分を過ぎた頃、面接旅費の支給をするという。大阪からの旅費と日当、食事代等が支払われた。しかし、肝心の試験がまだである。帰りの時間も気になりだしたので思い切って、「あのー、入社試験は……」と尋ねると「特に試験はありません」と一言。「それより、いつから来てくれますか？」と早い入社を促された。〝なんだ、試験はないのか〟肩透かしをくってしまった。

帰路、京王電車に乗ったとたんに緊張感から開放された。

「ヤッター」と叫びたい衝動に駆られたが我慢しながら新宿へ向った。〝なるべく早く出社して欲しい〟との要望ではあったが、こちらも仕事の都合があり、すぐにというわけにはいかなかった。一ヶ月後の一月三十日に三重県亀山市の工場内にある「熊本特別計画室」に赴任することで了解をいただいた。当年二十九歳で新しい仕事を手に入れ、その年の十二月には進出先の工場建設予定地・熊本県菊池郡旭志村での勤務が始まることも知らされた。大阪へ来て五年目、念願であった家族揃っての熊本生活が実現することになる。〝努力すれば必ず報われる〟と思いつつも、焦りがなかったわけではない。そんな中で訪れたチャンスをものにできた喜びは計り知れないものであった。この

年のクリスマスイブは、私の人生でも最高の贈り物をいただいたことになった。（関係した皆さん、ありがとう）

遠距離通勤

昭和五十年一月三十日枚方市駅を出発し、三重県亀山市を目指した。

交野で大阪京橋始発の国鉄片町線に、十津川駅では関西線に乗り換える。各駅停車の鈍行列車は、時代を錯誤しているかの如く、ゆったりと走る。京都・奈良を過ぎて三重・柘植駅に着くと山の中の古びた駅で三十分近くの待合せ停車。暫くすると動き出したがなんとものどかな路線であることかと感心しながら昼過ぎには亀山駅に着いた。

亀山は、江戸時代には伊勢亀山藩の城下町として、東海道の難所・山賊が出没したという鈴鹿峠を控えた宿場として栄えた。歌川広重の「東海道五十三次・亀山」は四十六番目の宿場として浮世絵にも描かれているが、やはりこの地は「カメヤマローソク」の産地として全国に名を馳せている。汽車を降りると駅には迎えの車が来ていた。白い作業服だからすぐにわかった。五分もすると高台に位置する工場に到着。

この亀山工場は、私が大阪で見たどの工場にもない環境を有しており、自然の立ち木と数百本はあるかと思われる松の大木に囲まれた景観は、広重の描いた浮世絵の坂道に立つ松林を思わせるに充分なものである。その奥に「熊本計画室」の看板を掲げた小さな事務所があった。家族を残したままにして、私は大阪から三重県まで通勤することになった。

四府県を股にかけた通勤など聞いたこともなかったが、これ以外に方法はなかった。早朝四時過ぎに枚方を出発、京都・田辺から木津川の渓谷を抜け奈良市内へ、伊賀上野からは西名阪で亀山までの行程。所要時間は三時間半を要して朝八時の始業を迎える遠距離通勤である。終業五時になると大阪に向って車を飛ばすが帰宅は九時頃になる。大阪湾と伊勢湾を往復する通勤は、いやはやモーレツではあったが、さほど苦にはならなかった。年末まで我慢すると熊本での生活ができることを思えば何でもないのである。しかし、仕事も佳境に入ってくると残業も増え、通勤するのは困難になり、やむなく会社の社宅寮に寝泊りするようになっていった。

この熊本計画室では、新規に工場を立ち上げるプロセスをあらゆる角度から学び、後の海外進出時に大いに役立つことになるノウハウを蓄積することができた。

待望のわが家

ひと月程過ぎた頃、本社の社長が来るということで全員緊張の面持ちである。創業者の社長は、見るからに怖そうな風貌で、取り巻き数人を引き連れて部屋に入ってきた。前もって指示が出ていたので挨拶することになった。七十歳は超えている大柄でぴかぴかの頭、眼光鋭く視線を向けられたが、その風貌に臆せず「この度、お世話になります春成と申します。よろしくお願いします」と、通り一遍の挨拶をした。すると、睨みつけられたまままきつい一言が返ってきた。

「何だ、世話になるくらいなら、来るな！」頭から一喝されてしまった。他には何の言葉もない、ただそれだけで初めての挨拶は終わった。

これまでいろんな経験をしたが、初対面の挨拶で、こんな風に言われた事はなく、正直面食らってしまった。周りの人達は、ニヤリとしながら、このやり取りを楽しんでいるかのように聞いている。だから、こんなことは日常茶飯事で特別なことではなかったようではあるが、入社間もない新人の私にはかなりインパクトの強い挨拶であったことには間違いない。

それから、この短いやり取りを何度も思い返しては反省することしきりであった。

「挨拶といえども言葉の意味を理解して喋りなさい」と言いたいのだ。

こんな創業者・河口巳之吉は名言を数多く残している。

「四十、五十はハナ垂れ小僧」

「死んでから、ゆっくり休めばよい」

「結婚式はどうでもいいが、葬式は一度しかないから、必ず行くべし」等々。

私の言われた言葉も、この名言集に加えて欲しいものである。

よくよく考えてみると、何気なく使っている言葉が必ずしも正しいものばかりではない事を身をもって教えられた。だから、このエピソードは後輩たちに何度も伝えることになった。こうした経緯の後は、何かしら親しみを持つようになっていた。私の親父が感情的に怒っていたのとは違い、人を引き付けるものが感じられ、初対面で一喝されたものの、その後来熊される際は、いつもこの社長から指名されて運転手を務めていたので案外相性は良かったのだろうと勝手に思っている。

昭和五十一年春、待ちにまった新会社・九州柳河精機（株）は、七十七名の従業員でスタート。振り返ってみると、大阪への就職が、新しい道を拓く結果となった。日本を代表するホンダの資本が四十九％入った合弁会社であることが、世界に羽ばたく将来を予感させるものであった。三十歳を目前にして、やっと地元に根を下ろした生活ができる喜びは、この十年余りの紆余曲折の人生に良い意味で終止符を打つことができたことである。

熊本工場の建設から操業開始までの仕事は、時には徹夜の続く日々ではあったが、自分達の会社を造る想いが、少々の困難にはめげない気概を持たせてくれた。それは熊本で採用され遠く三重県まで実習に来ていたそれぞれが熊本の地で生活できる喜びに満ち溢れていたからである。大阪を引き上げてきたあと、暫くは家人の実家がある玉名から通勤したが、その年の暮れには待望の我家を熊本市・楠に建て、三十歳にして初めて自分の城を構えることが出来た。

高校三年生で生死をさ迷い、三度にわたる大手術。痛みを抱えながらの京都への逃避行。身も心もどん底を這いずりまわった青春時代を思い返せば、それは、夢を見ているような気分であった。この年、待望の、家族揃っての熊本での新たな生活がスタートすることになる。仕事を求めて都会に出ていく時代から地元志向へ変化していく中、私はいわゆるUターンと呼ばれる時代の「さきがけ」だったのかもしれない。

いつの間にか企業戦士になっていた。
人生を諦めかけた私には怖いものはなかった。
アメリカはじめ、中国、ヨーロッパ、東南アジア
そして、中近東やアフリカにも足を運んだ。

第三章　世界を駆け巡る

ＹＳＫ（柳河精機）とＨＯＮＤＡ

本田宗一郎のこと

昭和四十八年には本田技研工業は、二輪の世界戦略基地としての熊本進出をほぼ決定していた。ＹＳＫとは「柳河精機株式会社」の略称である。この二社が合弁会社を設立。ＨＯＮＤＡ四十九％、ＹＳＫ五十一％の出資でスタートした新会社が九州河精機株式会社である。前にも述べたが、「世界のホンダ」が親会社となったことが、ここから三十数年間、企業戦士として世界に羽ばたくことができた最大の理由である。勿論、柳河精機のバックアップが大きかったことは論を要しない。

ホンダを語るには創業者本田宗一郎をおいて他にはない。これまでも偉大な功績と人柄やエピソードについては数多くの書籍が出版されているので二番煎じ三番煎じの域を拭えないが、一九七七年六月四日操業間もないわが社へ、あの本田宗一郎が来訪された折、直接お目にかかり、宗一郎という人間に瞬間たりとも間近に会うことが出来た歓びから、今でも鮮明に残っている、その想いを少しでもいいから述べてみたいのである。

その日、事務所の入口で迎えると、宗一郎は上下白のスーツにノーネクタイ、片手を挙げて「いよぉ！」と、まるで旧知の間柄を思わせる粋な素振で馴染みのハイヤーを降りてきた。ひと通りの工場視察の後、全員での記念撮影、二人の若い女子工員の手を握り締め、写真に納まっているその笑顔は、私には仏様の顔のようにも思えた。その日の午後にはカリスマ経営者で宗一郎の友人、ソニーの井深大（まさる）と宗一郎、偉大な二人の講演を聞く機会を得た。講演というより人間味溢れる語り口調は、コップの水を注がれるが如く聞く人の身体の隅々まで浸透していくようで、下手な落語家の話よりも面白く、終始聞き入る聴衆の心を鷲摑みにしていたようである。壇上で喋っているのではない、社員食堂のテーブル越しに話を聞いているような間合いである。話術とか言うものでもなく、まさに天然の喋りに他ならないから、聞く人にとって身近な存在に感じてしまう。それは宗一郎が「親父」と慕われる一方で「人間の達人」とか「究極のリアリスト」といわれる人間性から来るものであろう。人間の尊厳を大切にし、一人ひとりの潜在能力を信じる宗一郎は、人間の現実をありのままで観察できる洞察力に優れていたと言われている魅力ある人物である。

だから人間のとる行動への想像力が人並み外れていたのだと思う。

車メーカーにとってエンジンの故障は致命的だ。宗一郎はエンジンの故障は、「小さなことから起きる、大きなことでは故障は起きない」と断言する。大きなことは目立ち、人の注意も集まり、対策も立て易い。だが小さい故障はつい見逃してしまうのが人間で、これは毎日観ているプロでないとわからない。「会社の経営も同じで、大きなことでつぶれるという会社はまず少ない。大半は気がつかないうちに積もり積もった小さな問題が重なり、つぶれていくケースが多い。そしてそれに気づいた時には、もう手の施しようがない」と言う。宗一郎は正直で、真っすぐな人である。怒るにも真剣で邪心がない。だから怒鳴られる相手にも、その純真さが伝わり、結局、誰もがついて行く。歴代の社長といわず、多くの才能ある者達は怒鳴られ、時にはゲンコツをいただいている。

宗一郎が亡くなった直後の本田技術研究所の杉浦所長（のちの会長）の追悼談話が印象的で忘れ

られない。「ボルト設計の担当者が少し間違えた時、事情がよくわからない自分が宗一郎から呼ばれた。みんなの前でいきなり二発も殴られた。実に理不尽だと思ったことがあった。たかがボルト一本で二発である。」

しかも杉浦はホンダの頭脳集団である一千人の研究員を預かる大所長。

「それがこんな扱いを受けるいわれはネェ。辞表をたたきつけてやる！」と本気で宗一郎を睨み返した。しかし、つぎの瞬間、杉浦は宗一郎の眼を見てハッと思ったという。宗一郎が三角眼に涙をいっぱい溜めていたのである。たかがボルト一本が人の命を奪いかねないことを知っていたが故である。「本気になって怒っている宗一郎には、言い返す気がなくなったですよ」と杉浦は述懐している。

さらに一九五〇年に浜松から東京に進出した際のこと。埼玉県白子（現和光市）に中古のボロ工場を購入した時の話である。雨漏りのする工場を見て宗一郎が真っ先に手がけたのが古い便所を水洗に改装することであった。多くの反対を押し切って言った言葉。

「人間は入れる所と出す所をきれいにしないで、どうして美しい製品が生まれるか」であった。むろん、「入れる所」とは食堂であり、「出す所」とは便所であることは言うまでもない。現場の人間にとって日常的に大切なことと、人間の根源に関わることを豊かな洞察力で捉えている。そして工場視察の折は、必ず便所の状態を観察して、その会社のレベルを判断していたようである。そういえば、どこかで聞いたような気がする。（そう、小学校のトミ子先生の家庭訪問とおなじだ！）

九州柳河精機の誕生

戦後まもなく、一九四八年に宗一郎は本田技研工業（株）を資本金百万円で設立。柳河精機（株）は河口巳之吉により一九五二年に設立されている。宗一郎四十二歳、巳之吉四十六歳のときのことであるから、さほど若くはない。それに、この二人には幾つかの共通点がある。修理工場に丁稚奉公していた宗一郎。徹夜して作った製品をリュックに入れて毎日運んだ巳之吉。人間味溢れる従業員への想いはいづれも「親父」の面影。怒るときも一所懸命、相手のことを想い怒鳴る。人間の機微を捉える技は他に類を見ないほど卓越している。

そして、風貌までもが似ているのである。一九五四年、過剰な設備投資が原因で、ホンダが迎えた最大の経営危機には、巳之吉が先頭に立って、部品メーカーの協力体制をしいたことで、この難局を乗り切ったように聞いている。だから、宗一郎にとって巳之吉は、ホンダ最大の危機を救った恩人なのである。こんな二人の「親父」の意思で誕生した九州柳河精機は、最高の合弁会社であったかもしれない。そして、そんな会社に就職できた私もまた最高の幸運に巡り合ったのかもしれない。

ホンダが決めた「熊本進出計画」は、これまでにない「世界一の二輪工場づくり」を目指すものであった。ところが、その年の十月に「第四次中東戦争」が勃発。欧米オイルメジャーとオペック（アラブ石油輸出国機構）との対立から始まるオイルショックが全世界を窮地に追い込んだ。忘れもしない「トイレットペーパーの買占め騒動」は、日本国中を揺るがし、スタグフレーション（不況下のインフレ）が経済の停滞を招いていった。「世界のホンダ」と言えども熊本進出を一年延期せざるを得なかった。

日本の自動車産業は、メーカーを頂点にピラミッド式に裾野が広がっている。驚くべき数値であるが、外作依存度は八割を超える。ちなみに米国の構造はまったく逆で、内作率が八割だと聞いている。ほとんどの部品を社内で製作する。従って、ホンダが一年延期をするということは、当時、柳河精機を含めて約三十社ほどあった主要協力メーカーの計画をも遅らせる大変な事態を招くことになる。柳河精機も、初めて取組む鋳造部門のダイカストマシンを二基発注し、間もなく工場に設置しトライをするところまで来ていた段階でのことであるから、売上げはゼロ、設備償却は始まり赤字が累積することになってしまう大ピンチを迎えてしまった。

しかし、柳河精機は、このピンチをチャンスに変えるのである。経営トップの判断で、九州柳河精機用に購入したダイカストマシンを自社向けに転用し、それまで外部メーカーから購入していたアルミ部品を内作する決断をしたのである。

熊本で採用していた二十名の現地社員は、昭和五十年一月から柳河精機・三重工場とホンダ鈴鹿製作所での実習に入っていた。そこに延期の情報が流れたから、会社だけでなく彼らにもかなりの動揺を招くことになった。

総務担当の私は、矢面に立たされた。「ウソば、つくな！」「騙して俺達ば連れて来たっじゃなかろうね！」などの罵声も浴びせられたが、必死の説得で何とか理解してもらった。彼らがいないと新しい工場は立ち上がらないのだ。まさに人財なのである。

各社がこうした問題を抱えながらも、昭和五十年十一月には工場建設が開始。

新しい会社、自分の手で造る部品、安定するだろう生活など、期待は膨らみ、操業開始に向けての必死の追込みに全員のベクトルは集中していった。そして翌五十一年三月に第一期工事完成、フレーム二万五千台、エンジン三万台の生産が始まった。

夢ある新工場

新しい工場には、「夢」がある。二人の創業者の想いを知ってか知らずか、いろいろな「夢」が実現している。まず工場レイアウトでいうと、生産領域と福利厚生領域を大きな通路で区分。働く場所とくつろぐ場所を明確に分けることで気分転換が図れるようにした。工場の生産ラインは、鋳造・表面処理・機械加工・組立が左から右に流れる素材から完成品までの一貫加工。ホィールのアッセンブルは、タイヤ・リムなどの流動在庫を究極の「ゼロ」にするためのコンビナート供給と組立ラインがシンクロナイズされている。さらに組立ラインはフリーフローで、勝手に流れる従来の自動化ラインとは一線を画し、人間性を重視したものになっている。一日の生産が終われば、タイヤもリムも在庫はない。

トヨタの看板方式で「必要なものを、必要なとき、必要な分だけ」という先進的思想は、すでに、この工場では実現していた。完成品をトラックに積み込む為のリフトも廃止。完成品のストックヤードとトラックの荷台が同じ高さになるように通路を下げた。その反対側には食堂。通路から社員食堂で食事をする足元が丸見えである。だから汚すことが出来ないようになっている。たかが百名足らずの工場で専用の厨房と清潔な食堂、工場から等間隔に配備されたトイレを造るなどは、まさに宗一郎の言う「入れる所と出す所をきれいに!」するという思想が見事に活かされている。

九州柳河精機（Ｋ－ＹＳＫ）は、「ホィールの柳河」として生産量、売上げ、従業員数を順調に伸ばしていく。初年度二十億の売上げは、五年後に百億円企業に成長。「熊本にある世界一」を地場のテレビ番組で紹介されたときは、二輪のホィールをわずか四百㎡余りのスペースで年間百万台二百万本を生産するまでになっていた。

後日、米国ミネアポリスに本社を置く、かの有名なハーレーダビットソンの女性購買課長が、このラインを視察に来た折、あまりのラインスピードの速さに眼を丸くしていたほどである。しかし、世界の各社が当社に興味を持ったのは、それだけではなく当社で初めて取組んだ数々のアルミ鋳造技術である。ホンダの技術開発賞をはじめ世界初の技術といわれる製品や製法を数多く開発している。

アルミ素材の仕事が増えると、同時に後工程の仕事も多くなり、三直三交代では追いつかず、四直三交代という土日も休まず二十四時間フル操業の臨戦態勢を敷かざるを得なくなった。労働組合に理解を求める一方で、若い管理者も増え、この教育をどうするかが別の大きなテーマとなっていく。その時、杉田取締役工場長（昭和五十八年二代目社長就任）から、それまで聞いたことのない提案が出てきた。

総務係長であった私は、「管理者養成学校」のパンフレットに目を通しながら、その教育方針と驚くべき内容に度肝を抜かれた。

地獄の特訓

十三日間の地獄

「もう嫌だ！」「頼むから、帰してくれ」最古参のＹ課長からの緊急電話。

十三日間の地獄の特訓に、初めて参加させた管理者である。しかし、訓練中には想像以上のことがあったようだ。二人目のＦ課長は、向う気の強い性格。負けず嫌いの所もあって、期待して送り出した。訓練八日目、またしても、突然電話がかかってきた。「帰りたい、帰してくれ！」と電話の向うで泣き喚いている。酒も少し入っているようではあったが、その声は常軌を逸している者の叫びであった。派遣責任者の私には、この訓練が、どれほどの内容であるかが、痛烈に感じ取れた。

この管理者養成学校は、一九七九年に開校。その奇抜とも思える訓練内容は、時代の話題をさらい、マスコミの格好の的になっていた。学校は人里離れた富士山の三合目あたり、世間の騒音とは一線を画す場所にあって、テレビ・ラジオはむろん新聞・雑誌などは無く、完全に社会から隔離されている。朝の四時半起床から始まるスケジュールは夜九時の就寝で一日が終わるが、訓練は日を追うごとに厳しくなり、刑務所をも思わせる訓練服に講師の罵声が辺りかまわず飛び交う。次から次に出される課題に追い込まれていく訓練生の中には、あまりの過酷さに脱走する者が出るほどの凄まじさである。まさに「地獄の特訓」と言われる所以である。

企業が成長していく過程ではいろいろな問題が発生する。中でも経営者にとって、技術開発や資金調達とともに人材育成は最大の課題。特に管理者の教育には各社が頭を悩ますところである。創業間もない当社では、平均年齢二十四歳の若い従業員を率いる管理者もまた三十代と若い。「十三日間の訓練」は、世界に通用するビジネスマンに必要な行動力・知識・論理的思考を養い、見違えるような管理者として再生させるのが狙いであるという。若いわが社にぴったりの研修であることが解った。研修費用も五十万円を超える高額であったにもかかわらず、この訓練に参加させることが決定し、先の二人を送り出したのだが……。

一期二百数十名、一クラス十四名、正副二人の講師が就く。

二十以上の課題を、より早くクリアーし、合格した者が卒業となる。十三日で卒業できる者は全体の一割弱、二十名程度である。全国津々浦々から派遣された管理職が寝食を共にしての合宿訓練は、所属する会社の名誉をも背負った熾烈な競争でもあった。

初めて参加したわが社の二人は、事前の情報も少なく、物見遊山的な気分のままであったのだろう。訓練は大声を出し、身体も動かすから、食事は美味い。夕食にはビールも一人一本出てくる。酒好きのF課長は、他人の分まで飲んでいたようで、この罠にはめられたと後悔している。訓練の前半をたいした緊張感もなく楽しく過ごしていたのだ。これではこの厳しい訓練を十三日で卒業できるわけがない。

「卒業できるまで、帰ってくるな！」の一言で、やっと腹が据わったようである。訓練の過酷さに、泣いて懇願した者が「逃げられない」とわかったところから、新たなスタートを切った。人間、やってやれないことは無い。逃げ場を求めた二人ではあったが、やっと管理者としての自覚に目覚めたのである。仕事もまったく同様である。ここで培われた行動力と目標達成への意欲が、その後の職務に活かされ、この二人も管理者としてのすばらしい成果を挙げるようになっていった。

別人の様になって帰社した二人と入れ替わりに、三人目としての派遣が私に決まった。「十三日間で必ず卒業して来い！」と、上司からの厳命が下った。そこいらの研修に行ってくるなどとは程遠いプレッシャーと相当の覚悟の下に出発することになった。

厳しい訓練

十一月の下旬、富士宮駅を降りてタクシーで学校を目指した。冠雪した富士山を横目に、ひと気のない山道をしばらくいくと学校らしき建物が見えてきた。緊張が走る。「さぁー、これから十三日間頑張るぞ」の決意も新たに入校の手続きを済ませる。

入校式は大変厳粛で、大広間に向って左右に各百二十人、正面には創立者で校長の財部一郎を中心に五十名近い講師陣が黒の正装姿で正座。部屋中に響き渡る司会者の声は、太く、高く、異様な雰囲気を創り出している。まるでヤクザ映画の手打ち式と同じシーンである。「声が小さい、やり直し！」と何人もの訓練生が自己紹介で気合を入れられる。誰もがど肝を抜かれてしまっている。

訓練の内容は多岐に亘っている。白の囚人服（ユニフォーム）の前につけられた課題のリボンは、試験に合格すると、めでたく取り外すことができる。発声訓練から始まる内容は、大声と礼儀が基本で、「行動力基本動作十ヶ条」・「セールスガラス」・「素読」・「礼儀」・「報告書」・「清書」・「電話」・「挨拶」・「駅頭歌唱」・「二十キロ歩行」・「四十キロ夜間歩行」・「体操」・「共感論争」・「道順」・「暗記」・「パンと牛乳」・「挨拶の効用」等々である。

これらすべての試験に合格した者だけが、最後の課題「私の抱負」に挑むことができる。そして、これに合格した者だけが卒業となる。

訓練は、毎朝四時半起床。夜明け前の暗い中での「乾布摩擦」で始まるが、外気温は零下を下回っている。入校から気を引き締めて望んだ私は、順調に課題を消化していった。勿論、酒は飲まず、九時消灯後も毎夜二時間はトイレで予習復習を繰り返した。だが思わぬところで失敗をしてしまった。二人一組の「二十キロ歩行」は、それほど難しい課題ではなかったが、与えられたコマ地図を早合点して反対周りをしてゴールした。明らかに失格である。翌日、再度の挑戦をする羽目になったのだが、何よりも痛いのは訓練の遅れであった。ちょっとした心の油断が大きな失敗を招いてしまった。その焦りが頭にこびりついて離れない。はたして十三日で卒業できるか、不安が頭をよぎる……。

訓練の中日には、大宴会が催される。ご馳走に加えて酒も出される。つかの間のくつろぎとなるが、よくよく考えてみるとこれも罠であったかもしれない。この甘い誘惑に乗った者は、間違いなく後半戦に向けていいスタートが切れるわけがない。この頃になると、訓練は佳境に入ってきて、遅れた者は焦りと次から次に出される新しい課題の連続に自分自身を見失ってしまう。あちこちの部屋から合格したと言っては泣き、不合格になったといっては泣く声が飛び交ってくる。講師の掛け声も一段と大きくなってくる。そして身も心も追い込まれていく。管理者達をとことん追い込み、そこからどうはい上がらせるかが、この訓練の狙いのようである。

後半戦の山は、「四十キロ夜間歩行訓練」と「セールスガラスの駅頭歌唱」。

四十キロの参加者全員が校庭に集められ班ごとに整列、出陣式の注意事項を聞いた。最後に各班の隊長を代表して決意表明となった。前日、担当の岩波講師から、この役割を指示されていた私は、壇上で思い切りの大声をあげて完歩する決意を述べた。

富士山三合目は、もう真冬、外気温はすでに零下。十四名が隊列を組み、コマ地図だけを頼りの夜間歩行訓練の始まりである。

午後二時にスタート。各班ごとに隊長・副隊長・救護・斥候などの役割が決められる。持参するのは夜食に水、懐中電灯と大切なコマ地図のみ。歩き始めて三時間もするとあたりは真っ暗闇、いっきに気温が下がり、立ち止まると身体が硬直してくる。整然と歩いていた道が、やがて道なき道へと変わってくる。所謂、〝獣道〟を進み始める頃から頻繁に斥候を出さないと進路の確認が取れない。やがて、元気に動き回っていた若手の斥候役が足を痛めダウンしてしまう。代わりの斥候がいない。仕方なく自分でやるしかなかった。

二番目のチェックポイントを確認したところで食事休憩。「座るな!立ったまま食べろ!」零下五度にもなると、座れば足が固まり動かなくなる。疲れが極限になると隊列は乱れ、私の指示にも耳を貸さなくなってきた。また、斥候に出なければならない。必死でさ迷い続けた。その途中別の班と出くわしても、お互い口をきく元気もない。出くわすということは、どちらかが間違った道を歩いているということになる。正しい道であることの確認を取り、本隊を導く斥候がいかに大事かということが分かる。

最後のチェックポイントを確認した頃には、全員が意識もうろう状態。足の裏は豆が潰れグシャグシャ。寒さと疲れで疲労困憊、足を引きずりながらなんとか到着したとき、時計の針は午前0時を指していた。翌日、左膝の裏側が痛いので申し出ると、車で病院に連れて行かれた。「筋が一本切れていますが、用心して訓練してください。」と医者の診断。

訓練は続けられるということで一安心したが、私は二十キロ歩行での失敗を含めて、この二日間で富士山麓の山道を百キロ以上歩いていたことになる。

駅頭歌唱とスピーチ

この日はマイクロバスに乗せられ、久しぶりにシャバの景色を堪能しながら、通勤・通学客で賑やかなJR富士宮駅に到着。

駅の一角に立たされると、五十mほど離れたところから講師が指示を出す。「歌え!」の合図と同時に「セールスガラス」の一節を歌い始める。歌うというより、怒鳴るという方が正しい。目の前を通勤客が行き交っている。〝額に〜汗して〜作ったものは〜・・・・〟

講師のバツ印が続く。四回も五回も不合格が出ると、全身を「くの字」にしながらもう泣き声で歌い叫ぶしかない。やっとの思いで合格の丸印が出ると、傍で聞いていたオバちゃん達も目に涙を溜めながらの拍手がくる。近くの店のオヤジも遠巻きに拍手を送っている。本人は感極まって泣き崩れてしまう。しかし、通行人は「またやってるな」と、この「駅頭歌唱」を気に留める様子もなく、かたわらを通り過ぎて行く。歌う前に感じた、恥ずかしさや、嫌な気持は、合格のサインと共に、どこか遠くに飛んでいき、心地よい達成感が心身を覆ってしまう。厳しければ厳しいほど、合格したときの満足感は大きくなるのだ。やっとの思いで合格した私の心も晴れ晴れとしていた。

この訓練には、校歌をはじめとする歌がたくさんある。その中の「地獄の友よ」の一節が訓練生の魂を揺り動かす。

〜やって来いよと送られて 十三日間地獄行き
四時半起床はよしとして 三十点には泣かされた
鬼軍曹の愛のムチ 震える声で「セールスガラス」

富士宮駅前 魔の三分間
さようなら さようならー あぁー地獄の友よ〜

訓練十二日目、「二十キロ歩行」のヘマを取り返し、最後の難関「スピーチ」に挑んでいたが、なかなか合格点をもらえないでいた。

スピーチにもがき苦しんでいた時、担当の鬼軍曹、岩波講師からアドバイスを受けた。

「いいか春成、このテストが一番難しいと言われているが、本当は一番易しいんだよ」「なんですか?」聞き返した。

「実はな、精神を集中させ、本気になった者だけに見える〝幻影〟が出てくるんだよ」

「幻影って何ですか?」

「それは、スピーチの時、自分の書いた原稿が、そのまま目の前に出てくるんだ。だからそれを力いっぱい、読みさえすればいい。簡単だろう」と言う。「幻影を出すところまで集中できる訓練生は、数少ないが君ならできる」と強く背中を押されたところで、最後の力を振絞って集中力を高めていった。

その結果、十三日で卒業するという目標は何とか達成できた。私は絶対に泣かないと思っていたが、最後の試験に合格し、岩波講師へ報告する際、不覚にも涙が溢れ出て、自然と講師の胸に飛び込んでいた。最後の難関、スピーチ三題とも、あの〝幻影〟を見ることができたからである。

母の口癖、「為せば成る、為さねば成らぬ何事も……」の精神をやっと、この地獄の特訓の場で実現できたことが何よりも嬉しかった。

自分との戦いに勝利

全員参加の卒業式は一期に一回だけである。入校式と同じく厳粛に執り行われた。

卒業生はスーツに着替え、十三日で卒業できなかった在校生はリボンのついたユニフォームのままでの出席である。(送り出す方は、さぞかし辛いだろうな)順位と名前が、最終合格者から順に呼び出される。十三日で終えるだけでも栄誉だと思いながら呼ばれるのを待っていた。十三日での卒業者は二十一名。残り十人、五人、三人までできても呼ばれない。

そして「第二位ハルナリマサユキ」と、信じられない司会者の声。

トップ合格者は車椅子の訓練生で、最も早く訓練を終えていた。上位三人には卒業証書に記念品が添えられ全員の拍手の中でお互いの健闘を称えあった。

管理者に必要な要件とは何かと問われれば、直ちに「行動力基本動作十ヶ条」を思い出す。学校教育では知識を授かる。職場では仕事の手順を習う。家では躾と道徳心を養う。しかし、それらの発露となる「行動力」は、個人の「内に秘めたるチャレンジ精神」に負うところが大きい。だから何事にも挑戦しようとする「ヤル気」こそが最大の武器であり、成長の源と言えるのではないだろうか。この訓練が私に与えたインパクトは、「十八歳の挫折」で死を乗り越えたときに感じたものと似ていた。

同じ価値観と行動基準を手にした管理者集団が、他社に負けるわけがない。それが日々の企業活動の中で、少しずつ実証されていった。

管理者養成学校から颯爽と帰宅した私は、二週間後、両足の爪が黒ずみ、やがて十本全部が剥がれてしまった。「四十キロ」で最後に帰還した班は、いったい何時間歩いたのだろうか？朝もやの中から一人、また一人と湧き出るように帰って来た痛々しい姿が目に浮かんでくる。やはり、これは自分との壮絶な戦いであり、十三日間の訓練は、まさに「地獄の特訓」なのである。

わが社での管理者養成学校の卒業生は三十名を超え、「地獄の特訓」を体験した管理者集団に支えられたK―YSKは、売上高を百億から百五十億、二百億へ、従業員も五百名を超える企業へと目覚しい勢いを見せ、この訓練で育まれた管理者集団のエネルギーが爆発したかのような成長を披露していくことになる。

別府からの独り歩き

八方ふさがりの日々

管理者養成学校を卒業して四か月後の昭和五十八年三月、私は入社八年足らずで総務課長に昇進。まだ三十七歳であった。年間百万台の生産に向けて、工場拡張と増員につぐ増員の中、二十四時間フル操業が続くようになった。中国向けのＫＤ部品（現地組立部品）が四十万台を超え、女性中心の組立ラインの女子社員採用が難しく、とうとう社内に保育園を作り、子連れパートの採用をしなければならないほどになっていた。土日はもちろん二十四時間まるで不夜城の如く工場は稼動し、百時間を越える残業をする社員も多数出て、とにかく繁忙な日々を送っていた。

そんな中でも、熊本市内のネオンが恋しく、夜な夜な街へくり出すほどのエネルギーがみなぎっていた。帰宅はいつも夜中の二時～三時頃。毎晩のように出かけては行くが、それでも誰よりも早く、朝七時には会社に出社していた。睡眠時間は三、四時間程度。翌日が休日ともなると朝帰りもしばしばやってしまう状況で、家庭内が平穏であるはずがない。ある時、家人が「毎日朝帰りばっかりして！」と文句を言い出した。私は「朝帰りじゃない、夜中には帰っとる」と反論。見かねた家人の母親も加わっての口論となってしまう。だったら朝帰りの定義をはっきりさせようと相成った。「朝方の空が白ずんで来たら、それが朝帰りだ」と啖呵を切ってはみたものの、夜の長い冬はいいが夏場は夜明けが早いので苦労した。

しかし今思えばなんとも他愛のない話ではある。こんな調子だから、家庭内が上手くいくはずはない。やがて夫婦間にも亀裂が入り始めていく。この頃から、経営トップとの意見の衝突も頻繁に起こり始めてきた。さすがの私も、内外共に精神的負担が重くのしかかってくるのを感じるようになっていた。経営者との会話も途絶え、仲介に入った工場長をも苦しめる始末。家では離婚騒動までに発展、離婚届を書いて家人に渡すところまで来ていたので、心も身体も、仕事も家庭もまさにバラバラの状態で、その年の大晦日を迎えたのである。

昭和六十二年十二月三十一日年末年始の長期連休のさ中、もやもやした気分のまま、近くの豊肥本線・武蔵塚駅十時発、別府行き「火の国三号」に飛び乗った。今の環境から逃げ出したかったことと、自分で自分が支えきれないもどかしさを強く感じていた。ヤル気は失せ、悲観的な発想だけが頭の中を覆い、得体の知れない不安が増幅していくのである。解決策が見つからない、「死ぬしか方法はないかも」などと妄想を膨らませての独り歩きを思いついた。

一方で、地獄の特訓「四十キロ夜間歩行」の余韻と、当時映画化された雪中行軍「八甲田山」の結末に魅了され、あの状況で人間は、いったい、どういう感覚になるのか……。雪の中で裸になれるのか、気が触れてしまうのか、雪の上を飛んでいるような気分になれるのか、などを仮想しながら、八方ふさがりの中で体感してみたいとの悲壮な思いもあった。

正午前に、別府駅に着いた。駅で夜食用の弁当を買った。

何の装備もしていない、普段着に運動靴。懐中電灯も無い、むろん携帯電話など無い時代だから、連絡方法は公衆電話のみ。正午に歩き始めて、まず奥別府・鶴見岳のロープーウエイを目指す。流川の商店街が意外と坂道であることに気づいた。一時間ほど歩くとかなりの急勾配が山に向けて続く。思ったよりも大幅に時間を要して鶴見岳の麓に到着。

悲壮な気持はさらさらなくなり、一人旅を楽しむようにロープーウエイで山頂展望台まで上ってみたが、人気はなく、遠く別府湾とその先に突き出している国東半島を眺めているうち、あまりの強風と寒さに急ぎロープーウェイを降りることにした。（大晦日に、こんな所に来る人がいるわけないよな）さぁーここからが熊本までの独り歩きの始まりだ！と、半ば雪中行軍を仮想しながらスタートした。

大晦日の孤独

国道四十三号を抜けて湯布院まで約十キロの行程。年の瀬の山道は、あっという間に夜の帳が下りて、真っ暗闇になる。九州分水嶺の一つ、水分峠にさしかかる見通しのいい坂道をトボトボと歩いていると一台の車が通過して行った。この日のこの時間だから、めったに車も通らない。すると百m程先で乗用車が赤いランプをつけて急停車すると、バックギアで私の横まで引き返してきた。助手席の若い女性が声を掛け、「どうかされましたか？」と心配そうな顔、運転手の男性が、「私達、福岡へ帰っています。良かったら乗っていきませんか？」と同乗を勧めてくれた。「ありがとうございます。でも、この先で熊本方面に行きますので……。」と丁重に断った。運転の男性からは「気をつけて行ってください」と激励をうけたが、こんな時間、暗い山道を独りで歩いている得体の知れない者を心配して声を掛けてくれる国がどこにあろうか、日本人の持つ気質の優しさに触れて、なんとも清々しい気持で峠を越えることができた。

別府駅をスタートして九時間あまりが過ぎた頃、高台の向うの谷底にポツリと灯りが見えてきた。「湯布院だ！」思わず声が出た。街中の国道沿いに一軒だけ提灯の明かりが見える。初日の出と初詣客を当てにした「食堂しらたき」が店を開けている。暖簾をくぐると「いらっしゃい」と元気のいいおばさんの声。腹が減ってしかたなかったので、急ぎトロロうどんを注文。二人のおばさんは、少し早いお客に、あれこれ聞いてきた。別府から歩いてきたこと、これから熊本まで歩くことを話すと、おったまげた様子で、奥の調理場にいたご主人の渡辺貞雄さん（トランペットのナベサダと同姓同名だ）までが表に出てきた。

「熊本まで歩きよっとね。今どきの青年にしては珍しか、大したもんばい」と、いささか興奮気味に「ちょっと待って」と自宅に引下ると大きな袋を抱えて戻ってきた。何事かと思いきや、「これば食べながら行かんね！」とカッパエビセンを渡して励まされた。

三人は店頭まで出てきて見送ってくれた。私が、何故名前まではっきりと覚えていたかというと、鶴見岳ロープーウエイの乗車チケットの裏に、ご主人のサインをお願いしたからである。その理由はただ一つ。これから行く久住の登山口・牧ノ戸峠から、妄想を追いながら、道を逸れて山道へ入っていくかもしれないとの悩ましい思いがあったからである。その時の最後の生き証人になって欲しいと考えたからであった。

大晦日の夜十時、世間の人達が「紅白」を楽しんでいる頃、「食堂しらたき」を出た。

山並みハイウエイといえども、歩いてみると、車とは大違い。道の両側から樹々の枝がかぶさり、星空を遮っているのでまったく何も見えない漆黒の闇の中。体調はまだまだ元気ではあったが、家庭でも、職場でも感じていた孤独感が暗闇を突き進むにつれて虚しさを募らせていく。しばらく行くと、左斜面が谷底まで続いている場所に来た所で外気に異変を感じ始めた。私は元来、幽霊とかお化けなるものは信用しない性質で、だから冬の夜道の独り歩きも、さほど怖さを感じることはなかった。だがこの時は違っていた。歩きながら鳥肌が立ってくる。谷底からなにかしら霊気を感じるのだ。〝身の毛がよだつ〟という鳥肌は、すっと立って、さっと消えるもの。ところが立っては消え、立っては消えを繰り返しながら、とうとう身体中逆毛が立ちっぱなしの状態が治まらない。自分の人生で経験したことのない恐怖が全身を覆い尽くしていた。鳥肌が立ちっぱなし、足はすくみ、がくがくした歩きが三十分も続いたろうか。谷間に引きずり込まれそうな感覚の中、やっと見通しのいい場所に着いたところで、平常心を取り戻すことが出来た。湯ノ平温泉の看板のある側溝に腰を下ろすと、どっと疲れが出た。長い距離を歩くと身体の変調はまず腰から来る。ところが歩いている最中はそれほど気にもしなかった腰の痛みが、ここに着いたとたんに激しくなり、先ほど来感じ続けていた谷間からの恐怖心を忘れさせてくれた。それにしても大晦日、真っ暗闇の中での独り歩き、無事通過できてよかった。何年も後の事だが、この辺一帯に、平家の落人伝説があることを知った。自分の心の有様だけでは片付けられない〝三十分の鳥肌経験〟は、哀しみを伝える魂の何かが存在することもありうることを信じないわけにはいかなかった。

しばらくすると、見通しのきく展望台に着いた。いつの間にかきれいな月が昇り始めていた。後ろを振り返ると月光に浮かぶ景色が、まるで墨絵のように広がっている。遙か遠くの山々を見ていると、本当にこんな距離を歩いてきたのか信じられないほどの距離である。

でもまだ先がある。長者原を目指して再び歩きだした。腰の痛みはさらに増し、お尻から太もも、ふくらはぎの順に鈍痛と違和感が襲ってくる。頭も鮮度をなくし、視点の定まらない病人のようにぼーっとした姿であったろう。朝日台の土産物売り場の緩やかなコーナーに差しかかった時、突然野犬三匹に襲われた。道路反対側の土手を背にして棒切れで迎え撃つが大型の犬は、今にも跳びつきそうな勢いで吠え続ける。身の危険を感じながらも後ずさりしながら、やっと難を逃れた。これも後で分かった事だが、野犬と思った三匹は、この店の飼い犬であった。防犯の為、大晦日の夜だけ放し飼いにしていたようである。後日、店のオヤジに、ことの経緯を話したが、知らぬ存ぜぬの一点張り。仕方なく「放し飼いはだめだぞ！」と捨て台詞を残して帰ったものの私の不快な気分は収まらなかった。

犬に追われたあたりから、身体全体に別な異常を感じてきた。そして長者原の手前、坊がつる湿原を横断する山並みハイウエイの歩道側に引いた白線がものすごいスピードで動いているのに気づいた。目をこすり、再び見直すが、車に乗っているような感覚は変わらない。ここへ来て、はじめて「幻覚」を感じた。身体の力が抜け、腰や足の痛みも消え、宙に浮いて道路の上を飛んでいるようである。雪中行軍で全滅した神田隊の隊員が感じた幻覚を、わずかではあるが体験することが出来た。夢遊病者のようにしてたどり着いた長者原の駐車場には多くの人と車の姿が見え、暗闇を歩き続けた私には、まるで祭り広場にでも着いたような気分であった。除夜の鐘は聞こえなかったが、ここで年を越し、独りで新しい年を迎えた。（昭和六十三年一月一日のことである）

長者原から牧ノ戸峠までの約二キロの道はつづらおりの急勾配。道はガチガチに凍結、山頂は積雪し、寒風が吹きすさんでいる。いよいよである。つるつる滑る道路で、普通の運動靴だから足への負担が大きく、すぐに膝をやられた。牧ノ戸の登山口から山へ向う気は、膝の激しい痛みでいつの間にか消えうせ、出発前に密かに思いめぐらしていた人生の終焉は、永い暗闇の行軍と与えられた時間の経過の中でいつの間にか置き去りにしてしまっていた。何が幸いするか分からない。私の場合は膝の激しい痛みが、山への誘いを諦めさせた。

終焉を思いめぐらしながら登ってきた峠から、今度は杖を片手に、瀬の本高原までの下り坂が待っている。元日の午前三時峠を出発、しばらく行くと「おめでとうございます」の声。久住で初日の出を見るために牧ノ戸峠を目指す登山者が、真っ暗闇の中で年始の挨拶をしながら私の横を通り過ぎていく。遠く山裾を見下ろすと、懐中電灯の灯りが、麓から列をつくり幻想的に蛇行している。しかし、足腰を痛めてヨチヨチ歩きの私には、篝火のようにうごめく美しさなどどうでもよかった。元日の朝が明ける七時頃、やっとの思いで瀬の本高原に到着した。峠を下り始めて四時間あまり、すれ違う登山者達から、何百という「おめでとう」をもらってしまったが、本音を言うと、おおいに煩わしかった。（足や膝が痛くて、ちっともおめでたくなかった）

たまたまであろうか、正月のご来光登山者や初詣客を当て込んでか、三愛レストハウスが早朝からオープンしていた。別府からの道中、大晦日に湯布院で食べた夜食のうどんと駅で買った手巻き寿司だけだったので、ここでの朝食の味は格別で、今でも忘れられない。一時間ほどして阿蘇市内を目指して歩き始めた。事前の準備などは一切していないので、昼過ぎには到着できるだろうと、気安く考えていたが、これがまったくの想定外。足を引きずりながらの行程は、行けども行けども進まなかった。長者原から牧ノ戸峠までの凍結した坂道で、膝と腰にダメージを負っていた私に、阿蘇宮地までの道のりは、極めて遠かった。

一九八七年一月一日瀬の本高原を出発してから十時間以上かけて宮地駅に着いたとき、二日目の夜を迎えていた。だが、もうそれ以上歩く気力も元気も無くなってしまっていた。熊本まで歩くという目的は、膝と下半身の痛みに負けて、ここで途絶えてしまうことになる。宮地駅からは鈍行列車に乗って一時間あまり、出発地点の武蔵塚駅で下車し自宅に着いたのは、元日夜十時をまわっていた。

妄想からの生還

この旅の目的が、本当は何だったのか……、自分でも良くわからなくなっていた。別府からの独り歩きを何故はじめたのか……、とうとう答えが出せないまま長い歳月が経過していく。

そして、この体験後、既に二十年以上も経っていた。

厳しい競争社会に身を置かざるを得ない人の中には、悩み、疲れ、過労などが起因し、精神的に病む者が多発している。現代の四大疾病の中でもダントツに多い年間三百万人以上の人が、うつ病などの精神的病に冒される時代である。私の身の回りにもその姿を多く見るようになってきた。そして、ある時ふと当時の自分を思い出しながらハッと気づいたのである。

大晦日に山並みハイウエイを歩こうと突然思い立った背景は、行き場のない四面楚歌の中で明らかに自殺願望があったからである。「四十キロ夜間歩行」も「雪中行軍」も一つの言い訳ではあったが、渡辺淳一のいう「雪中の死」が一番美しいという言葉が頭から離れないでいた当時の私。自分自身を的確に診断することなどできようはずもなかった。

うつ病など無縁と言われていた私でさえも、知らない間に難しい環境に侵されて、このような愚行に及んでしまう。たまたま私の場合は、山並みの暗闇の中での長い時間をかけた自分との戦いが生への執着を思い起こさせ、生還することができたのかもしれない。大げさではなく、これは私の人生で、二度目の生死をかけた戦いでもあったことを、二十年もたってやっと理解することができた。十八歳で死線をさ迷った大手術に次いでのことである。

現代社会において、厳しい職場環境や複雑な人間関係によって、人は意識しようがしまいが、精神を蝕む病に遭遇するのを避ける事は出来ない。そのうえ、生死の分れ目は紙一重と言うべきか、どちらの道を辿ることになるのか、それは誰にも解らない。

しかし、私は思う、たとえそれが短い出逢いになったとしても、家族として巡り合えた縁を〝稀有のこと〟と歓ぶべきで、そう思うことで逝った人も残された人も救われるのではないだろうか……と。

独り歩きの妄想から生還して、やがて一ヶ月ほど経つが、未だもやもやしている私に本社出向の朗報が舞い込んできた。親会社の柳河精機（株）が、米国への工場進出を計画。

そのプロジェクトメンバーに選ばれたことで、私のチャレンジ精神に再び火がついた。同時に、それまでの経営者との確執や厭世感が嘘のように無くなり、体中にやる気が充満していくのを自覚できるほど、心身共に回復してきた。昭和六十三年二月一日付けで本社出向が決定し、埼玉県狭山市の本社工場へ赴任することになった。

そこには、まったく新しい世界が私を待っていた。だから人生捨てたものではない。そのうち「何とかなるケン」と思えてくるのだ。

初めての海外

アメリカの夢実現

若い頃、将来の夢を語るとき、必ずといっていいほどアメリカへの未知の憧れがあった。六十年代のポピュラーソングに夢中になり、毎日の日課の如くラジオから流れてくる軽快な音楽に心をときめかしていた。フランク・シナトラやエルビス・プレスリーよりパットブーンの「砂に書いたラブレター」やキャスケーズの「悲しき雨音」などがお気に入りで、遠くアメリカの生活に夢を描いていた。「アメリカで社長をやってみませんか」なる本を買ってきては、想いを馳せていた。だから、四十歳を間近に控えていたとはいえ、こんなチャンスが訪れようなどとは予想も出来なかった。私は親会社のプロジェクトに加わり憧れの米国進出の準備に取りかかることになる。

'90アコードの米国ホンダ立上げに足回り部品を供給するための準備が私達「UYプロジェクト」の役割である。柳河精機の関連会社十数社を含めた三千人余りの社員の中から七名の中堅スペシャリストが集結。一九九〇年の春までに、我々が担当する八部品全ての生産体制を完了させるための事前準備をしなければならない。それを果たすための先発隊として、単身での訪米が急遽私に決定した。英語の読み書きは何とかできていたものの、英会話の出来ない私に、何故その重要な役割を本社経営陣が指名したのか、皆目見当がつかなかったが、後日社長からその訳を教えてもらう機会がおとずれた。工場が立ち上がり、一年程過ぎ生産が安定してきた頃、資金調達先の邦銀三行（三菱銀行コロンバス支店・シカゴ日本興業銀行・ニューヨーク日本債権信用銀行）への挨拶廻りのお伴をすることになったときである。

シカゴで食事をしながら「あの時、何故会話もできない私が選ばれたんですか?」と尋ねてみた。社長曰く「我社最初の海外工場建設にあたり、オハイオ州政府、弁護士、公認会計士、土地売買ブローカーなど多岐にわたる米国人との交渉をやってもらうのに柔な性格では大事な役割が果たせない。そこへいくと、君は米国人を特別視して意識したことはないだろう」「要するに英会話が出きる出来ないより、その外国人に物怖じしない図々しさが大切で、その点で君がピッタリだったんだ」との説明を受けた。言われてみれば、思い当たる節はある。

どんな場面でも臆することはあまり無かった。それは十八歳の挫折で死線を越えた経験を持つ強みからか、「アメリカに行ったからといって、殺されることもないだろう!」などと、高をくくり他の誰よりも腹が据わっていたからではないかと思っている。だから経営者の洞察もさすがと言える。しかるに、最初の米国赴任から一年後のこの頃には日常会話に困ることはないほど英語力はついていたので、通訳?もかねての社長随行となった訳である。

一九八八年五月、初めての米国出張は二週間の一人旅から始まったが、その後何回も往復することになる。出張目的は、これから始まる会社設立準備から工場予定物件の買収に入る前の現地視察等であった。子会社から出向した四十二歳、課長職の私には想像以上の職務で、それは驚きとしか言い様がないことであった。役員だけでも二十名近く、部長・課長職を含めると全社百名は悠に超える幹部社員がいる中での指名である。初期投資で三十億円を超え、五ヵ年の経年投資は五十億～百億円が予想される極めて重要な仕事であった。

ここで当時の時代背景について、少し触れておきたい。

一九八八年（平成元年）は、ベルリンの壁が崩壊、東西冷戦は終結し国際情勢は大きな転換期を迎えていた。日米間の経済摩擦は、米国自動車産業の経営不振を背景に、政府間で日米構造協議や対外不均衡是正の問題がクローズアップされ、米国車の日本への輸入拡大と米国に進出している日本メーカーによる自動車部品の現地調達率（ローカルコンテンツ）拡大が最重要課題となっていた。

ホンダは、どのメーカーより早く一九八二年にはオハイオ州コロンバスの郊外、メアリーズビルに現地生産工場を建設。質の悪い米国産部品を避け、大部分を日本からの調達に頼っていたので当時の部品現地調達率は五十％を大きく下回っていた。そこに米国側から現調率八十％の宿題が提示されたことで日本の部品メーカーの米国進出に拍車がかかった。自動車産業の集中する中西部（ミシガン・イリノイ・オハイオ等）へ、その年には百社を越える日系関連企業が進出している。その中の一社が我社（ＹＳＫ）である。

何もかもが初体験

海外進出経験のない当社には、米国工場建設に関するノウハウはほとんどなく、また立上げまでには時間的余裕も余りない中で、新規に工場を建設するより、すぐにでも生産設備が搬入できる既存の中古工場の購入が優先して検討されていた。ニューヨークの不動産会社が紹介した多数の物件を数名の本社重役が何度も訪問し、その結論としてオハイオ州南部のウエイバリーという小さな町の中古工場が最適であるとの評価のもと、本社内ではほぼここに進出することが決定していたようである。私は、指示されていた米国拠点としての事務所開設とともに、この土地・建物の現状視察と不動産ブローカー・Mr．フォックスとの売買契約交渉を進めようとしていた。
ところがこの物件がとんでもない大問題を抱えていたことに、当時の視察者の誰も気付かないままであったようだ……。

成田空港から十三時間あまり、夕暮れのデトロイト・メトロポリタン空港に到着。
昔、テレビで観ていた一八〇〇年代前半からはじまる西部開拓は、東海岸から南北に連なる標高八百mのアパラチア山脈を越えなければ中西部への道は拓けない。幌馬車での移動がどれほど困難であったのかを想像すると、私の苦労など何でもないことのようにも思えてくる。さぁーこれから私の西部開拓史がスタートするのだと考えるだけでも身の引締まる思いであった。デトロイトに着くとオハイオ州コロンバス行きへのトランジットとなる。バスで別のターミナルへ移動、ところが着いた途端にトイレに行きたくなった。生まれて初めて、路行くアメリカ人に英語で尋ねてみた。「Where is a toilet」だが、通じない。思い切って、もう一度「Where is a Water-Closet」、やはり通じない。もう限界が近い。携帯の本を見ると便所＝Restoroomと書いてあった。切羽詰った様子で、案内所の女性に「Restoroom?」とおおいに困った様子で尋ねると、指をさし示してくれた。当初はこの程度だから、本当に大変ではあった。

その日コロンバス空港に着いた時、夜の十時を回っていた。もちろん迎えなどいるはずもないし宿の予約も何もない。日本を出発する前にそんな大事なことをアドバイスしてくれる経験者もいなかったのだ。その晩は空港のロビーで一夜を明かすつもりでいたが、何気なく外を見ると、遠くにホテルらしいネオンが見えたので一応行ってみることにした。そこは小さなホテル「DAYSINN」、今度は本を開いて、泊まれるかどうかを尋ねると、うまく通じた。デトロイトから続いていた心細い時間が、ベッドに横たわると同時に解消され、ホッとして眠りについた。時差の関係からか、ぐっすり寝ることはできないまま、ここで退屈な三日間を過ごすことになった。国際電話のかけ方も解らず苦労したが、何といっても「食事」と「足」がないのが一番困った。二日目はタクシーで出かけた日本食の店「大谷」のママに事情を話したところ、非番のコックを紹介された。車持参の時給八ドルで雇い、先に進出していたヒルズボローの「東洋電装」を訪問。三日目にやむなく、歩いて近くのレンタカー会社に行き、車を借りることにした。ところが手続きが難しい、会話があまり通じないので筆談をまじえての交渉は一時間もかかってしまった。相手も迷惑だったろうが、アメリカ人の良い所は、どんな人だろうが一生懸命に応対してくれることだろう。これで目的地まで行けると思うと心が弾んだ。しかし、生れて初めて乗る左ハンドルの米車を乗りこなすにはかなり苦労した。コロンバスの環状線を一周すると約二時間、二廻りする頃、やっと慣れてきた。何もかもが初体験ではあったが、どんな場面でもめげる気持は少しもなかった。

難航した進出予定地

最初の進出予定地ウエイバリーは州都コロンバスから真南へ六十マイル（約百キロ）、人口三千人の静かな田舎町。少し走るとケンタッキーとの州境である。前日訪れた州政府誘致企業局の担当チヨ・パーキンスの段取りで、市長とのアポイントと通訳の手配をしていただいたが、この三日間の経緯を話したところ、「今どき、そんな会社はないよ！」と言って、おおいに笑われた。「次に来るときは、事前に私に連絡してくださ い。私たちの職務は、日本から進出してくる企業のお手伝いをすることですから」と言われ、私が海外に対して如何に無知であったかを思い知らされた。むろん、UYプロジェクトでは他のメンバーにより米国進出の人・物・金にまつわる事業計画は澱みなく策定され、最終段階へ進んでいた。私の初めての惨めなアメリカ出張は一子会社の課長程度の出張であったからかと思ってしまうが、それ以上に、この大胆な私への業務委託には恐れ入るしかない。

ウエイバリーの中古工場を視察して驚かされた。建物はさほど古くはなかったが、機械工場の跡らしく、床面に油分が散乱している。雨水の溜マスもなく、近くを流れる小川へ自然放流している。生活排水は一ヶ所にまとめて町の下水道にそのまま流し込んでいる様子である。工場排水・雨水・生活排水のいずれもが内部処理されずに排出されている。一瞬、嫌な予感がする……。

工場の裏手の空き地には古い井戸が二本掘られていた。近づいてみると井戸というより廃棄物の処理捨て場になっている。周辺の地表はわずかではあるが浮き上がり異臭を漂わせている。「これは明らかに、産業廃棄物を内包した公害工場ではないのか」と疑いたくなる物件であった。このことをその夜、本社担当役員に電話で詳しく説明すると、「分かった!しかしその物件を購入することは、既に役員会で決まっている。また今から新たに物件を探すなどできないし、立上げにも時間がない。言われたとおり価格の交渉をしろ!」との返事であった。一抹の不安を抱えながらも仕方なく、ニューヨークの不動産ブローカーとの売買価格交渉に入ることにした。日本を出発する前に、本社社長から売買価格のガイドラインの指示を受けてはいたが、どうもそれをオーバーする気配となったので再び本社役員に事情を説明すると「我々では判断つかないから、直接社長に聞いてくれ」との回答。あきれてものが言えないとはこの事か。夜半ではあったが仕方なく社長の自宅に電話して、ことの経緯を報告。新たな価格のガイドラインをもらった時、併せて当該物件の不具合についても報告した。「もしこの物件を購入した場合、法律的にはすべての債権債務を引き継ぐことになります。将来公害問題が発生したときは、発生原因をつくった企業ではなく、それを購入して引き継いだ我社が全責任を負う事になります」と説明すると、「急がなくていいから、調査してみろ」との指示をいただいた。私には、「この物件は駄目だ」という確信があった。州政府から紹介されたシンシナティーの公害調査専門会社に打診。早速調査を開始すると、その全貌が明らかになってきた。どうしても譲らない本社の意向に、私は、クビになるのを覚悟で徹底した再調査を依頼。後日、目の玉が飛び出るような請求書が届いたが、誰の目にも不良物件であることが明白となったことで、ブローカーとの契約交渉も中断、やっとこの物件を諦めることになった。

それから再び、全社あげての工場用地探しが再開された。本社社長自ら陣頭指揮でコロンバス周辺地域をくまなく探したが好い物件が見つからず、社長は半ば諦めて帰国のためシカゴに向っていた。その時、地元の電力会社から耳寄りの情報が舞い込んできた。確認すると全て満足のいくロケーションと価格である。急ぎ搭乗中の社長へ連絡すると、急転直下と言うべきか、電話で決済が降りた。こうして幾多の紆余曲折を経て、何とか土地が確定した。市が提供するインセンティブ（優遇税制）と共に、四十エーカー（約八百万㎡）の広大な土地を二千四百万円（平方m当り三百円）程度の格安で手に入れることができた。それが現在のチリコセ市の工場である。

工場用地決定が十月初め。一年後には建屋を完成させ、加工設備の搬入据付をし、年度末には最初の物出しをしなければならない。日程にいささかの余裕もない。工場・事務所等の建築は、「米国ハザマ」が担当。一九八九年十二月には基礎の土台部分ができ、年末年始も休みなく突貫工事を予定。ところが、日本から来ていた建屋、電気、設備担当ほか全員が日本の休みに合わせて帰国するという。結局年末年始、私一人が居残ることになってしまった。冬のオハイオは寒い。零下二十度を超えるときもあり、地盤が凍結して工事に支障が出てくる。大型のヒーターを回しながらの工事となったが、厳しい日程の仕事を請負った米国ハザマの頑張りもあって何とか三月末の操業開始に間に合わせることができた。工場周辺には、テネシーから取り寄せた桜の苗木を植樹。工場らしい体裁がギリギリのタイミングで整ってきた。

米国人管理職の採用は、公認会計士法人アーサーアンダーセンに依頼。ニューヨークで弁護士をしていた人事マネージャーのバート・ロビンス、製造課長リック・ハーパー、技術課長カール・オーフラック、設備管理課長ダグラス・マーチン、その他中核となる管理職は早めに採用完了し、日本研修を終えて三月末の操業に備えた。一般従業員（アソシエイト）の採用は百名を予定、年末に新聞広告、一月一日から三日間の面接日を設定した。

一九九〇年のことである、まだ夜明け前の午前六時頃、私の部屋にけたたましい電話のベルが鳴り響く。電話の主は、人事課長のバート。何事かと思いきや、「ハル、すぐ来てくれ！」と大慌ての様子。急いで面接会場となっている街中のホテルに着くと、黒い影の人だかりが出来ている。二階の面接会場から廊下づたいに、階段にも人が連なっている。その列はドアの外まで繋がり、零下十度を越える暗がりの中で、既に百人以上の人が並んでいる。時間が経つごとに人が増えていく。やむなく百人単位で整理券を渡し、一時帰宅してもらったが、結局三日間での応募者は二千人を超えてしまった。中にはテネシーやフロリダから泊りがけで応募してきた人もいて驚かされた。当時の南部の州の失業率は十五％を越えていたので日本からの進出企業への現地の期待は想像以上に大きかったのだろう。

中核となる米国人管理職と製造ラインのリーダー達の日本研修の後、生産初期段階での日本人指導者の現地支援は、半年以上も続き、多いときは五十名近くの日本人がこの工場に集結したが、それでも生産ラインはなかなか落ち着かず苦労の連続であった。私は、総務・人事・経理を担当するAVPとして、立上げ準備から安定生産するまでの三年間この地に駐在することになった。私達が米国進出したオハイオ州チリコセ市は、首都コロンバスから南へ四十マイルの歴史ある街。インデアンが出没していた頃の彼らの言語で「キャピタル（都）」を意味し、スー族やコマンチ族など各部族の酋長達が頂上会議で集まった場所が、ここチリコセである。米国駐在を始めて以来、日本に居た時には考えられないいろいろな事に出くわした。記憶に残る出来事を少し書き留めてみたい。

記憶に残る出来事

〈潰れた銀行と生き残った銀行〉

河口社長のお伴で邦銀三行を訪れた際、ニューヨークのJFK空港に降りた。日本債権信用銀行・ニューヨーク支店の神保さんが迎えに来ている。空港玄関の正面に、十mはありそうな白のリムジンが停まっている。「これから、マンハッタンをご案内します。」と一言、車内バー付きの超豪華リムジンに乗り込んだ。ブロードウエイ・ウオール街・摩天楼のビルの間を走りながら、車はメトロポリタン美術館の長い階段の前に横づけされた。運転手がドアを開け降り立つと、階段でくつろいでいる五～六十人の観光客が一斉に私達に目をやっている。「何者が来たのか」と言わんばかりの顔・顔・顔である。半日のマンハッタン島見物の後、夜は日本食のこれまた超高級レストラン「稲森」での接待を受けた。「こんな事をしている銀行なんぞは、そのうち潰れるんじゃないか」と、そのとき思ってしまったが、それから八年後の一九九八年十二月に経営破綻している。案の定そうなってしまい、私の予感が見事に的中してしまった。

だが私にとっては、一生に一度の超豪華ニューヨーク見物を体験することができたのはラッキーであった。（こんな事、二度とないだろうね—）

二十億円近くの借入れを邦銀三行に予定していたが、当時の金利はプライムレートでも八．〇〜八．三％が相場、年間一億六千万円もの利息を払わなければならない。そこへ東京銀行ニューヨーク支店の営業マン高橋秀美が乗り込んできた。私と事務員シェリーの二人しかいないコロンバスの事務所に度々顔を出し、仕事そっちのけで、いろいろなアドバイスをしてくれるようになった。事業計画の収益で悩まされていた私に、彼は金利七．〇％の提案をしてきた。それが作戦であったかどうかは分からないが、本社経理担当重役の厳しいハードルを崩し、新規の口座を開いてもらうことに成功した。その後、彼は十年余りのアメリカ駐在を終え、東京銀行日本橋支店長になっている。生き残りをかけた、三菱銀行との合併が発表されるまで、友人としての長い付き合いをしていただいたが、この銀行はこんな形で生き残っていった。

〈銃社会のアメリカ〉

駐在三年間で、なんと三度もピストルを突きつけられてしまった。最初は、コロンバスの事務所で、夜遅くまで仕事をしていた時、裏のドアを激しく叩く音がするので開けると、銃を構えた二人のセキュリティーが立っていた。どうも間違って通報ベルを押してしまったらしい。二回目は、チリコセの仮事務所からの帰り道。深夜0時、制限時速六十マイルのところを九十マイルで飛ばしていたとき、すぐ後ろに車が一台ぴったりくっついて離れない。しばらく走ると、青白灯とパトカー音、すぐに停車して車内で待機していると、十mほど離れたままで今度はマイクで何やら怒鳴っている。「何言ってんだろう！」と聞き直すが、その英語が分からない。数分経過したあと、ピストルを手にした警官が近づいてくる。やばいと思って、冬の寒空ではあったが、以前研修で教えられたとおり、上着を脱いで、両手を挙げながら外へ出た。「お前、今頃何をやっているんだ！」「三十マイル以上、速度オーバーだ！」と言っている。事情を説明すると、危険のないことがわかったらしく、すぐに銃を引っ込め好意的に聞いてくれたうえ違反切符も切らないという。ところで「先ほどマイクで怒鳴っていたのは何ですか」と尋ねてみた。するとその理由は、「停車位置が道路にかかって危ないから、もっと脇のほうに停めろ」と忠告したが、何度言っても従わないから、マイクで怒鳴り始めたようである。（言葉が分からないとは、大変なことだ！）

三度目は、正直やばかった。駐在二年目のクリスマス・イブ間近い雪の日、私は高校生の娘と二人暮らしのアパート生活。夜中に物音がするので居間へ、〝また娘が夜中に起きてゴソゴソしてるな〟と思いながら、ドアを開けた瞬間、黒人二人の強盗に銃を突きつけられた。「金を出せ！」慌てて財布から有り金全部と手にはめていた腕時計を渡すと鍵のかかっていなかった居間のガラス窓から出て行った。翌朝、多くのポリスが来て大騒ぎとなったが、市長も心配して、それから三ヶ月ほど頻繁にパトカーが、私の住んでいるアパートの廻りを巡回してくれた。三百ドルと腕時計一個で命拾いしたことになる。それにしてもピストルがスーパーマーケットで簡単に買えるアメリカはやは

り異常ではないだろうか。（あぁー、怖かった）

〈大鹿と衝突〉

連休が続くとよく遠出をした。車でナイヤガラやテネシー・ニューヨーク・ワシントンＤＣにも出かけて行った。山越えをする道路には、アライグマ・スカンク・シカなどの死体がゴロゴロ。その日は買い物帰りの夕刻、曲がりくねった田舎道を走っていると、いきなり左サイドから黒い大きな塊が車の前に飛び込んできた。「危ない！」、急ブレーキをかけたが間に合わない。「ドスン！」という音とともに、小山にでもぶっかったような衝撃が走った。恐る恐る車を降りてみると、立派な角の大鹿が活き絶え絶えに横たわっている。大抵の場合は、フロントガラスにぶつかって、大事故になるようだが私はかなりスピードをだしていたので鹿に乗り上げてしまったようで車体の底に少し損傷があった程度で難を逃れた。

〈海外旅行四種の神器〉

海外旅行にトラブルは付きもの、いろんな失敗を重ねた。もっとも悲惨だったのは、空港に着いて、パスポートを忘れたことに気付いた時だ。そのほかにも、冷や汗をかいたことには枚挙に暇がないほどである。いずれも旅先での失敗が多い。

一時帰国のため、コロンバス空港に向っていたときのことである。通常は一時間以上前に着いて、搭乗手続きをするのだが、送ってくれた同僚の金子君が、途中で道を間違えた為、空港に到着したのは三十分前。ところが搭乗手続きカウンターに行くと長蛇の列。しばらく並んではみたが遅々として進まない。やむなく最前列に行って事情を説明した。「シカゴ経由で日本へ帰るのに間に合わないから先に手続きさせてください」と、すると女性空港職員の返事は、「私達はそうしてあげたいが、今並んでいる人達も同じように急いでいるんですよ」「並んでいる皆さんの了解があればいいですが……」と言って、やんわり断られてしまった。「万事休す！」と諦めかけた時、一人の老婦人が「あなた、手荷物はあるの？」と聞いてきた。「いえ、ありません」と答えると、「それだったら、搭乗ゲートでも大丈夫ですよ」と教えてくれた。急ぎ行くと何の問題もなく搭乗手続きができ、シカゴ行きの便に乗ることができた。（アメリカの老婦人に感謝。ありがとう）

このことがあってから、「海外旅行、三種の神器」は、①ビザ付パスポート②現金とカード③搭乗チケットであるが、④余裕ある時間を付け加え「四種の神器」にしなければならないと思っている。

〈リンカーンの奴隷解放宣言の署〉

最近のこと、「リンカーン」という映画を観た。南北戦争の激戦地、ゲティスバーグでの「奴隷解放宣言」の場面。黒の山高帽の中に折りたたんでいた一枚の紙切れを取り出して読み始めた。前日の夜、自宅のデスクで書きとめた、かの有名な「人民の、人民による、人民のための政治」の書かれている署である。

一九九一年、帰国を目前にしていた私は、週二回日本語を教えていたオハイオ大学の女学生・フリーダから記念の贈り物として、彼女の祖父が大事にしていたという「封書」をもらった。開封すると中には年代を感じさせる古びた紙が一枚、それは一八六五年エイブラハム・リンカーンの署名が入った「ゲティスバーグ・アドレス（奴隷解放宣言）」であった。これが本物であるはずはないと思いながらも「鑑定団」に出してみようかなと期待するほど趣きある署をもらってしまった。今は、額縁に入れて大事には保管しているが……。(本物だったら、どうしよう)

〈アリゾナ・フェニックスでの捕り物劇〉

帰国が決まった私の送別会をやってくれるという。押之見社長、河口副社長、東海林VPと私の四人での三泊四日フェニックス・スコットディールへのゴルフ旅行を計画。二月二十六日、ゴルフバックを抱えてコロンバスからいったんシカゴへ、そこからセントルイス経由でアリゾナ・フェニックス空港に着いた。シカゴで零下十五度の気温がここでは二十三度を越えている。早速、手荷物を受取り、レンタカーを借りることにしたが、他の三人は英語が苦手。旅の段取りから、案内、運転まで全部私に任せっぱなしである。「これじゃー、誰のための送別会か分からないなー」と、思いながら目的地のスコットディールを目指す。フェニックス市内ではメイン道路のいたる所に、観客席らしいパイプの座席階段が見える、尋ねると「F—1レース」の準備らしい。そんな市内を抜け、高速道路にのると間もなく目的の出口、「あぁ、ここだ」と、右車線から一般道路へ降りてすぐのことであった。

オハイオを早朝に出発したが、辺りはもうすっかり暗くなっていた。左上に高速道路、その脇道から大きな道路に出る交差点で信号待ちしていると、なんだかパトカーのサイレンがけたたましく鳴りはじめた。明らかに一台や二台ではない。私達四人も騒然となってきた。「なんだ、なんだ」とあたりを見渡すと、あっちの道からこっちの道から、私達の車の周りに十台近くのパトカーが集まってくるではないか。車の上の方ではヘリコプターのプロペラ音が近づいてきたのと同時に私が運転している車をサーチライトが照らしている。その瞬間、私のすぐ横を黒い人影が脱兎の如く走り去っていく。サーチライトの丸い輪が、まるで映画のシーンを観ているように、右に曲がって走る犯人らしき姿を追っている。ほんの数分の出来事ではあったが、私には忘れられない「捕り物劇」を見せてもらった。

一瞬、「追われているのは俺かも……」と思ってしまったほどの緊迫感である。

胸をなでおろしながらスコットディールのホテルに着いた。

これから三泊する「ハイアット・リーゼンシー・スコットディール」はとてつもなくでかくゴージャスなホテルである。南国の楽園を思わせる、その景色と建物や施設は、我々四人の度肝をぬいてしまった。そして明日から始まるゴルフでも、また珍事が起こってしまうが、この一件は後ほど紹介することにしたい。

三年間の米国生活は、見るもの聞くもの知ることのすべてが新鮮な体験の連続であった。

「がんばれば、何とかなるケン」と思いながら、熊本から東京の本社へ、それから間もなく米国赴任。〝誰にも負けたくない〟との強い信念で突き進んできた私は、人生の夢であったアメリカ生活を経験し、グローバルに世界を見ようとする意識が身体全体に染み込んだ企業人に変貌し始めていた。そして、一九九一年春に、「米国工場建設」の達成感とともに、あきらかにこれまでとは違った国際感覚を身につけて帰国することができた。

ここから二十年近く、「世界を駆け巡る」私の仕事は、困難の連続ではあったが、グローバル化という時代の流れも味方して洋々と続いていくことになる。

十八歳で背負った身体のハンディは、私の頭からすっかり消えてしまっていた。私は、〝これでやっと遅れた分を取り戻すことができた〟と、万感の思いであった。

高校三年の受験目前での突然の病気、入院、手術、その後におとずれた挫折の時間の中で、あきらかに「人生の敗北者」同然であった私が、あの時、自分自身の死と向き合ったことで「何も恐れずチャレンジする精神」を貫き通した結果、「人並みの人生」を送れる立場に戻れたことを確信できるほどになっていた。

そして、いつ、なんどきたりとも、こんなチャンスを与えてくれた、それに乗せてくれた、そして関わりあってくれた、多くの人たちへの感謝の思いが全身に満ち溢れてくるのを感じながら、四年ぶりに熊本へ帰ってきた。

アフリカへの旅

美しいアフリカの海岸線

　アメリカから帰任すると、四月一日の人事異動で総務部長に昇進。米国駐在中の実績が、おおいに評価されたらしい。九州柳河精機の業容は、二輪車の生産拡大とアルミ鋳造をベースにした技術革新のもと、飛躍的成長を見せ始めていた。私は帰国後、社長にたってのお願いをしたいと考えていた。それは「アフリカへの旅」である。

　アフリカへ行ってみたいと思いだしたのは、それなりの理由があったからである。米国駐在中に知り合ったケニア出身のジョー・ウォングギィの存在がある。黒人の少ないオハイオでは、マイノリティーの採用が義務づけられており、私は応募してきたジョーを購買担当補助として採用した。彼は、ケニアの高校を卒業後オハイオ州立大学へ長距離のオリンピック候補選手としてスポーツ留学。日本のSB食品で大活躍していたダグラス・ワキウリとは親戚関係にあり、高校時代はワキウリよりジョーのほうがいい記録をもっていたようである。膝を痛め陸上を断念した彼は、私が帰国する直前に入社。故郷のナイロビにいる優秀なランナーの話になると私の目は輝いていた。私は、熊本で長距離の実業団チームをつくり、近い将来元日の「全日本実業団駅伝」に出場させたいとの大きな夢があって、チーム強化の方法について考えていたときの事でもあった。ジョーがワキウリに連絡をとって、「ナイロビまで来てくれれば、すばらしい選手を紹介する」という。これが、アフリカへ行く、表向きの理由である。だが、私のアフリカへの思いには別の理由があった。もちろん、めったに行く機会のないアフリカ大陸をこの目で確かめたい気持と、当時内乱を起こしていた「アフリカの角―ソマリア」に何故か強い関心があり、その実情を自分の肌で感じてみたいという熱い思いやサファリ・キリマンジャロに代表される「アフリカの魅力」に心が揺さぶられていたからである。

帰国すると、一緒に帰任した金子俊博とともに杉田社長・大坂取締役工場長から一泊つきの「帰任の宴」を設けてもらった。酒宴の力を借りて、「アフリカ行き」を説明すると、思いの他すんなりと事が運んでしまった。（米国で頑張ったご褒美だったのかもしれない）

一九八三年に日本に来たワキウリは瀬古監督の指導のもと、世界選手権やロッテルダムマラソンで優勝し、世界のトップランナーへと成長。彼とジョーの段取りで、ナイロビ近郊の高校から将来性のあるランナーを集めて試走させ、うち二名を日本に招聘するとの作戦である。日本からケニアへの空路は、通常成田から英国・ヒースロー空港経由でナイロビへの直行便を利用する。ただしこの路線は、日本航空ビジネスクラスだと百万円もする高額航路である。出張予算の少ない私に、そんな贅沢は許されない。よって、遠回りではあるが割安料金のＰ・Ａ（パキスタン・エアーライン）の南回りを利用するしかなかった。成田・台北・バンコク・カラチ・ドバイ経由でのナイロビ行きである。各空港で二時間程度の待ち時間があり、目的地までの所要時間は三十五時間を要する強行軍である。かくして、「アフリカ十五日間のひとり旅」が実現することになった。

はじめて飛行機から見るアフリカの海岸線は、とても美しかった。ドバイからアラビア半島を越え、遠く紅海に突き出たソマリアを真下に、エチオピア、エジプトへ繋がる東アフリカの輪郭が、まるで地図を広げたように一望できる。陸に沿って連なる細く白い波線、その外側に濃いエメラルド色のグリーンが二重の輪となって大陸の輪郭をとり巻いている。

ナイロビでの滞在

美しい海岸線を過ぎると、間もなくエチオピアの砂漠の上を通り過ぎる。赤い砂漠、白い砂漠、黒い砂漠が次々と現れるが、緑の景色はまったく見えない。砂漠の中に細い線がかすかに見えるが、あれが恐らく道路なんだろう。三時間ほど飛んでいるが、赤茶けた地表がまだ延々と続いている。エチオピアを過ぎケニアに近づいてきたところから緑のエリアが少しずつ現れてきた。

成田を出発後、機内で初老の日本人と知り合った。もう七十歳を越えているようだ。客室乗務員の女性たちが、おおいに困っていた。私も傍で聞いていたが日本語しか喋らない。「おい、お茶持って来い」とか「あと何時間でナイロビに着くんだ」とか日本語のオンパレードにパキスタン人の彼女たちも大弱り。元気なおじいさんは、頑として日本語で言いまくる。この時、ビジネスクラスのフロアーには、私とおじいさん、それと小さい子供連れの若い奥さんの日本人三組だけであったから仕方なく助け舟をだした。結局、三十時間以上もの長いフライト中あれこれお世話をすることになってしまった。息子さんがナイロビに二十年近く住んでいるので「死ぬ前に一度行ってみたかったんです」とのこと。それにしても「こんな歳でアフリカへ行くなんぞ、たいしたもんだ」と思ってしまう。

ナイロビ空港に着くと、おじいさんの息子、岩波さんが迎えに来ていた。

私はといえば、連絡していたジョーの姿が見えない。しばらく待ったが来る様子がない。岩波さんは老いた父親の独り旅をずいぶん心配したらしく、私が恐縮してしまうくらいのお礼を言いながら、「ナイロビヒルトンホテルまで送りますよ」と言うので、その言葉に甘えることにした。彼は、ナイロビ市内に工場を持ち、パリ・ダカールラリーに二十年以上車体や部品の供給、修理などの仕事をやっているという。翌日、彼の工場を見学することとディナーのお誘いを受けた。「旅は道ずれ世は情け」とはいうが、こんな処で人の情けをうけようとは思いもしなかっただけに、いたく感激してしまった。ナイロビヒルトンは、街のど真ん中にある二十五階建円形の建物で、市内のどこからでも目立つ象徴的な建築物と言われている。チェックインするとジョーからの伝言が入っていた。（あー、ひと安心）

ジョーは明日午後にホテルに来るというので午前中に日本大使館に行くことにした。

ホテルの部屋から見る景色は、正面だけは整然としているが、少し周りに目をやると、そこはトタン屋根のスラム街で雑然としたたたずまいと人ごみに溢れている。翌朝ホテルを出てすぐ、赤や黄色の鮮やかな色彩の南国の花が咲く公園に隣接する広い歩道を歩き始めると、汚れて破けた身なりの四〜五歳くらいの子供が三人まとわりついて来た。ストリートチルドレンの物乞いである。その後ろには、乳のみ児を抱いた母親らしい女性が土下座をしている。日本でも終戦直後の混乱期に、同じ光景を見かけたことはあるが、七十年も経った現代にもこんな姿をみてしまうとは思わなかった。彼らは近づいては来るが絶対に相手には触らないそうである。それが彼らの「生活の知恵」らしい。次々に現れる子供の中には、はねたり、飛んだり、踊ったりのパフォーマンスをして金を稼ごうとする者もいて、その真剣さについ、お金を渡したい衝動に駆られてしまう。だがいったんお金を出すと、もう切がないから「ぐっ」と我慢するしかないのだ。彼らのほとんどが近隣諸国で起きた内乱によって家を焼かれ、家族を殺され、命からがらに逃げ延びてきた難民である。あちこちの通りで見かける、やせ細った子供や身体の一部をなくし、はいつくばって路上生活を強いられている人たちを見ていると、胸が詰まってしまう。一年中温暖で過ごしやすく、政治も安定し、アフリカで最も豊かな国ケニアは、彼らには天国に思えるのかもしれない。しばらく歩くと日本大使館に着いた。

日本を出発する前、外務省からアフリカへの渡航を中止するように指導文書が届いていた。ソマリアやエチオピアの内乱による治安の乱れと難民の移動による混乱が増大し、危険であるとのこと。しかし私は躊躇することなく自分の思いを優先させた。はっきり言って、その文書などまったく無視して来ているのだ。だからケニアの日本大使館で知りたかったことは、ただひとつ、ソマリアの実情である。どれほどの危険が予測されるのかだけを聞きたかった。ところが応対に出た若い日本人の書記官は、「春成さん、絶対に行ったら駄目です」とだけしか言わない。〝これはかなりヤバイかも………〟とは予想できたが、私の「ソマリアへ行く」との思いが変わることはなかった。

午後になると、ジョーが現れた。これからダグ（ワキウリ）の自宅へ行くという。

市内の中心部を過ぎると道路は、アスファルトから乾いた赤土の道になる。十分ほど走ったところで道幅が広く長い坂道、三百mほど登りきった高台に平屋建ての一軒家がある。ここが彼の自宅らしい。ドアを開けると母親が出てきた。「ジャンボ」と挨拶しながら、何やら声高に喋っている。すると「ダグラスは今、ニュージーランドに行ってるよ」、「そんなはずはない。約束してたんだ」とジョーが反論するが、居ないものはどうしようもない。どうもマラソンの合宿に行ったらしい。諦めてホテルへ戻るとジョーはあちこちに電話をし始めた。それで分かったことだが、ダグラスが近在の高校のコーチに連絡をとって二十名ほどの高校生ランナーを準備しているとのことである。最低やることはやって遠征に出かけたようだ。「彼らの約束事なんて、こんなもんだろう」と思っていたから、このような事態にも私はさほど驚くことはなかった。ジョーが口をとんがらしてダグの母親にくってかかる姿と、電話の後でホッとした顔の対比が妙におかしかった。

それから三日後、ナイロビの高校のグラウンドに高校生が集まってきた。コーチか教師らしい人も数人来ている。全員を集めて、ジョーがいろいろと説明をしてくれた。午前中は準備運動をして、午後から千五百と五千の二本を試走するようだ。

二班に分かれて各十名づつで走り始めた。驚いたのはシューズを履いているのが二、三人しかいない。あとは裸足である。ジョーがタイムを計る。素人の私が見てもすばらしいランニングフォームでトラックを走り出した。だがタイムはたいしたことはない平凡な記録。千五百が四分十秒、五千が十五分そこそこである。翌日の試走でもほとんど変わらない。「磨けば光る原石」となかば諦め半分で二名の候補者をとりあえず選んだ。ベンジャミンともう一人（名前を思い出せない）、二人の高校生と私の三人で記念写真を撮ってもらった。後日、出来上がったプリントを見て愕然とした。両サイドの二人の頭がやたら小さい。それに比べて私の頭は彼らの倍近いくらいに大きい。ケニア人が速く走れる理由が、この写真を見て、はじめて解ったような気がする。それは「小さく、軽い頭を乗せて走るからである」と断言？できる。

二日間の試走が終わり、時間があったので同行していた先生に校舎内を案内してもらった。

お礼の意味も含めて、「参加者全員に、日本からシューズを送ります」と言うと、「それはムダですよ」と断られた。「飛行機便で送っても、途中で全部盗まれるので、私達の手元には届きません」

ときっぱりと言われ、唖然としてしまった。こんな調子ではあったが、表向きの目的は一応終えることができて一安心。（ヤレヤレである）

帰国後、この件について専門家と話す機会があって分かったことだが、世界に通用するトップレベルのランナーは、現地エージェントが手配し、一千万円に近い高額な手数料で日本などへ送り込んでいるらしい。私のように一円のお金も使わない者が、そうそう簡単に優秀なランナーを獲得できるほど甘くはないことが理解できた。ちなみにこのエージェントは日本人である。（名前は伏せておこう）

風に立つライオン

ナイロビに来て一週間が過ぎようとしている。ジョーもそろそろ米国へ帰りたいようである。急ぎソマリア行きについて相談すると、しぶしぶ同行することを了解してくれた。東海岸のモガデシオまで千二百キロ、三日間の行程を決め、翌朝早くにホテルを出発した。

車で四時間ほど走ると国境が近づいてきた。あきらかにそれまでとは違った人達が、頭や肩に目いっぱいの荷物を背負って、土ぼこりの道の両サイドをとぼとぼと歩いてくる。私達が来た方向ナイロビを目指しているのか、ほとんどが女、子供だ。（ソマリアからの難民である）やがて、名も知らない小さな町にさしかかった。すると、「ハル窓から手を出すな」「腕時計をはずせ」「カメラを隠せ」とジョーが矢つぎばやにせっついてくる。クーラーのない車内は暑くてしかたないから当然窓を開けている。

「どうした」と聞くと「時計をはめた腕くらい、切り落とされる」と言うではないか。バラックの家にはさまれた狭い道路にはゴミが散乱して、黒いものがあたり一面に広がっている。何かと思ってよく見るとそれは、「大きなハエだ」無数に飛び交っている。それを気にする風でもなく五、六人の若者が私達を睨みつけている。車が近づくにつれ、その眼光は鋭く、きつく、間違いなく私を凝視している。今までに見たことのない目つきである。とても人間の目つきとは思えない。すると今度は「窓をしめろ」とジョーが怒鳴りだした。急ぎ閉めて窓越しに彼らの刺すような視線を感じながら、ゆっくりとその横を通り過ごした。飛び交うハエの群れと今にも襲いかかってきそうな若者達の眼に圧倒されながら数秒が過ぎた。まさに戦場にいる敵に遭遇したかのような緊張感が身体を走り抜けていく。ジョーも同じように殺気を感じたのだろう。「ハルもう帰ろう」とジョーが言い出した。ほんの一瞬のことではあったが、あまりにも凄まじい人間の様に触れ、「殺されるかもしれない」という恐怖心で、それ以上進む勇気は消えうせてしまった。

最近、「さだまさし」が歌う名曲、実在の人物をモデルにした「風に立つライオン」が映画化され好評をはくしている。誰も行きたがらないナクルの黄熱病研究所で、銃や地雷で負傷した人々が次々に運び込まれてくる。過酷な医療現場で、アフリカの大地に向って「ガンバレッ」と叫びながら自らを鼓舞し、偏狭の地アフリカで前向きに生きる青年医師島田航一郎の物語である。日本に残した恋人との幸せを犠牲にしてまで、この地で医療活動を続けていく。かたくなに心を閉ざす負傷した少年兵との心の交流を通して、しだいに人間性を回復させていく彼を悲劇がまっている。へき地の医療活動の帰りに、ゲリラに襲われ行方不明になってしまう。生死がわからないままに映画は終わっていくが、このような紛争の地では、いつ、どこで、なにが起きようが計り知れないのが現実なのだ。

国連児童基金（ユニセフ）が、宗派対立の続く中央アフリカの八つの主要民兵組織が徴用する麻薬漬けの少年兵すべてを解放し、今後も組織に勧誘しないことで合意したと発表しているが、その対象者がなんと一万人というから凄まじい限りである。島田医師に代表される日本人医師たちの魂の成果ではないだろうか。だからこんな地域に足を踏み入れることは、それなりに相当の「覚悟」がなければ、とても踏み込めるものではない。昨年二人の日本人がイスラム国の犠牲になった。彼らもまた日本を離れた瞬間から「いかなる覚悟」もできていたはずである。こういうところは、それほど「死」を身近に肌で感じさせる場所なのだ。

私には、とてもその「覚悟」など備わっていない。死んでもいいと思ってアフリカに来たわけではない。ソマリア入口でのたった数秒の接触で、その本当の怖さを思い知った私は、半日かけてソマリアに入国し、半日かけて再びナイロビへ戻ってきた。崇高な志の島田医師と私では比べようもないがその勇気と情熱には心を打たれてしまう。遙かな草原に横たわる小高い丘に真っ赤なアフリカの大きな太陽が沈む。夕焼けの空に向かって立つ彼の姿は、まさに「風に立つライオン」である。「風に立つライオン」／さだまさしの印象的な歌詞の一部を書きとめておきたい。

空を切り裂いて落下する滝のように　僕はよどみない生命を生きたい
キリマンジャロの白い雪　それを支える紺碧の空
僕は風に向かって立つライオンのようでありたい
くれぐれも皆さんによろしくお伝えください
あなたの幸福を心から遠くからいつも祈っています
おめでとう　さようなら

主人公島田航一郎の想いは歌の中で見事に表現されている。自分の幸せを犠牲にしてまでもアフリカの地で生きようと決意した姿は、人間に内在する神や仏の存在を強く意識させてくれる。それは私などがとても及びのつかない境涯なのだろう。アフリカへの旅は仕事に追いまくられている私にも何か新しい世界を知らしめてくれたようである。

ケニア滞在で、私も心にしみる感動を沢山手にしたが、帰りの道中はトラブルの連続となった。帰国当日に訪れたサファリパークでは私の下手な運転のためタイヤがぬかるみにはまり、動かなくなってしまった。ほとんど人の通らないところでジョーと二人、立ち往生。一時間ほどしてインド人の親子に助けられて、やっと出発時間に間に合った。ドバイでは飛行機のトラブルで砂漠の中の空港ホテルで一日中待機。高層ビルの立ち並ぶ今のドバイとは違って、飛行場の周辺は三百六十度砂漠のど真ん中にあった。次のパキスタン・カラチでは長い出発時間調整に合わせて、空港ロビーで話をつけたタクシーで半日の市内観光に一人で出かけることにした。ところがこの運転手がとんでもないヤツだった。川岸で象に乗ったり、観光地らしい洗濯場を見たりした後で、とある絨毯工場に連れていかれた。そこで五十万円もするペルシャ絨毯を売りつけられてしまったが、どこへ放り出されるか身の危険を感じ、仕方なくこれを購入。（いま私の部屋に敷いている）やっとの思いで空港に戻って来た。飛行機は午前二時にテイクオフ、インド上空を八時間、トラブル続きの中やっとタイ・バンコクへ到着。現地法人タイ・ヤナガワの澤田社長が迎えるはずであったが二日遅れのため誰もいない。空港近くの安ホテルで仮眠をとり、やっと夕方になって連絡が取れて胸をなでおろした。バンコクには三日間滞在し旅の垢を落とした。十五日間のアフリカへの旅は、こうして無事に終えて、何とか帰国することができた。（よかった よかった）

中国（天津・広州）に会社設立

天津の国営企業と合弁

アフリカから帰った翌年、一九九二年（平成四年）六月の定時株主総会で取締役に就任。その翌年、取締役総務部長に海外事業部長の仕事が追加された。合弁先の購買部長・金泉満（通称キンセンマン）からホンダの中国戦略の方針と共に、当社海外事業展開に対する人事についての要請がきた。それを「春成にやらせろ」とのこと。早速社長から指示を受け、二週間後に海外戦略構想をまとめて金泉部長に報告することになった。ここから私の海外事業の仕事がスタート、まず最初に中国に合弁会社を設立することから始まる。

北京国際空港に降り立つと、これまでとは異質の空間が私を迎えてくれた。澄みきった青い空、若葉萌え出ずる木立、古きよき日本を思い起こさせるような土のにおいと景色が広がっている。空港から市内までは車で二十分程度、高速道路ができるまではのどかな田舎道が続いていた。ぼったくりのタクシーが横行していた時代である。常宿は空港に近い民族系の国際級ホテル「クンルン」。天津への行き帰り必ず、このホテルを利用していた。ホテルの裏手には幅十mほどの掘割りがあり、その向こう岸には各国の大使館の建物が立ち並んでいる。ホテルの正面、道路向う側には露店と思わせるような小さな店が軒を連ね、一歩奥に入ると、そこは古いレンガ造りの粗末な平屋に狭い路地の貧困街。このころの中国は、首都北京であってもこんなところがあった。今日のような高層ビル、高速道路、整備された市街地、不夜城のごときネオン群、ハイセンスの若者達、そしてその経済発展の反対側にある環境破壊、ＰＭ二・五や排気ガス、工場排煙による大気汚染などの公害オンパレードの今日は、当時を知る私にはとても考えられない事態となっている。

一九九三年、天津市の国営企業「天津市有色金属鋳造所」との合弁の話が進み始めていた。中国の二輪車生産は、この年、年間二百万から三百万台に大きく飛躍。先に進出していた「天津本田」のオートバイも売れに売れていた。工場の二階にある総経理室(社長室)から大場社長が、「春成さん、ちょっと下を見て」「なんですか」、窓下の工場内通路に目をやると十台以上の古びたトラックが列をつくって並んでいる。「あれねぇ、もう三日ほど待ってるのよ」「なにをですか」と尋ねると、彼は得意そうに「中国各地からホンダのオートバイを買いに来てるわけ」「しかも現金だよ」と、笑いが止まらないと言いながら自慢している。だが悩みもあるらしい。「ところで春成さん、助けてよ」と言うではないか。「実は、いま超売れてるバイクのホイールがささいな衝突で割れる事故が多発しているんだ」と。

中国現地のメーカーから調達しているアルミホイールが、どうも粗悪品らしい。市場クレームになる前に当社が開発した、靭性（じんせい）の高い「ハイテックホイール」（アルミの材質がねばり強く破断しにくい仕様のホイール）に換えたいとの要望である。話はすぐにまとまった。これが天津進出のきっかけのひとつである。

毛沢東の滅後、華国鋒が後継者となり、その後の後継争いで勝利した鄧小平は、中国全土に「改革開放政策」を推し進める。深釧に代表される経済特区の設置、国営企業の民営化、外資の積極的な導入などの経済改革が功を奏し、大きな成長を遂げていく。ホンダの戦略の要旨は、こうした開放政策を念頭に中国全土を視野に置き、北の「天津」、南の「広州」、内陸部の「重慶」の三拠点で、これから訪れるであろう「年間一千万台」に対する対応としての三割シェアー獲得の「三百万台生産体制」を確立することであった。

熊本の当社工場からの中国向けKD部品（現地組立部品）の輸出は、年間四十万台もあったが、それらの全てが中国現地生産に切り替わることになる。従って、一方で日本国内の空洞化が進むことは避けられないところであり、時代は脈々と流れていた。

北京空港には、いつも袁（エン）さんが迎えに来てくれた。

昔の紅衛兵が着用していたようなモスグリーンのごわごわした綿の上下に、同じ色のベレー帽をいがぐり頭にちょこんとのせている。「お疲れしゃまです」、覚えたての日本語を使いながら、これから高速道路をつっぱしるのである。北京と天津には既に高速道路が開通していた。時速百キロで飛ばしても二時間、左右どっちを向いても畑とわずかな木立の地平線が延々と続き、行き交う車はほとんど見当たらない。市内に入ると、ほどなく合弁相手先の国営企業に到着。五階建ての古びたアパートが立ち並ぶ住宅街の広い道路から川沿いに少し入ったところに会社はあったが、この川が汚物で水面がまったく見えないどぶ川。工場の周囲はレンガの壁で囲われているが、鋳物の立派な看板のある入口付近はごみの山。その向こう側には小学校もある。自転車での出勤時、砂ぼこりのする屋台で朝食をとっている工員らしき人の姿もちらほら。会社の塀の中には、国営企業らしい四階建ての事務所棟をはじめ、工場が五棟、食堂、保育園、風呂場、宿泊棟などが配置されているが、ほとんどが稼動している様子がない。今にも潰れてしまいそうな場末の工場である。数回の訪問の後、いよいよ本格的な合弁契約交渉に入っていった。

天津市は、当時人口九百万の大都会。周恩来の生誕の地でもあり、政治、経済で北京を支える重要な土地柄である。交渉の席には、いつも十人余りが、分厚いわら半紙のノートを開き、私の話す内容を一字一句洩らすまいと必死でメモをとっている。こちらはアメリカで一緒だった次長の金子俊博、通訳の宋金梅（ソン・ジイメイ）と私の三人。

ここでの交渉の専門的な内容は、末尾にある、東京銀行が発行していた月刊誌「アングル」（一九九六年一月号）に寄稿した「中国進出雑感」に詳しく記述しているので、それを参考にしてもらえれば幸いである。従って、ここではそれ以外の記憶に残る事を載せたい。

日本では、年が明けると間もなく春闘交渉がはじまる。回答日が近づくと徹夜の交渉が慣例化している。交渉委員長として十年以上の経験を持つ私には長時間の交渉ごともさほど苦になることではなかった。しかし、ここでの交渉は、まったく違っていた。それもそのはず、一民間企業が「国」を相手の団交みたいなものである。朝八時から夕方五時までの協議が一週間以上も続く。最大のポイントは「中国側資産の評価」である。使い古した建屋に設備、「償却」という考えは一切入ってこない。「もし、今建てるなら」、「もし、今買うなら」の論法である。資産評価を高くすることで、その額に見合う日本からの現金投資を多くしたいとの魂胆である。だから、そう簡単に合意点を見つけることはできない。更に縦社会の弊害か、結論が遅い。「明日、上層部の判断を確認して、回答します」が決まり文句で焦らされる。午前の交渉が終わると近所の食堂で昼食、必ず酒が出てくる。一人ずつ「カンペィ」「カンペィ」と言いながら飲まされてしまう。酒の好きな金子は、これも彼らの作戦であることもわからずに、毎回のように赤い顔で午後の交渉に臨んでいた。薄暗い食堂は、お世辞にもきれいとは言えない粗末なもので、出てくるコップの飲み口の半分はギザギザに

欠けているうえ汚れている。（終戦後のドヤ街の食堂と同じだ）

注がれたビールをどこから飲むか、よくよく考えて、割れたところから飲むことにした。理由は皆がきれいな飲み口から飲むだろうから、それを避けたわけである。ある日、食堂の調理場に目をやると、そのコップを洗い場のため水を使って洗っているのを目にして、うんざりしてしまった。

合弁交渉の終盤を迎えたとき、トイレの話題になった。ここでは、トイレは男女共用なのだ。しかも「大」のほうには扉がない。しゃがんでいる姿が丸見えだが、誰も臆するところがない。男も女も堂々と用を足している。「合弁会社の最初の仕事は、便所の改善だ」「男と女を別けろ」「大には扉をつけろ」と大声を出してしまった。

また、こんなこともあった。「工場あらしの強盗団が天津市一帯に暗躍しているから注意しろ」と、市当局からのおふれである。いつもの通り、工場に着くと、なんだかざわついた様子。よく見ると事務所の前の柱に四人の男と一人の女が縛られている。出勤した従業員達が大きな声でののしり、中には唾を吐きかける者もいる。

「どうしたの」、「確認してきます」と通訳の宋さんが事情を聞きに行った。

「昨晩、盗みに入ってつかまったらしい」夜勤の従業員達が捕まえたようである。「それで見せしめのため、さらし者にしているようです」との説明。日本であれば、すぐにでも警察が来て連行するところであるが、ここではそうではないらしい。二日間、「さらし者」にされた後、やっと何処かへ連れ去られた。窃盗団の素性を聞いてみると「彼らのほとんどは、内陸から来ている〝農民工〟といわれる出稼ぎ者で、生活に行き詰った人達です」という。（彼らに水や食事はやっていたのだろうか、どうもやっていないようだ。かわいそうに！）

国際競争力のなかった当時の中国社会では、まだまだ貧困のなかで、三億人はいるといわれる〝農民工〟をはじめとする人々が底辺を這いずり回っていた。我々の合弁相手先のように倒れかかっている工場を蘇生させるのは、地方政府と上部組織である「天津市機械工業管理局」の最大の眼目である。だから「投資」という名目で金を持ってくる日本人はすべて「熱烈歓迎」なのだ。こうして、幾多の苦労はあったが一九九四年五月十六日に「意向書」調印、同八月二十六日には「合弁契約」を締結。「天津柳河圧鋳有限公司」が誕生し、初代総経理（社長）には交渉で頑張った金子君を配した。

広州の郷鎮企業と合弁

「中国とはどんな国ですか」とよく質問される。

そのつど私は「明治から平成までを併合している国」と答えている。欧米並みに近代化されている上海、広州に代表される沿岸部から奥地に進むにつれて時代をさかのぼるが如く昭和、大正、そして明治を思わせる村までが存在している不思議な国である。一人っ子政策で戸籍に載せられない子供が二億人もいるというから驚いてしまう。

天津に続いて翌年十月には、郷鎮集団企業「広州恒宝工業公司」と合弁契約調印。一年あまりで二ヶ所の拠点を中国につくることができた。北の天津であれほど苦労した合弁交渉が、こちら広州ではまるで違っていた。北と南では、国が異なるのではと思わせるほどで、北は社会主義国そのもの、南は資本主義の国を感じさせる。南のこの会社は、もともと近隣の仏山市で工場を持っていたが、集団公司の総経理・李国強の方針により広州市へ進出。高級家具を製造販売する業に、新規事業として二輪車向けのアルミ部品を一貫加工で生産するための五階建て工場ビルと平屋の鋳造工場を建設し、業容の拡大を狙ったようであるが、どうも上手くいかなかったようである。そこで当社との合弁を成立させ、経営の建て直しを図ることが目的であった。李総経理は「経営のことは、あなたに全部任せます」と全幅の信頼をよせてくれた。あれほど苦労した天津での合弁交渉に比べると、広州ではほぼ百％こちらの言い分を承認してもらうことができたから最初のコンタクトからわずか三ヶ月で合弁会社の設立にこぎつけることができた。（これは異例のスピードである）

「食の広州」と言われ、「飛行機と椅子以外は何でも食べるのが広州だ」と聞かされていた。勿論、新鮮な魚介類も多いが、店頭に並ぶヘビの大群、高級店の受付のテーブルのグラスにはグロテスクな食用蛙、大きなミミズは裏返しにして食べるそうである。赤毛の犬肉まではなんとか理解できたが、ある海鮮料理屋でかごの中にうずくまる太った「猫」を見つけたとき。「これなに」すると「食べますか」「えぇっ、これ食用猫なの」「そうです。けっこう美味しいですよ」まさかとは思ったが、本当に食べるらしい。（猫好きの人が聞いたら、腰を抜かすだろうな）広州柳河の総経理に任命した安永義信は、野菜と一緒に炊き込んだヘビの皮がコリコリして「とても美味いですよ」と言いながら食べていたが、これくらいの神経でないと中国で社長は務まらないと思った。余談だが、この工場の隣に「原生野生動物市場」なる建物ができた。聞いてみると、どうも「ヘビの卸売り市場」らしい。会社の食堂で昼食を済ませた後、散歩がてらに一人でこの市場に行ってみた。間口二間ほどに百軒余りの店がずらりと並んでいる。毒が強く、色彩の派手なものの方が高級らしい。たまに、ここから逃げ出したヘビが壁をつたって我が工場に迷い込むことがある。それを見つけた作業者は仕事を中断、棒を片手に「今夜のご馳走」を確保するため追い回す。だから高級レストランの入口に陳列されたゲテモノたちは、日本の水槽に入った「高級魚」と同じ感覚なのである。開放的な南では、日本人駐在者が注意しなければならないことが幾つかあった。その中の一つが「女性」に関すること。アメリカでお世話になった東京銀行は海外、特に中国投資においても他銀行の追随を許さないほど先んじていた。中国投資のスペシャリスト景山ひろみと私は妙に馬が合った。「女に引っかかったら、身元引き受けに現金七十万要るからね」、やや男っぽい喋り方でアドバイス。官憲に拘束されても、そんな大金を持ち歩いている人はいない。そこで被害者?をかかえた会社の幹部達は銀行に泣きついてくるようだ。ホテルでは度々若い女性が声をかけてくる。うっかり部屋に誘ったところで待ち受けた官憲がきて「御用」となり、あとは銀行にお世話になるという妙な世界である。

広州柳河圧鋳有限公司は、初年度から利益が出て、配当金一億円を日中双方に支払うことができた。イタリアのイタプレス社に高額なＤＣマシンを発注、香港に近い中山市に温泉つきのゴルフ会員権も購入するなど順調なスタートを切ったが、これも長くはもたなかった。

合弁相手の負債が大きかったことや中国企業の低賃金低コストの部品、更にコピー商品が次々に出てくる始末、徐々に収益体質は壊れていった。主たる納入先「広州五羊本田」も、地場メーカーとの競合があり、当初予定の百万台には遠く及ばない生産背景にあった。

販路拡大を目論んでいた広州柳河に、重慶にある「嘉陵本田」からも仕事の引き合いがきた。広州から飛行機で三時間、古くから重工業で栄えた内陸の大都市である。重慶の市内には峡谷を繋ぐ橋が多く見られる。全長三千五百キロの長江に建設された世界最大といわれる三峡ダムの上流、大寧河との合流点にかかる橋を眼下に見下ろすと、橋の上から水面まではゆうに百ｍは超えている。

天秤棒を担いだ人達が小さく見える。雨季に水かさが増すと橋の袂まで水が来るというから、なんと百m近く増水するわけだ。こんな重慶の街は盆地にあり、工場からの大気汚染がひどく、「一ヶ月に三日も太陽が見れればいい方だよ」と、ホンダ駐在員の話。「こんなところに工場をつくらなくてよかった」と胸をなでおろしながらも、商談の後に食べた超辛い本場の四川料理はとても美味しかった。

敵地で部下を死なせるな

天津と広州の合弁会社は、日本からの手厚い技術支援で何とか進み始めていた。経営体制は董事長（会長）と副総経理（副社長）が中国、副董事長と総経理は日本側が担当。私は非常勤で両社の副董事長となった。その頃の私は、中国の他、東南アジア、欧州、北米などでの事業展開で多忙を極めていたので、万里の長城や桂林などの名所旧跡など一度も行くことのない、とんぼ帰りの出張を続けていた。

そんな中、広州で極めて深刻な問題が発生、安永の後任、井上総経理が突然の病に襲われた。「脳梗塞で倒れたそうです」「で、病状はどうなんだ」「意識がないうえ、全身がマヒし重症のようです」救急車で広州市内の病院に担ぎ込まれたが、身体の反応がまったくないとの報告である。いろいろな事件事故に遭遇したが、このときほど衝撃を受けた記憶はない。病状と共に現地の医療体制がおおいに気懸かりになった。なんとしても彼を救いたかった。「日本の病院へ移そう」彼を救うにはそれしかないと私は自分の肝に命じた。しかし確認してみると「日本への移送は許可できない」との現地病院の回答。全身マヒの重病患者を日本へ搬送するには、多くのハードルがあることが分かったが、何といっても時間との勝負である。「現地病院との交渉」、「政府機関・税関等への事前報告」「航空会社との調整」等々。そして最大の難関は、移動時の医者と看護婦の確保および搬送機材の調達であった。現地で解決しなければならない問題も多く、すぐ通訳宋さんの広州派遣を決めた。

「いいか、命がけでやってくれ」「ハィわかりました」短いやりとりではあったが、彼女の眼は間違いなく私の意を汲んだ目つきをしている。私は急ぎ、産業医の川口病院の院長を尋ねた。川口陸奥男院長は、武漢三鎮からインパール作戦に軍医として従軍した経歴を持つ中国通でもあった。事情を説明すると「わかりました。春成さん、やりましょう！」と即答していただいた。「敵地で部下を死なせちゃ、いかん」と一言。すぐに若先生を呼んで広州への出張、看護婦の指名、機材の調達等の準備に入っていただいた。それぞれの役割分担を決め、その日のうちに大まかな段取りを決めて、社長に報告し実行に移した。関係者の思いが通じたのか、一週間後には無事福岡空港に到着。熊本から手配した救急車で熊本済生会病院へ搬送。若先生と看護婦さんが広州の病院からずっと付き添ってくれた。私は彼の家族と共に病院の玄関で待ち受けていたが、全身を固定され、微動だにしない彼の顔を見るや、安堵の思いが身体を突き抜けた。「生きて帰すことができた」ことの感動で胸がいっぱいになってしまった。数年の治療、リハビリを経て、彼は職場復帰することができた。杖を片手にマヒの残る身体ではあったが、見事定年退職まで頑張ってくれた。彼を総経理に任命した私は、申し訳ない気持と「よく、あの苦しみに耐えてくれた」との感謝の思いと、この不測の事態を招いた原因をつくった私を責めることなく、彼を迎え、そして支えてくれた家族の存在が折り重なって、私の心は高く天を仰いでいた。

名通訳「宋金梅」

私の中国ビジネスを支えてくれた一人は、この移送問題でも病院や広州市当局とかけあった通訳「宋金梅」の存在である。井上総経理の救出劇では、並々ならぬ障害があったろうと想像する。しかし見事、彼女にしかできない役割を果たしてくれた。通訳の大切なことは「寄稿文」の中でも述べているが、彼女の仕事は目を見張るものがあった。中国進出が決定してから、通訳探しをしていたが自薦他薦の中国人を数人面接しても、私のめがねにかなう人物は現れず、諦めかけていたとき熊本大学の紹介で彼女がふいに面接に現れた。

熊本大学文学部に留学、日本語の研究をしているようだ。「何を勉強しているんですか」「日本語で使われている、主として接頭語と接尾語について研究しています」「もう少し具体的に聞かせてください」「はい」「例えば、お父さん、お母さんのように、頭につく〝お〟が何を意味しているか。語尾につく〝ございます〟は何故使われるようになったのか……等々です」と、私は驚いてしまった。採用条件を提示し、その場で採用決定した。彼女はモンゴル自治区の出身で、数年前ご主人と一緒に来日。私の家のすぐ近くの市営住宅に住んでいるというから、「灯台下暗し」と言うべきか。合弁交渉でも彼女の通訳業は凛としていた。中国人でありながら、中国側の不合理な発言には猛然と対峙してくれた。私の意を察して「あなた方の言ってる事は道理に合いません。考え直してください」とピシャリ。相手も一目置いてタジタジである。当初の中国ビジネスが成功した裏には、彼女の存在が大きかった。

北京に姉がいて、たまたま両親共々、「クンルン飯店」で食事をしたことがある。温厚な両親は二人とも教師で、現在はリタイア。同席していたお姉さんの主人はロシアの大使館に駐在する外交官、彼女自身も政府機関勤務だが詳細は言えないという。日本語、英語、ロシア語、スペイン語にも堪能であるようだ。両親も少しは日本語が解るらしいので、この時ばかりは、中国で食事をしていると は思えない日本語の通じるラクで楽しいひと時であった。ちなみに宋さんは、現在、中国に帰り、江西省自治区にある広西大学外国語学科で日本語の教授をしているそうである。（彼女を通訳に選んで本当によかった）

最初の訪問から百回くらいは中国に来たろうか。すっかり中国通になってしまった私のところに、東京銀行の海外投資専門の月刊誌への寄稿依頼に続き、講演依頼の話が幾つも舞い込んできた。広州市のある広東省と福岡県が主催する「中国投資に関するセミナー」での一時間の講演もその中の一つである。中国から百五十名の代表団、九州全県から県職員、商工会議所、銀行を含めた有力企業、合わせて千五百人が福岡日航ホテルの大広間に集まる投資セミナーだという。再三断ったが、当時九州県内で広東省・広州近在に進出している企業が、我社を除いて皆無であったからか。最後は福岡県の副知事から直接の要請電話がかかり、やむなく受託した。当日の会場はまさに満杯、テレビカメラが四～五台並んでいる。通訳を入れ一時間の話が終わると、会場のあちこちから質問が相次いだ。なかでも「儲かった金を本当に日本に持ってこれるのか」は、参加者の最大の関心事項。「初年度に一億円の配当金を日本に送金していますから、心配いりません」と回答すると、会場がざわついていた。中国への投資は、「朝礼暮改」の政府方針や投資回収への「疑心暗鬼」が根強かったので、私の体験談を聞いて、かなりの参加者・企業が中国投資を真剣に考え始めたのではないだろうか。

しかしながら、こんな努力の積み重ねも及ばず、我社の中国戦略は十年足らずで撤退の憂き目を見ることになった。

「ほんとうに難しい国」である。二輪車部品程度の技術など中国人にとっては朝飯前なのだ。より安く、競争力のある物が次々に出てくる。公称十四億の人口と〝平成から明治を併せもつ〟お国柄に、知的財産の所有権などいくら叫んでも遠く及ばないのは当然かもしれない。

そして、出張のたびに要求されるお土産は、「カメラ」に「時計」が定番。日本ではまず接触することのない裁判官との食事の席で、「次回来られるときにはセイコーの時計が欲しい」と言われたときにはさすがに驚いてしまった。我々のお土産程度のものは、さほど気にするものではないと思うが、中国の賄賂文化は案外伝統的なものであったのかもしれない。また今日の公害を予見させるような場面にも数多く遭遇した。金ぴかの部品を好む中国仕様の外観部品にメッキをすることになり、とあるメッキ工場を訪問。メッキ工程で使用された有害物質「クロム」を含んだ大量の排水の行方を追ってみると、工場の側溝から近在の畑に繋がる小さな川へ垂れ流している。そしてその川の両岸は焦げ茶色に干上がっていた。大量に走る車の排気ガスや石炭を主要エネルギーとする工場排煙による大気汚染など、中国がかかえる現在の大きな環境問題は、この頃には既にその現象が現れていたようであるが、経済優先の国策に置いていかれたのだろう……。それがここ中国なのである。二度目のアメリカ駐在のとき、「世界の工場」とまで言われる中国の現実を思い知った。巨大ショッピングセンター「ウォルマート」に陳列されているどの商品を見ても「メイドインチャイナ」である。一九九〇年代には、まだまだ貧しかった国が、二十年たった今では、GDPで世界第二位へ成長。そして今や日本国中、いや世界中何処へ行っても中国人観光客や中国製品が溢れている時代になっている。合弁事業で辛酸をなめさせられた中国が、これから先何処へ向かおうとしているのか、私には予測もつかないが、世界が共存できる道理ある判断をして欲しいものである。

ブレンボー社（イタリア）との技術提携

ヨーロッパへの思い

北米から始まった海外展開で、欧州との接点はあまり出てこなかった。間接的には欧州仕様の二輪車部品を生産してはいたものの、直接の取引は全くなかった。欧州を想う時、霧の都ロンドンや花の都パリが頭に浮かぶが、どうもありふれていて興味が湧いてこない。むしろドイツ・イタリア・スペインなどが中世の歴史の名残をいまだ残しているようで良さそうに感じるが、これは私の単なる好みである。中でもイタリアは都市名をあげるだけでもワクワクしてくるのは「古代ローマ帝国」からの歴史的遺産があるからなのか、はたまた「シシリー島のゴッドファーザー」に魅せられての事なのか。どこをとっても、この国に対する興味は尽きない。ローマをはじめミラノ、ベニス、ナポリ、フィレンツェなど次々に名前が浮かんでくるが、地中海に突き出た長靴は、どこか日本に共通する形とそこで生まれる繊細な技術品はまるで日本の職人芸に通じるものがある。先の大戦で「日独伊三国同盟」を結んだ間柄に同胞の好を覚えるのか、それとも女たらしの男どもに羨望の眼差しを向ける堅物の日本人的憧れなのか、いずれにしてもこの国が欧州では最も私の興味をひいているのは間違いない。そんなイタリアとの関係が仕事のうえとは言え生じてきたことは、私にとって大変好ましいことであると心密かに思っていた。

中国での仕事は、南の広州では初年度から計画以上に順調に伸びていった。

ホンダの南の拠点、広州の「五羊（ウーヤン）本田」が我々の主要取引先であるが、そこの土屋総経理とは熊本からの顔なじみの間柄。総経理と新機種の立上げ情報について懇談している中で、日本国内で実績のある当社の「ハイテック・ホイール」を新機種に適用してみたいとの提案がなされた。しかし広州ヤナガワにはその部品に対応できるダイカストマシンがなかったので新規のマシン購入が必要になってくる。日本製ならば付帯設備を入れて、一機一億円はする高額設備である。配当を重視する合弁相手がそうそう簡単に一億円の設備投資に同意するはずはない。そこで一計を講じ、投資を抑えるために価格の安いイタリア製を検討することを提案した。

投資に関する最終決定は通常董事会（役員会）で判断するが、海外メーカーの選定や価格交渉などはその都度、私が日本から出張して担当していたのでイタリアからの設備購入に異論を唱える者はいなかった。早速、イタプレス社極東担当の営業本部長と会うことになった。場所は広州の繁華街にある「花園飯店（ガーデンホテル）」のロビーでの待ち合せとなったが、イタリア語の話せる通訳はいないので二人の拙い英語での商談となった。欧州ならばイタリアがいいと思っていた私の個人的思惑と商売がいとも簡単に結びついてしまった。

「六百五十トンのダイカストマシン、一台幾らですか？」「六十万ドルくらいですかね」一九九五年当初の為替レートは、一ドル百円を超えていたが夏場に向けて八十円半ばまで円高が進んでいた。「それじゃー、六千万からおつりがくるね！」と計算しながら、イタリアからわざわざ商談に来てくれた人の良さそうな営業本部長の言葉に、私は内心「しめた！」と思いつつも平静を装って彼の話を聞いた。中国での合弁交渉では、言葉のやりとりや、お互いの駆け引きにかなり苦労させられたが、アメリカでもそうだったように、欧州人もあまり腹の探りあいのようなことはしてこない。

だから交渉をしていてもさほど疲れないし、逆に気持ちよく会話ができる。（下手な英語のせいもあるかも……）「納期についてですが、これから六ヶ月後にお願いできますか」新機種の立上げタイミングに間に合わせるには、どうしても年末までには工場に据え付けたかった。「それはちょっと無理ですよ。七～八ヶ月は必要です」と営業本部長。「そこをなんとか」私の強い要望に多少困惑顔ではあったが、この取引がまとまれば、その後の商売の拡大にも繋がるとの思惑も絡んでだろう、彼はその場でイタリアの工場責任者と電話で掛け合い始めた。しばらくするとニコニコ顔で、「何とかします。ＯＫ」の一言で商談は無事、成立した。

翌日、勇躍として「五羊本田」の土屋総経理に報告すると、思いがけない言葉が返ってきた。「日本の東芝機械や宇部興産ならともかく、イタリアのメーカーが納期を守るなんて、ナイ、ナイ」と彼はまったく信用できないと断言するではないか。彼らも過去に痛い目にあっているらしい。私はその言葉を聞いて、かなり不安になってきた。設備が遅れると、生産に間に合わなくなり、ホンダにも多大の迷惑をかけることになる。いやそれ以上に企業としての「信用」を失うことにもなりかねない。

「調子のいいイタリア人になんとしても納期を守らせるには、どうしたらいいか」。いろいろ検討した末、ある対策を考えた。それは「引当設備の進度管理をする」という策である。「イタリアを定期的に訪問し、製作日程の進捗を作業現場で把握するようにすれば何とか日程を守ってくれるだろう」という結論になった。しかし、それを実行するには、かなりの時間と費用がかかるのが問題である。ところがこの悩みを解決してくれそうな、いい話が別の所から飛び込んできた。当社が進めていた技術開発の一つに二輪車用機能部品「ブレーキキャリパー」があり、その制御システムに取組んでいたところへ、あの「ブレンボー社」から思いがけないコンタクトが降って湧いてきた。それは欧州では〝イタリアが最高〟と思っていた私のささやかな望みを実現させることにもつながってくる。

イタリア企業との出会い

ブレンボー（B社）は、イタリア北部のベルガモ市に本社を置く自動車用ディスクブレーキ技術分野で世界をリードする革新的企業で、フェラーリやベンツなど世界各国の自動車、オートバイ、商業用車両の一流メーカーに高性能ブレーキシステムやレーシング専用のクラッチ、ハーネス等の部品類を供給している。またモータースポーツの分野においても世界をリードし、OEM（委託生産）サプライヤーとして、これまで「F―1」や「モトGP」などの世界選手権で数多くのタイトルを獲得しており、世界中の四輪、二輪メーカーにブレーキシステムを供給する、まさに世界のトップ企業なのである。

「ハルナリさん、わたしブレンボーのカサブランカと申します」電話口から流暢な日本語が聞こえてきた。二輪市場でのアジア戦略を展開するための市場調査と提携企業を探すための日本訪問の最中での、我社へのアプローチであった。「急な話ですが、三日後東京でお会いしたいのですが」「ブレンボー」と聞いただけで私の胸は高まっている。「判りました。どちらへ伺えばよろしいでしょうか？」「高輪の赤坂プリンスホテルに宿泊していますので、ここでお会いしましょう」との返事がかえってきた。

ロビーに待っていたのは、副社長のジョルゲッティーと営業担当のカサブランカの二人。胸板の厚い精悍な顔立ちのジョルゲッティーは、ドイツ人。陽気で人なつっこい性格の彼は、初めてとは思えないような冗談を連発するが、時々みせる厳しい目つきはゲルマン民族の血を引く強引さも感じさせる。カサブランカはマフィアで有名なシシリー島出身のイタリア人、色白で長身、俳優にでもなれそうな顔立ちで、大学で覚えたという日本語を上手に話す営業マンである。B社の狙いは、アジアの二輪市場における自社ブランドの参入、拡大である。話の端々にトップメーカーとしてのプライドらしき言動が見え隠れする。彼らが当社に興味を持ったのは、わが社が彼らの最大の的である中国に二つの工場を持っていることと鋳造技術の分野でアルミホイールや中空（軽量化）技術で世界に通用する部品開発を成功させていたことがその要因であったようだ。「次の訪問で、貴社を見せてください」ジョルゲッティー副社長の日本メーカー下調査は既に済んでいたらしく、ブレーキシステムの重要部品「キャリパーボディー」を当社にやらせ、全体としてのシステム保証は彼らが担当するという戦略内容での当社訪問となったようである。日本はもとより、当社合弁工場の存在する中国、更にはタイ・インドを視野に入れたアジア戦略がそのシナリオで、「相手にとって不足はない」どころか、もしB社との企業連携が成立すれば、当社はこれまでの単なる「部品生産工場」から「機能部品メーカー」へと脱皮できる千載一遇のチャンスとなってくる。私の中に将来を想像してか、大きな期待が広がっていった。

年が明けて、二人が再び日本を訪問。出張目的の中に、前回の約束通り、当社の工場視察が組み込まれている。応対をしたのは技術開発部長の藤本軍八、ホンダ出身の技術屋で操業以来、当社鋳造及び技術開発分野の中心人物である。初めての工場視察後の彼らの求めている部品品質レベルは、これまでのホンダとの取引では味わったことのない高度な要求である。「キャリパー・ボディのカットサンプルを見せてください」「ハイ、これです」自信たっぷりに出したサンプルを手に取るや、持参していた厚いレンズの一眼鏡で表面組織を調べ始めた。「フジモトさん、これでは駄目ですよ。全部NGです」とカサブランカは､気の毒そうな顔をしてジョルゲッティの厳しいコメントを通訳。一見美しい表面のカットサンプルではあったが、レンズを通して拡大されたそれには、無数の微細なキズや巣穴があった。これまでの経験では、エンジンなどの重要保安部品といえども、ここまでの内部品質を指摘されることはなかったので想定外の驚きであった。ブレーキに使用される「キャリパー・ボディ」のアルミ組織にはいかなる微細なキズも許されないのだ。それは人命にかかわる部品であるからである。それ以来、藤本を中心とする技術開発の若きエンジニア達は必死にアルミ内部の充填率改善に取組んではみたが､なかなか思い通りの成果が得られない日々が続いていった。

二ヵ月が経過した頃、やっと満足のいくサンプルが完成、再び来社をお願いした。「ミスター・ポロシティ、お元気ですか、いい製品はできましたか」来社するやいなや、ジョルゲッティは、挨拶代わりに藤本を茶化した。〝ポロシティ〟とは、アルミ部品の内部にできる小さな巣穴のことである。半分冷やかしながらも、我々に制御システムの品質の要求レベルの高さを悟らせようとしていた。再提出したサンプルを詳細に調べた結果、何とかおめがねに適う鏡面仕上げの対策品ができたことを確認し、「なるべく早い時期にイタリアへきてください」と、B社への訪問を促された。社外マル秘の「耐久テストライン」を見せてくれることと、今後の両社の技術開発や技術供与に関する「技術提携契約」を締結したいという。こうして、イタリア訪問が決定。広州のダイガストマシンのその後も心配な折でもあったので、急ぎ出張の段取りを進めた。

ブレンボー社のすごさ

成田発ミラノ行きのアリタリア航空で私と藤本の二人はイタリアへ向かった。ビジネスクラスの快適な空の旅は、シベリア大陸から南アルプスの上空を経て十時間あまりで目的地に着いた。ミラノ空港はアメリカのターミナルに比べると明らかに狭くゴチャゴチャしたレイアウトである。空港到着ロビーには、運転手さんが一人で出迎えてくれた。B社からすると我社は日本から来た下請企業程度の感覚なのだろう、会社の人は誰も来ていない。（それも仕方ないね）

ミラノからB社のあるベルガモまでは車で約一時間。北東四十キロ、南アルプスの麓に位置している。ルネッサンス時代は東のベネツィア共和国の領土になったこともあるが、丘の上の旧市街地チッタ・アルタの城壁は十世紀頃に建設されている歴史ある建造物である。しかもここは第二次世界大戦の戦禍を免れた数少ない街で、今なお中世の面影を忍ばせる景観と文化遺産が数多く残る観光地にもなっている、人口十二万人の工業都市である。

新市街地チッサ・バルタにある五階建ての古いホテルで夕刻までのんびり過ごした。ほどなくカサブランカがウエルカムディナーに行くために迎えに来てくれた。丘の上の城壁の中にあるこじんまりしたレストランに着くとジョルゲッティ副社長が窓際の椅子にどんと座って待っていた。（もう飲んでるよ）「ボンジョルノーハルナリさん、ミスター・ポロシティー、よく来たね」「まずは乾杯だ！」と言いながら、細い握りのついたグラスに透明な酒を注ぐや「いっきに飲んでください」「乾杯！」とカサブランカが追い撃ちをかける。五十五度のグラッパを立て続けに数杯飲まされた。

五十度を超す強い酒は、私の知る限りでは、メキシコのテキーラ、ロシアのウオッカ、中国のバイ（白）酒、それとこのグラッパくらいだろう。ライターで火をつけると青い炎とともに燃えてしまう。話は少し飛ぶが、天津での開所式のパーティで、やはり出されたバイ酒での乾杯が続いた折、親指を立てたくらいの小さなグラスだから「たいしたことはないか」と酒の強い杉田社長と私はすべてのテーブルをまわって二十杯以上は飲んだろうか。宴会終了後、まったく意識のないフラフラの社長をホテルの部屋まで担ぎ込んだことを思い出す。だから今回は同じ失敗をしないようにと心がけながら、グラッパの入った細いグラスを口にした。

食事の最中にも、B社の「アジア戦略」について、滔々と聞かされた。「まずは中国だね」「ここで廉価版のキャリパーをつくって、中国産のバイクに載せたい」という彼の中国構想である。B社は中国で新規に工場を建設したのでは、「投資と時間がかかり過ぎて、廉価で良い製品をつくるのは難しい」との見解を持っていたようである。そこで当社の「天津と広州の工場を活用したい」というのが彼の本音であった。更に、タイを中心にした東南アジアは、「タイヤナガワがあるので、そこからインド、パキスタン、インドネシア、中近東などへも供給できれば最高」とのしたたかな戦略も披露してくれた。陽気なイタリア人で強い酒の勢いも借りて屈託のない会話が進んでいる合間をぬって、気になっていた「イタプレス」について尋ねてみると、「ここから東の方角、水の都ベニスに向かって二時間ほどの処にあるよ」と教えてくれた。一石二鳥とはこのことかと思わせるようなうまい話になった。B社との技術連携とともに、これで中国向けの設備の進捗もチェックできると考えると、つい頬がゆるんでしまった。

翌朝、本社工場を訪問。頂上に白い雪を冠したアルプスの山裾に横たわる白塗りのきれいな建物が工場で、ホテルから二十分ほどで着いた。キャノピーのあるエントランスからロビーを抜け、二階の社長室へ案内されると、ボンバッシィ社長がニコニコ顔で迎えてくれた。昨夜の酒など微塵も感じさせないジョルゲッティ副社長もいかつい顔をしてソファーに座っている。五十坪はありそうな広い社長室には洒落た調度品がシンプルに置かれて、いかにもヨーロッパ風と言わんばかりのレイアウトである。社長のボンバッシィは、上品な中にもどこか、あのスーパーマリオに似た感じの気さくな人柄で、赤鬼のような副社長とは好対照の名コンビのようにみえる。ひと通り挨拶が終わると、「君達、F—1に興味はあるかい」と突然の問いかけがきた。「ハィ、日本ではよくテレビで観ています」「じゃー、来月モナコグランプリがあるので、一緒に見ないか」と飛び上がりそうなお誘いを受けた。毎年、社長の所有する大型ヨットに友人・知人を招待してF—1レースを海から見て楽しむらしい。生憎、日程が合わず実現はできなかったが、驚かされることが他にも沢山でてきた。

昼食時間が二時間、ワインも出てくる社内レストランに案内されたとき、その優雅な雰囲気とレストランとしての質の高さにびっくり仰天。ウエイトレスの差出したメニューを見て「肉も魚も美味しそう。じゃー両方食べよう」と二人でオーダーすると、「日本人はよく食べるね」と冷やかされてしまった。本当は魚か肉のどちらか一つを選ぶらしい、その両方を注文した我々は「無作法な日本人」と思われたかもしれないが、何とか完食して面目を保った。レストランを囲む大きな窓ガラスの向うには南アルプスの山並みも望めるロケーションは荘厳としか言い様がない。わが社の食堂など比べようもないが、日本にもすごい社内レストランがあるのも体験したので紹介しておこう。

丸の内にある三菱銀行本店に行ったときのこと。海外投資の資金調達の話だったように記憶しているが、昼時になったので社内での昼食を勧められた。二十何階か忘れたが、着いた階は広くゆったりした超豪華なレストランフロアー。長い大きな一枚ガラスの向うには、皇居と二重橋が眼下に見える最高のロケーションである。皇居を見下ろしながらの食事は、隣の席の会話が聞こえないように配慮しているのか、テーブルの間隔がやたらと離れている。日本にもこんな社内食堂があるのかと目を丸くしたが、それでもB社は製造業だから、銀行業とは違う驚きを感じてしまった。

二時間の昼食も済み、ワインの余韻にひたりながら午後から工場を見学。

六千人の社員の一割に当たる人がエンジニアというから、これまた凄い。生産工程をひと通り見た後、肝心のマル秘工程に進んだ。耐火ガラスの向うに真っ赤な炎がゴーゴーと音を立て、その中には四輪用の「ブレーキ・キャリパー」が高温耐久テストのためにセットされている。マイナス五十度での耐寒テストも経て、あの激しいレースに望めるのである。これまでの品質に対する考え方が、ガタガタと音を立てて崩れていくような衝撃を受けた。私ですらそうだから、その話を聞いたわが社の若き技術屋の面々への刺激は想像以上のものがあったようだ。

B社訪問スケジュールが終わり、最終日、イタプレス社への移動を伝えるとカサブランカが車を手配してくれた。ミラノ空港に出迎えた、あの運転手の車に乗って二時間余り、イタプレスの工場に着くと、男か女かわからないような人が応対に出てきた。(日本ではないような〝どっちも〟タイプだ)飛行機の格納庫を思わせる大きな工場に案内されると、そこには数十台の製作途上のダイカストマシンが整然と並んでいる。その中の一台を指差して「これが貴社向けのマシンです」と紹介された。概ね、計画通り進んでいた。予定の納期までの半年間で、合計三回訪問、進度チェックを実施した結果、当初の納期日を何とか死守することができ、中国での新機種立上げに遅れることなく推進できた。

「五羊本田」の土屋総経理は「よくできたなー」と日程通りに設備ができたことを怪訝そうに、首をかしげていた。（こちらの作戦勝ちダー）

すぐに二度目の訪問機会が訪れた。今回は、先に英語で作成された「技術提携契約」の素案をベースにした最終協議と日本語、イタリア語への翻訳作業が出張の目的である。英語と日本語での数多くの修正と補充は社内通訳で済ませたが、更にB社専属弁護士との日本語とイタリア語の一字一句の突合せ協議が必要となる。銀行から紹介されたミラノ在住の日本人、沢田紀代美に通訳兼翻訳をお願いした。契約書作成までに四日を要したが、技術的表現も多く、今回も私と藤本の二人で全ての作業を完了させた。世界の一流企業との「技術提携契約」の締結は、九州の片田舎にある五百人程度の社員規模のわが社にとって、価値あるポジションを得ることを私は察知していた。ここから双方の頻繁な交流が始まることになる。

ミラノでの出来事

「契約も完了しましたし、イタリアへ表敬訪問に行ったほうがいいかもしれませんね」

あまり海外へ行きたがらない社長に問いかけると、「そうだね。行ってみるか」と色よい返事が返ってきた。この頃になるとB社との交流は頻繁に行われるようになっていた。

その時のイタリア訪問は社長と私の二人。ホテルに着いて、まずはミラノ市内を散策することにした。まずお決まりの「ドゥオーモ広場」へ、ミラノ大聖堂の荘厳な建物は一三八六年に着工し十九世紀になってやっと完成したもので、なんと五百年の歳月をかけている。外壁には、いたるところに等身大の彫刻が施されているが、その数が二千二百二十五体の聖人像、「この一体だけでも芸術的価値があるな」と思わせる。空に向かってそそり立つ寺院の頂からは天を刺すように百三十五基の尖塔がそびえている。その姿は圧巻の迫力で見るものの心を奪ってしまう。装飾された外観とはうらはらに、堂内の静寂は宗派の違いを超えて、身と心が引締まっていく異次元の空間をつくり出している。ドゥーモ広場の左手奥にはガラスドームのアーケード街が見える。モザイク模様の高い天井とオープンカフェの多いガレリア・エマヌエールⅡ世通り。石畳の道路を右手に歩くと、間もなくオペラ劇場に着いた。

「思ったより小さいし、それとやはり古いね」『そりゃーそうだろう。百年以上も経っているからな」赤絨毯と朱色に統一された内装もかなりくすんでいたが、今なお現役というから凄いとしか言い様がない。そしてお目当てのレオナルド・ダ・ヴィンチ「最後の晩餐」を観たいと思って車に乗り込んだが、「もう時間がないので、ベルガモへ行きます」と運転手のつれない返事。電車道のエドモント通りから「最後の晩餐」を蔵するサンタ・マリア・グラツィエ教会の前を通り過ぎてベルガモへ向かった。目的が表敬訪問だけに、なんのプレッシャーもない楽しい出張旅行になってしまった。

翌日、ボンバッシー社長への表敬訪問も終わり、再びミラノへ引き返した。

グッチ、フェラガモ、エルメスなど世界の高級ブランド店やプレタポルテが集まるモンテ・ナポレオーネ通りで買い物をして路地に入ると、すぐそこに今晩、宿泊する「フォーシーズンホテル」の玄関が見える。さほど広くない石畳の道の反対側を歩いていた、まだ十代の若い娘達のグループが目に入ってきた。するとその中の二人が私達に近づき、私の目の前に立つやいなや〝MONEY〟と書いたダンボールの切れ端を無造作にさしだした。英語で「ギブミイマネー」と言うや、まくし立てるように何語か分からない言葉で喋りかけてくる。間髪を入れず「ノーマネー」と断るともう一人がいきなり私の右手首をかなり強く掴んできた。「なにするんだ」とっさに身体をひねりながら振りほどくと二人の娘は何事もなかったかのようにグループの所に戻り合流し、ワイワイ言いながら去っていった。その間、わずか十数秒のことである。

やれやれと思いながらホテルに到着。ロビーの椅子に腰を下ろした瞬間、「しまったやられた」と気づいたが後の祭り。左胸のポケットにあるはずの十万リラが消えていた。「自分の身体に身につけているものをすられるなんて絶対にナイ」と信じ込んでいた私の常識が、見事に覆えさせられた。ホテルの人の話では、どうもジプシー娘達らしい。「困ったものだ」と言いながらも笑っている。それにしても掴まれた右手に気をとられている間に別の娘が胸のポケットから金を抜きとる早業には恐れ入ってしまう。一万リラが七百円だから十万リラといっても大金ではないのが幸い。もしパスポートの入ったバックなどをひったくられたのでは、それこそ大事になる。（気をつけよう）

何度も訪れるといろんなことに気づく。この国も領土が狭いからアメリカなどの広大な国とは生活様式も当然異なってくる。マクドナルドに代表される大味の米国に対して、スパゲッティといえども地中海でとれた新鮮な海産物をまぶすなど料理一つとっても、思った以上にきめ細かい。〝イカ墨ライス〞などにお目にかかれるとは露ほども思わなかった。

ベネチアグラスや金属食器、靴、バックなどのデザインも数百年の伝統に裏付けられた魅力あるものが目につく。

世界を広げた企業連携

オートバイもハーレーが連なってハイウエイを走る米国に比べ、ここでは狭い石畳の路地を走るモペットなどの小型モーターサイクルが多い。映画「ローマの休日」で米国人記者ブラッドレー（グレゴリー・ペック）が某国王姫アン（オードリー・ヘップバーン）を後部シートに乗せローマ市内を走り回るあのバイクである。イタリアでは小型バイクのニーズが高いように聞いているが、いくら多いとはいっても小国だから、その需要はたかが知れている。従って、中国を筆頭にしたアジア市場を視野に入れることになっていくのも当然の成り行きである。B社の副社長ジョルゲッティと私はアジア市場を念頭に置いた「技術提携契約」を基にしたブレーキシステムでの二輪世界戦略構想を描いていた。一応スタートラインには着いてはいたが、その筋書きは頭で考えるほどそう簡単なものではなかった。予期せぬ「待った」がかかってきた。我々の企業連携を知った、日本国内のトップメーカーN社の社長から直接の苦情電話がわが社の社長に入ってきた。「同じ系列会社の中で無駄な競合は避けたがいい。ましてこの部品は、万一市場クレームでも出したら会社を潰してしまうよ」との忠告である。N社とB社が世界市場で競合関係にあることは十分承知していたものの、この脅しにも近いきつい忠告に、わが社も二の足を踏まずにはおれなかった。「それでもやるぞ」と粋がってはみたものの、大きなプレッシャーが徐々に加わり、B社と目指した本格的な企業連携には程遠い結末になっていった。

それでも五年余りの世界一流企業との「技術提携契約」は、私にこれまでに経験したことのない「トップ企業の動きと考え方」を直に教えてくれた。何の苦労もなしに、「何とかなる」などとんでもない話で、「何としても成し遂げたい」との強い意志の連続こそが、水が岩を砕くが如く固い壁を突き破る遠因になるのかもしれない。B社とのコンタクトはHONDAしか知らなかった私のビジネスライフに大きな一ページをつけ加えてくれると同時に、「世界中のどんな相手であろうが、決して臆することはない」との勇気をも与えてくれた。

イギリスのトライアンフ、アメリカのハーレーダビットソン、イタリアのデュカッティ、スペインのガルガス、ドイツのBMW、カナダのボンバルディアなどどこへでも飛んでいくほどのパワーとエネルギーを蓄えたビジネスマンへと変身していった。そこには私自身のヤル気とともに明らかに技術の裏づけがあったからであり、精神力や営業力だけではとうてい成立しないことは百も承知ではあった。単純だが〝良いものを安く売る〟ことがどんな世界にも通用すること、更に言えば〝良いものを安く作る〟という当たり前のことがその「鍵」となる。安全な真ん中だけを歩くのではなく、いつも崖っぷちの危険な端を歩くような仕事のやり方に怖さを通り越して魅力さえ感じ始めていた。

「酷暑も極限を過ぎれば冷風が吹く」のたとえのようなものである。

その後、陽気でエネルギッシュだったジョルゲッティは社長との折り合いが悪くなり、退社してドイツへ帰ったという情報が入ってきた。日本語の上手なカサブランカは日本に来るたびに連絡してきた。東洋好きの彼は必ず日本人の女性と結婚するだろうと踏んでいたが、結局マレーシアの女性と結婚したようである。何事も自分の考えた通りにはいかないものだ。それがそれぞれの人生なのかもしれない。

イタリアでのビジネス展開の間にも、国内販売シュリンクへの対応策として打ち出した経営方針「D&C5」の主題である「他社販売」への具体的な取り組みは着々と進んできた。そのさ中、一九九二年十二月トヨタが西の生産拠点として「トヨタ自動車九州」を設立、いよいよ量産体制に入り始めていた。私は、縮小する二輪事業を補填する観点から海外の事業開拓と共に国内では「トヨタ」への売込みを真剣に考え始めた。しかし、それはとてつもなく高いハードルではあった。だが、ホンダ以外に会社の将来を担うもう一本の柱を何としても構築したいとの強い思いが、チャレンジ魂となって、動き出したのもこの頃である。そして、「時」が私に味方する。

トヨタ自動車との部品取引契約

経営戦略の拙攻

イタリアへの往復を重ねていた頃、国内事情は日ごとに厳しさを増していった。日本国内の二輪車生産は一九九五年の年間百万台をピークにみるみる減少していく。中国を筆頭に、タイ、インドネシア、ベトナム等の東南アジアはもとよりインド、パキスタンなどの発展途上国での現地生産に火がつき始め、国内空洞化に拍車がかかってきた。従来からの「ＨＯＮＤＡ一辺倒」では、中長期の経営がむずかしい様相を呈してくる。本来の合弁会社としての役割は、「いかにして、ホンダのサポートをするか」であったが、この頃になるとホンダの購買方針も大きく変化してくる。「ホンダだけを頼りにしないでください」と、明らかな方針転換。そしてあれほど嫌がられていた他メーカーとの取引についても「他社販売おおいにけっこう」との大義が打ち出されてきた。要するに、「これからは自前で生きていきなさいよ」との自立催促宣言である。裏を返せば、これから先「どこのメーカーと取引してもかまわないよ」とのお墨付きをいただいたことになる。合弁会社の難しさは出資会社の利益を優先するところにあるが、時代の流れはそうも行かなくなり、他社へのアプローチには何の支障もなくなってきた。

「ヤナガワさん、タイで一緒にやりましょう」と、同じ関連企業でホンダ出身の上楽社長が再三当社を訪れてきた。彼の考察は、「鉄ものが得意のＧ社とアルミが得意の〝ヤナガワ〟が一緒になれば怖いものはない」との論法である。しかしアルミ分野で独自の領域を開拓していたわが社の回答は「ノー」という連れない返事である。せっかくの上楽社長のお誘いをあっさりと断ってしまった。私はやむを得ず「タイ単独進出」の会社方針に基いての企画書を作成、関係先を奔走、最後にタイホンダ北村社長との調整も終えて、事業計画をまとめあげた。「三年五組」(三年で黒字化、五年で累積解消の意味)を成立させ、タイでの現地工場予定地もほぼ内定した状態で、柳河グループの本社報告をもって、最終決定する運びであったが……。

「ダメだ！何を考えている。タイにはわが社の現地法人が二社もあるだろう。いまさら新しい工場をつくるより既存の工場を使え」と猛反対を受けてしまった。あまりの剣幕に返す言葉が見つからない。「もし新規の仕事をやりたいのなら既存の工場を利用すればいい」との、もっともな話である。今から思えば、G社との連合であったなら、二輪部品メーカー合体でのタイ進出ということで、ここまで反対されることもなかったかもしれない。戦略の拙さを悔やむしかなかった。後年、この結果が大きな差となって両社の明暗を分けることになるのだが後の祭りである。タイ進出をあきらめた後、巨大市場の中国とその後米国に移管されるバギー車専門工場を建設することで世界の二大大国に拠点を構えれば、これからの二輪市場において磐石の態勢を築くことになるとの信念で海外戦略を進めていった。しかし、それはまったく予測できないほどの逆目に出た。中国の独善的、排他的な外資企業戦略に日本企業はことごとく撤退を余儀なくされていく。米国のバギー生産もなかなか軌道にのってこない日々が続く。一方で、発展途上国の二輪市場は想像以上の活況を呈し、進出した日本企業もまたその恩恵に浴することになっていく。ちょっとした戦略の拙さが、後々会社の命運を左右することを考えれば一つ一つの判断の重みを感じないわけにはいかない。

天使の味方

一九九七年の定時株主総会で社長が交代。私より四歳年下で創業者の子息が三代目社長に就任、同時に私は常務取締役となり管理部門全般に営業・海外事業を担当することになった。新社長とは、米国プロジェクト以来の付き合いで気心も知れていたので、仕事はそれまでよりもずっとやり易くなった。

その分、企業としてのあらゆる戦略、方針が私の双肩にかかり、自分の意思で企業が動く責任の重さも感じながら、一方ではこれまでとは明らかに異質のヤル気をみなぎらせての船出となった。

年間売上げが五十億円以上減少する予測への対応として、体質強化策の「TPM活動」と原価低減策「CCR活動」を展開、更に売上げ減の補填策としての「ドリーム&チャレンジ5」（D&C5）を策定し、厳しい難局に立ち向かうことになった。

最大の狙いは、新規の売上げ拡大であるが、本格的な営業部門のなかった組織の変更から手始めた。他社販売専任の営業課長を任命、私が直属の上司となり二人でホンダ以外の他社営業をスタートさせた。特に海外営業は取りつきが難しく、手探りの中、なかなか成果が上がらない日々が続く。二年ほど経過したが、まったくと言っていいほど結果が表れてこない。我慢しきれなくなった私は、「中村君、これ以上無駄飯を食わせるわけにはいかない。近々、営業部門は廃止するから元の職場に戻る準備をしてくれ」と駄目だしを宣言をしなければならない惨めな状況で、せっかく新設した営業部門を二年足らずで廃止することを考えていた。そんな時、取引先である「チェーンの大同工業」の商社部門が米国で独立した会社「アドバンテック」の久坂、清水の二人が海外営業の窓口としての役割を申し出てきた。さらに米人社長ジェフも大いに乗り気だという。それが呼び水となって、将来の方向性を見失いかけていた私と中村、それと技術開発の藤本を加えた三人の営業活動に新たなインパクトが与えられ、あれほど難しいと思っていた他社販売の糸口が次々に急展開するようになってくるのだから、「一寸先は闇」ではなく、「一寸先に光明」が差し始めてきた。これは単純にラッキーだけでは片付けられない「何か」が苦境で頑張っている私達に微笑みかけてくれたのだ。二年間の努力は無駄ではなかったことを確信した。「ヤナガワさんの鋳造技術はすばらしいので、我々が海外二輪メーカーに売り込みますよ」と威勢のいい話。こちらも「渡りに船」の状態。とんとん拍子に両社の戦略は噛み合って、わが社の技術が世界の二輪メーカーに興味をもたれる事になっていく。「石の上にも三年」とはよく言ったものである。ギリギリのところまできていたが諦めなくてよかった。「頑張れば何とかなるケン」の精神が私の元に「天使」を運んでくれたようである。それから先は、前述の如く、他社販売は国内外を問わず期待以上の広がりをみせ、技術と営業の二部門が車の両輪の如く世界を視野に進み始める。それはまるで「天使」が私に味方してくれているような気がしてならなかった。

ハーレー・ダビットソンの工場

しばらくすると、米国ニュージャージーに本社を置く「アドバンテック」の久坂部長から朗報が舞い込んできた。「春成さん、ハーレーの購買課長が御社を訪問したいと言っていますが、どうしますか」「久坂さん、あのハーレー・ダビットソンのハーレーですか」私は耳を疑いながら尋ねた。

「そうですよ」「近いうち日本に行く機会があるので、その時ヤナガワさんに立ち寄って工場を見せてほしいそうです」「勿論いいですよ」やや興奮気味にオーケーの返事をして購買課長の来社を待った。ひと月位経った頃、小柄で小太りの典型的日本人、久坂部長が六尺はあろうかという大柄の女性を同行してきた。そういえばアドバンテックの営業課長・ジーニーンも女性である。日本人の感覚からすると「大丈夫かな」と思ってしまうが、彼女たちの仕事っぷりは柔な男では足元にも及ばないほどの迫力と色気がある。同行の久坂さんと女性購買課長のコンビは、遠めに見ると吹きだしたくなるようなアンバランスを醸し出している。二人を工場に案内すると「すごい、すごい」を連発。何がすごいと思わせたのか後日のハーレーの本社工場の視察の折にその理由が理解できた。

ハーレーはミシガン湖に隣接するウィスコン州ミルウォーキーに本社を置き、一九〇三年に設立された米国のオートバイ製造会社である。ハーレー最大の特徴は、大排気量OHVとV型ツインエンジンから響くあの独特の鼓動感である「音」で代表される。そのエンジン音に魅せられた多くのファンは世界中どこへ行ってもハーレー文化を作っていると言っても過言ではない。

そんなハーレーは、二〜三年先までのバックオーダーを抱えているというから、その人気ぶりがうかがえる。工場内は思ったよりは雑然として、ラインスピードはさほど速いとは感じない。むしろゆっくりと流れ、まちまちのTシャツ姿のオペレーターは、傍らにラジオを持ち込んで、音楽を聴きながらの作業をやっている。

話はまた映画のことになるが、大好きな西田敏行（浜ちゃん）主演の「釣りバカ日誌」を観ていたとき、〝スーさん〟こと鈴木一之助社長が建設業界の構造不況のあおりを受け、合理化を提案された役員会で、「ハーレーの従業員が自分の腕に〝Harley〟の刺青をしている姿を見て、その愛社精神に感動しました」と述べながら、「会社がいかに従業員を大切にしているかを思い知った。わが社も同じように会社を愛してくれている社員を大切にしたい。社員を整理する合理化案には賛成できない」と訴えて退席する場面があった。

日本ではものすごいラインスピードに顔をしかめながら、歯を食いしばって頑張る作業者に対し、彼らは、仕事を楽しみながらやっている。ラインの横を通っていると、大きな腕に小さな〝Harley〟の刺青を入れたオペレーターが「あんたら日本人かい」と声をかけ、ウインクしてくる。まったく余裕があるのだ。スーさんと同じように私もオペレーター達のハーレーへの帰属意識の高さを感じていた。

「ハルナリさん、ハーレーの工場をどう思いますか」と女性購買課長から質問がきた。わが社の体質改善理論から判断しても、「ライン効率はまだまだ改善する余地が沢山あると思います」と答えると、「近いうち、カンサスに新工場を建設する計画があるので、ハルナリさんそこへ来てくれませんか」と、冗談とも本気ともとれるお誘いを受けてしまった。「日本の生産管理方式と体質改善策を導入したら、ハーレーの生産効率は飛躍的に改善できるのではないか」と彼女は想像したらしい。しかし私自身は、それほどの技量が備わっているわけではないので丁重にお断りをしたが、バックオーダーを持つ彼らもまた現状改革の課題に取組む姿勢を見失ってはいなかった。本音を言うと米国人と日本人の体質、気質の違いがあって、日本の管理方式が彼らにそのまま通用するとはとても思えないので分相応の答えではなかったかと独りで納得している。

そんな中、数回の訪問を経て、ハーレーの子会社で同じツインカムV型エンジンを搭載するスポーツバイクメーカーのBuell社（ビュエル社）との取引が具体化してきた。少量ではあったが幾つかの小物部品を供給していた時、ビュエル社からとんでもない話が持ち上がってきた。ハーレーのエンジンの上に載せるタンクとスイングアームを一体化した千三百ccのスポーツバイクに搭載する大型部品「新型スイングアーム」の引き合いがきた。それまではリアーホイールとフレームを繋ぐクッションとしてのこの部品のアーム部分はアルミパイプか鉄製の溶接で作られ、お世辞にも美しい外観とは程遠いものであった。それを高級感とデザイン性に優れたアルミダイカストの一体型で製作するという斬新な企画である。いくら溶接可能のアルミ材料といえども分割したオイルタンクの長い距離を溶接するには当然大きなリスクを伴うことになり、フレーム全体としての品質保証は極度に制限され一段と難しくなってくる。いろいろと検討したが鋳造技術の見解としては、「左右の鋳造部品をセンターで溶接するしか方法がない」との結論に至った。「軍ちゃん、大丈夫かな」開発部長の藤本さんに尋ねると、「これ以外方法がないので何とかやってみよう」と、前向き発言が返ってきた。二歳年上の彼もまた、真ん中を歩くより危険な端を歩くのが好きなタイプで私との相性もピッタリ合っていた。こうしてハーレーのエンジンを搭載した千三百ccスポーツバイクにビュエル社が求める高級デザイン性に優れた「新型スイングアーム」をオートバイ史上初めて世界に披露できる生産にこぎ付けることができた。ラインオフ式典でビュエル社から感謝状を戴いたことを考えれば概ね旨くいった様である。

続いて、カナダのモントリオールに本社を置くボンバルディア社からの引き合いも来た。ボンバルディアは悠に知れた超大企業である。飛行機、船舶、大型車両などを主力に製造する。私はボンバルディアの印象をいつもヒコーキ事故と連想してしまう。生産数も多いのかもしれないが世界各国でやたらと墜落事故を起こしている。

デトロイトからナイアガラの上空を北東へ一時間ほどでモントリオールに到着。空港でレンタカーを借りて、さらに東へ走ると街並みはすぐに途絶え、北欧の草原を思わせるハイウエイが続くが、行き交う車はまばら。やがて本社工場に到着、セキュリティが厳しい。幾つもゲートを通過して、やっと受付にたどり着いた。若いボンバルディア・ジュニア二世が応対してくれ、「スノーモービルの足回り部品、Aロッドに貴社のアルミ材料を使ってみたい」との要望である。一時間程の商談で会社を後にした。

量産地獄と天使

海外展開が順調に行き始めた頃、国内では、ホンダが欧州市場向けに開発した戦略機種MBWのピボットプレートの量産が始まっていた。ヘッドパイプを軸にフレームの骨格をなす中空部品の結合体で、これも世界初の開発技術の結晶である。溶接可能なアルミ材料の開発、軽量化を実現する「崩壊性中子」の開発など、どこをとっても史上初の技術が凝縮されたピボットプレートの量産がピークを迎えていた。しかしながら、この部品によって、わが社始まって以来の「量産地獄」を味わうことになるとは予想すらしていない。量産は困難を極め毎朝一番で対策会議、関係者二十人程が集められる。各工程の責任者から「もうダメですよ。部品が間に合いません」とギブアップする者が相次いだ。ついにその中の数人が「これ以上は無理です」と言いながら泣き出した。大の大人が会議の席で涙を流している。「製造責任者のS取締役の様子がおかしい」との情報も流れてきた。あまりの厳しい状態の連続で、精神的に追いつめられたらしい。一方で、久留米の安納商店が担当する「中子」の生産も、毎日夜を徹していた。張り付いていた若林課長は徹夜で生産された「中子」を朝方三時頃に工場に運び込む毎日。もちろん土曜も日曜もない。この部品がないと生産が出来ない為、時には朝が白けることも度々起こっていた。その日若林は、会社で仮眠をした後、再び久留米へ。午前中に出来た「中子」を受取り、高速道路を植木インターで降りたところで彼から携帯電話がかかってきた。「今、植木を降りたところだが、頭が痛い……」と言ったまま電話は途絶え、「その後応答がありません」との報告を受けた。道路の片隅、駐車中の車の中に、ぐったりした彼を発見、急ぎ救急車で植木病院へ搬送した。脳内出血で倒れたのだ。それは戦場で戦う企業戦士の姿そのものであった。これ程多くの困難に直面しながらではあったが、陣頭指揮をとっていた私は会議の席では大声で叫んでいた。「泣いてどうなる。泣いて問題が解決する訳がないだろう。諦めるな、最後まで頑張ろう」と檄を飛ばしてはみたが、内心は「もうダメかもしれない」と何度も諦めかけた。「朝（あした）に道を聞かば夕（ゆうべ）に死するとも可なり」覚悟をきめて最後まで全力を尽くす、連日のこんな戦いが六ヵ月も続いたろうか……。最後は全員のねばりと努力で極限を超えることが出来た。（みなさんの頑張りに敬意を表したい、ありがとう）

こんな量産地獄のさ中にも、「天使」が本当に微笑んでくれるかどうかは、トヨタとの商売の成立にかかっていると思っていた。トヨタ九州の九州内現調率は極めて低かった。ほとんどの部品が愛知を中心とするトヨタ本体の関連工場からの供給によって成り立っている。裏を返せば、九州にはトヨタの求めるQ・C・D（品質・コスト・納期）を満足させられる企業がないことを意味している。部品の長距離輸送は生産コストを必要以上に押し上げ競争力を損なってしまう。何とかしたいというトヨタの方針は、現地（九州）サプライヤーの新規開拓という形で展開された。密かに現地調査が始まり、やがてわが社にもそのチャンスが巡って来た。馬場生産管理部長（現取締役副社長）と原田課長（現生産企画担当取締役）の二人が来社、プレゼンテーションと工場視察を終え、帰社間際に一言。「春成さん、御社にはホンダの資本が入ってますよね」「はい、正確には四十九％です」「それで、もし将来、トヨタと商売するようになった時、ホンダから苦情がきませんか」との心配である。彼らはネガティブな要因として、このことを懸念していたことが判った。

私はとっさに「ええ、その点については全く心配は要りません」と即答、「なぜなら、ホンダだけを頼りにしないで他社との取引をどんどんやりなさい」という購買方針が既に打ち出されている事実を必死で説明した。

トヨタとの商売のやり方について全くの無知であった私は、取引の前提となるトヨタの知識を少しでも吸収したいと考え、当時、城南町に進出していた「アイシン九州」の加藤社長に教えを請いたいと思い、まったく面識のないまま直接電話で「トヨタの考え方、商売のやり方などをご教授いただけませんか」とお願いをしてみた。すると意外にも「ああ、いいですよ」との返事。約束の日に伺うと、海外出張から帰ったばかりの忙しい時間を割いて面談、たくさんの予備知識を教えていただいた。その中の一つが印象に残って今も忘れられない。

二つのサプライズ

「春成さん、トヨタは取り付きは難しいが、いったん商売が始まると面倒見はいいですよ」とのアドバイスである。厳しいホンダとの取引に慣らされていた私にはとても信じられないような一言である。国内二輪が減少していく中で、どんな形であれトヨタとの取引が実現できれば大きな柱ができることになる。私と中村のトヨタ九州訪問にも熱が入ってきた。技術力、企業体質などの総合力で、何とかなりそうな気配の中、いよいよ、本番が巡ってきた。トヨタ本社から調達部をはじめとする各部門のスペシャリスト十数名の視察が決定した。全社あげて最大限の準備をして、一行を迎えることになったが、できることは全てやったので結果がどうであれ、思い残すことはなかった。

数日後、馬場部長から私に電話が入ってきた。「春成さん、本社から契約書が届きますので確認してください」と、「それじゃー、視察の結果は良かったのですね」、「本社からはそのように聞いていますよ。良かったですね。おめでとう」飛び上がるほどの悦びとはこんなことを言うのだろう。更に予想だにしなかった事態に私は自分の目を疑ってしまった。届いた分厚い封書に二冊の契約書が入っている。その中で私は二つのサプライズを発見した。一つは契約書の最終ページに契約当事者として「トヨタ自動車代表取締役社長張富士夫」の直筆サイン、そして二つ目は、契約内容に「Ｔｅａｒ－１」の表示があったこと。「これなんだ」誰もその意味を知らない。調べてみると何と「トヨタ自動車の一次取引メーカー」として位置づけされた取引契約であることがわかった。二次下請け、三次下請け、いや四次下請けでもかまわないと思っていたのが直取引の一次メーカーとして認められたのである。社長をはじめとする関係者にそのことを知らせる私の心は天に向かって万歳を繰り返していた。私に味方していた「天使」が「女神」をも連れて来た様なものである。

平成三年に部品取引契約書を締結すると、早速部品発注の検討依頼が来た。同五年立上げのマークⅡとハリアーに搭載するハイブリッドミッションのＲＲカバーとハウジングの二部品を受注。通常二年の試作段階を経て、量産金型を製作するのであるが、どの機種でもめったにない本型製作後にＲＲカバーで三回、ハウジングで二回、合計五回のミッショントラブルによる「設変」（設計変更）が発生した。金型製作後にはほとんどトラブルの起きないトヨタにあって五回の設変は屈辱を意味する。ハイブリッドエンジンの不具合でトヨタ本社からは「申し訳ない。ご迷惑をおかけします」の連発である。しかしわが社は二輪で鍛えられて設変には慣れていたので、当然の如く対応していった。

そこへ突然、トヨタ本社の青山購買部長が来社するとの連絡が入った。こんな立場の人が一メーカーを訪問するなんてことはめったにないことである。「何をしでかしたんだ」、会社中聞いてまわったが心当たりが見つからない。覚悟して部長を迎えた。応接室に通すやいなや、驚きの言葉が返ってきた。「春成さん、このたびは大変ご迷惑をおかけしました、お詫び申し上げます。また、度重なる設変への対応をいただき、感謝申し上げます」青山部長はその為だけに来社されたのだ。それは、私の常識では考えられないことである。

私はその行動と言葉に「トヨタの本心」を見たようで、心を打たれてしまった。

平成五年三月、ハリアーのラインオフ式典がトヨタ九州の工場で行われ、わが社も末席に招待されていた。社長と中村課長の二人が出席、渡辺トヨタ本社社長をはじめ各部門の最高責任者が顔を並べていた。スケジュールも終盤を迎えていたとき、会場の照明が消された瞬間、司会者の声、「最後に特別貢献賞を発表します。九州柳河精機株式会社殿」。静寂と暗闇の中で突然、スポットライトが河口社長の頭上に輝いた。事前の情報は何もなかっただけに、出席した二人の驚きと興奮は並大抵ではなかったようである。

この一件は、トヨタの社長以下の全役員の知るところとなり、最初の受注でＫ－ＹＳＫの存在を認知させることになった。それ以降、平成六年には二部品四十四万台、翌年百二十万台、二年後三百万台と順調に拡大。中でも千六百cc～二千ccの全機種に適用されるZRジェネレーション（エンジンのクランクケース内のガス清浄装置に使用される部品）は日産八千台、年間百六十万台の大量産部品の受注へと繋がっていく。

あれほど欲したトヨタとの部品取引が始まり、それは九州内で最初のトヨタとの「直取引メーカー」になることを意味していた。即ち「Ｔｅａｒ―１」の称号をいただいたわけである。更に国内空洞化で漸減する二輪市場を十分補填できるだけの四輪の仕事を手にするとともに、まさに「トヨタとの直取引」は、頭上に輝く冠でもあることが周囲の反応からも感じることが出来た。そして全社売上げの半分近くを占めるまでに拡大していく様を見て、「厳しいけれどトヨタは面倒見がいいですよ」と言っていた、あのひと言が間違いではなかったこと、苦境の中で「時」が私に味方してくれたことを深く心に刻んでいた。私は、今度は「天使」だけでなく、「天使」が連れてきた「女神」の存在も信じないわけにはいかなくなっていた。

アメリカの社長として

サウスカロライナに新会社

念願かなったトヨタとの関係はすこぶる順調に推移してきたが、いいことばかりが長く続くほど世間は甘くはない。いいことがあれば悪いことも起きるのが世の常である。中国の二拠点と海外営業の展開、トヨタとの取引開始と多忙な日々を送っているところに、わが社最大の稼ぎ頭であるバギー車の米国移管が本格化してきた。バギー車は砂浜や山岳道路を走るレジャー用としての需要からスタートしていたが、アメリカの広大な農地を管理する道具として馬の代わりにこれが利用され始めていた。馬は毎日の世話が必要であるが、この車はガソリンだけ入れておけば動くから、合理的な米国人の考えにもピッタリなのである。

日米間の経済摩擦解消の一貫なのか、需要地での現地生産を好むホンダの戦略なのか、米国サウスカロライナ州へのバギー移管がほぼ決まりかけてきた。我々はバギー車用に供給している収益性の高い数多くの部品群をみすみす諦めるか、それとも米国に進出して、現地生産に対応していくか、の難しい選択を迫られることになっていく。穏やかな日々はそう長くは続かない。またしても、次の難題が押し寄せてきた。

ホンダの本社購買部からとアメリカホンダのパーチャスイングから米国進出の決断を迫る電話がひっきりなしにかかってくるようになった。単独進出でのリスクを心配する日本のホンダは消極的、一方で米国ホンダは、現行の日本量産メーカーであるわが社の進出を積極的に支援している。この頃になると、毎晩の如く我家にアメリカから電話が入ってきた。しかも時差の関係で毎日、夜中の十二時前後である。

電話の主は米国ホンダ購買の最高責任者谷口ＶＰ（副社長）である。

「お父さん、何とかならんとね」家人も毎晩遅くの長電話にいささか閉口気味。だが相手はそんなことなど「どこ吹く風」である。こんな状態が一ヶ月以上も続いていた。制限された日程の中で、彼は消極的な日本購買の説得に来日するという。その成果なのだろうか、ホンダの方向性が「ヤナガワ米国進出」でまとまってきた。もちろん私の腹は、谷口ＶＰとの毎晩のやり取りの中で既に決まっていた。

百枚以上の「進出企画書」を引っさげて、オハイオ州コロンバスの郊外メアリーズビルにある従業員一万人のアメリカホンダ最大の工場、ＨＡＭ（ホンダ・オブ・アメリカ・マニュファクチャリング）を訪問、事前の打ち合わせに望んだ。進出企画説明会の出席者は約二十名、ほとんどが米国人で、資料はすべて英語版。本番前に一枚一枚の資料を見ながら、彼はほとんど全ての資料に赤字で添削を入れた。

「谷口さん、そんなに修正したら明日の会議に間に合いませんよ」とブレーキをかけるが、「いいんだよ、俺の趣味だから」と言いながら手を緩めない。午前中に事前報告は終わったが、ほとんどに修正が入ってしまった。同行した海外事業部の柿原次長、通訳の楠本女史の三人で急ぎホテルに戻り、修正箇所を手直しした後、車で一時間走り、ＹＳＫの工場に夜の十時ごろ到着。事前に電話で了解は取りつけていたが、守衛の許可をもらい誰もいない事務所で百枚の資料を二十人分、二千枚のコピーを済ませて、再びホテルに戻ってきた。製本が終わったのが会議当日朝方の四時である。一睡も出来ない状態ではあったが、なんとか資料を間に合わせることはできた。会議での最大のポイントは、収益計画と資本金の問題である。初期投資三千万＄（三十億円）、内資本金一千万＄（十二億円）で、アメリカホンダに三百万＄（三億円）の出資をお願いした。私は新会社にホンダを取り込むことを画策しての資本参加を考えていた。

一九九九年一月、ＹＳＣ．ＩＮＣ（ヤナガワオブサウスカロライナ・インク）が誕生した。

州政府の外資担当リンゼー氏が、工場進出候補地を数ヶ所案内してくれた。ホンダとの打ち合わせや会社設立準備の最中、数ある候補地の中から、州都コロンビアにもほど近い、昔、軍の要塞があったという小都市サムターと南部の田舎町、人口三千人ほどのマニングの二ヶ所に絞られていた。決定要因を二十項目ほど出して彼我比較、最終的には小さな田舎町マニングに決定した。早速仮事務所を探したが、なにせ何もない町、事務所に向きそうな物件などあろうはずがない。仕方なく、高速道路に面した農家の納屋を借りることにした。高速道路を走る車を見る以外周りには一軒の家も見当たらない畑の中、納屋の一角に三坪ほどの粗末な事務所らしきスペースがあり、そこに電話があったことが決め手となった。ＹＳＣは「ウサギ小屋」から始まったという、わが社の伝説のなれ初めである。しかし良くしたものである。誰から聞くともなしに、この「ウサギ小屋」に人が集まってくるから不思議。面接をはじめ設備移管の打ち合わせ、工場建設の検討などすべてこの納屋で進めていった。黒人の多いこの地域では、たまに来る白人の方が少数派のようであった。そんな南部の町で意外なことを発見というか出くわして「何故だろうか」と首をひねった。やたらと日本人女性が目につく、それも既婚者が多い。おそらくこんな辺ぴな片田舎へ日本企業が進出してくるなぞ想像もしていない人々の間で情報が飛び交ったのだろう。こんな「うさぎ小屋」に沢山の人が往来して来た。

それから間もなく、ここクラレンドン郡の工業団地インダストリアル・パークのど真ん中の敷地に工場建設の槌音が響き始める。

二度目のアメリカ駐在

ひと通りの準備が整ったところで、私は初代のYSC社長古市常務に仕事を委ね、日本での業務に専念することにした。新会社YSCは、工場を建設して立上げのヤマは越えたが、三年を経過してもなかなか経営が軌道にのってこない。生産はなんとか出来るようにはなってきたが、無駄な費用がかさみ赤字の経営から抜け出せない状況が続いていた。四年目にはホンダ出身の亦野本社取締役が二代目社長に就任。HAM平島社長との交友もあり、営業センス抜群の新社長に経営改善の旗振りを期待したが、思うようにはいかなかった。日本にいる私のところへ毎日のように電話が入ってきたが、電話は決まって、「春さん、困った、困った」である。いろんな相談に乗りながら、瞬く間に次の三年が過ぎてしまった。

私は定年をまじかに控えた五十九歳になり、そろそろ現役引退を考え始めていた時、突然本社社長から電話が入ってきた。二十年ほど前、私を指名して初めてアメリカに送り出したあの社長である。「春成君、YSCが計画通り行っていないようだけど、どうする」「はい、思い通りいきませんで申し訳ありません」と平謝り。「ところでYSCは君が作ったんだよね」「はい、そうです」、「それじゃー責任を取ってくれないか」社長からのいきなりの責任論に戸惑ってしまった。「そこでだ、君にYSCを立て直してほしいんだが」と直接の人事通達である。「三年間で黒字にしてくれないか」、口調は柔らかいが押しの利いた話しぶりに、「はい、わかりました」私にはそう答えるしか言葉が見つからなかった。六十歳を目前にして、まさか自分が再び海外へ行くことはないだろうとたかをくくっていただけにショックは隠せなかった。しかしすぐに思い直すことにした。日頃から〝YSCを何とかしなければ〟とやきもきしていたことと、〝これが最後のご奉公かも〟との思いが交錯して、二度目のアメリカ駐在を決意した。

二〇〇五年五月、成田からアトランタへ、それからローカル線でコロンビア空港まで、乗り継ぎ時間を入れると十五時間を超える。熊本の自宅からの所要時間では丸一日がかりの長旅である。会社設立の準備で度々訪れていたのでロケーションや地域の風情は知り尽くしていたので驚かされることは何もなく、久しぶりに見る綿花畑の景色に懐かしみを感じながらの赴任初日であった。一週間ほど前任社長との引継ぎがあったのでホテル住まいを余儀なくされた。引継ぎも完了し、いよいよ社長宅を明け渡すという。十五万ドルで購入したという一戸建ての住まいは、なんとゴルフ場やテニスコートもあるプランテーションの中にあった。敷地は高い鉄製の柵で囲われ、頑丈な門扉の付いた四ヶ所の出入り口は暗証番号とセンサーで開閉する仕組みで、部外者の進入を防御している。敷地内には何軒の家があるのか正確な軒数はわからないが二、三百軒はありそうだ。中には、目を見張るような大豪邸も散在していて、住民はすべて白人である。黒人は一人も住んでいなかった。遠いアジアから来た日本人が拒絶されなかったのは、日米同盟のお陰なのか、それとも白人に準ずる地位を戦後の永い歴史のなかで築いてきた賜物なのかと思ってしまう。いずれにしても、ゴルフ場の中に家があるというより、敷地の中にゴルフ場を造っているという快適な環境には変わりはない。この家の裏手は湖と湖を繋ぐ、川幅十mほどのキャナル（運河）があり、どの家にもボートハウスと大小さまざまなモーターボートが横づけされている。ここからボートで湖伝いに二時間ほどで大西洋までいけるという。川には大きな魚影、家の周りの茂みには絵本に出てくるような野ウサギが住んでいて、水辺には大型のサギから小さなハチドリまで色とりどりの鳥が姿を見せる。対岸で甲羅干しをしているアリゲーターには驚いてしまう。部屋はスリーベッドルーム、ダイニング、キッチン、リビングが二間でトイレに至るまで厚い絨毯が敷き詰められている。重厚な調度品も揃っていて、「ここは天国だ」と思ってしまうほどの生活様式が私を待っていた。そんな優雅な環境の一方で、工場の中は「地獄」の様相を呈していた。これこそ本当の「天国と地獄」である。いやな予感とともに、頭の中で暗雲が立ちこめてくる。

赴任早々から、徹夜が続いた。鉄板のコイル材からバギー車のホイールを作るラインがある。一定の長さに切断された鋼材をカーリングし、円筒形の形状を作り出すために両端を溶接するフラッシュバッドという工程があるが、これの品質が安定せずにラインの混乱を招いていた。昼夜二十四時間体制を組みながら、やっと一日の生産をクリアーするという綱渡りの状態である。会社設立と同時に敷いたラインは上手くいかず、このラインは三億円をかけて設備更新した新ラインである。上手くいって当たり前なのに、それがトラブルの連続。夜中までの生産状況を確認して、いったん自宅に帰るが、一眠りして早朝四時には再び会社に戻り、その日の納入数のチェックをするという生活が三ヶ月余り続いた。もちろん他の日本人駐在員六名も似たり寄ったりの厳しい日々を送っていた。

日本で赴任直前まで続いていた「量産地獄」の延長戦のような日々は、四ヶ月目を迎える頃、やっと安定してきた。私は文系で技術的なことはあまり分からなかったが、この頃になると一端の技術屋もどきの話が出来るほどにのめり込んでいた。やはり環境が人を変えるようである。生産がやっと落ち着き始めると、今度は出資先で親会社のHAMから「赤字経営の建て直しについての改善策をどうするのか」と矢の催促である。毎月一度、月次報告と称してオハイオ州での会議に行くわけであるが、これが大変なエネルギーを費やす資料作りと片道千キロの行程が待っている。忙しい中での時間のやりくりには参ってしまう。ローカル空港のコマーシャルラインは時間がかかり、航空運賃も馬鹿高い。時間の余裕がない時などは仕方なく、小型セスナのチャーター機での往復になるが、その日のうちに帰社できるメリットは貴重でよく利用したが、黒字の会社ならともかく、赤字のYSCにとっての二千五百ドルのチャーター料はさすがに負担が大きい。「おい、他に安く行ける方法はないのか」と尋ねるが妙案は浮かんでこない。すると工場長のマーク・ファウラーが「ハルさん、車で行けばいいよ」とアドバイス。彼は、元ホンダの品質課長を経験、今は家族をオハイオに残し、ここサウスカロライナに単身赴任している。毎週末になると家族の待つオハイオ州コロンバスまで帰っている。私はマークに尋ねてみた。「オハイオまでどれくらいかかるの」、片道千キロを越える距離である。「そう、ゆっくり走っても十二時間くらいでは行けますよ」。それを聞いた私は即座に車での移動を心に決めた。

オハイオでの午後の会議に出席するため、サウスカロライナの自宅を夜半過ぎに出発。州都コロンビアを過ぎ、ルート七十七号線を直進ノースカロライナのシャーロットを目指す。ここはシカゴからの乗換えでよく利用する空港がある。ダウンタウンの西側高速道路をさらに北へ向かう。やがて、なだらかな坂道にかかるところからアパラチア山脈の尾根伝いに数時間走ると、バージニアの州都チャールストンの黄金に輝くモスクの寺院の屋根が見えてくる。いかにもアメリカらしい複雑に交錯したダウンタウンの高速道路を左に進むと、間もなくウエストバージニア。川沿いに、片側一車線の田舎道をしばらく走ると朝日に映えるオハイオ川にかかる大きな橋にぶつかる。橋の中ほどに「ウエルカム、オハイオ」の看板が頭上に見える。「やっとオハイオだ」二十年ほど前に建てたYSKの工場を横目に州都コロンバスまで残り二時間のところまで来たことになる。最初の車での移動は、十時間半ほどで目的地に着いた。午後一時からの会議が三時に終わると、急ぎ帰路につく。ほとんど休憩せずに夜道を突っ走り、夜中の一時には自宅へ戻ることが出来た。翌朝はいつも通りの出勤となり、大変だけれどコストのかからない効率的な時間の使い方に我ながら満足感がよぎるのである。駐在期間中、二十数回往復したが大抵は一人旅が多かった。時速百三十キロですっ飛ばす山道夜道で何度も事故を起こしそうになったが運よく、雨の日も、霧の日も、またひどい雪の日も事故なく走れたのはラッキーであったのかもしれない。(ついでだが、最短時間は八時間半である。別に時間を競ったわけではありませんが……)アメリカでの車の旅ほど退屈なものはない。何時間も同じ景色の中を走る。途中に土産物屋も気の利いたレストランもない。カルテックスやシェルのガソリンスタンドの高い看板とマクドナルドとサブウエイの店くらいである。それにすると日本の「道の駅」や高速のサービスステーションのすばらしさは群を抜いている。(日本が世界で一番だ!)

百名でスタートしたYSCは、三代目の私の時には、従業員数が二百五十から三百名近くに増えていた。工場は、ダイカストから機械加工、組立までの工程を有し、エンジンとディファレンシャルのアルミ部品とスチールのホイールを生産している。アソシエイトの七割は黒人だが、事務所には意外と日本人女性が五人ほどいた。近在の軍施設に働く米国軍人と日本で出会い、結婚してここに在住しているケースが多いようだ。アメリカ人男性の通説には、「日本人女性と結婚し、中華料理を食べ、アメリカの家に住む」のが最高という。私の秘書の「妙子さん」は、京都の出身で明るくてきぱきと仕事をこなしてくれていたが、ご主人は、米国人弁護士で一人娘をもうけ、幸せな家庭を築いていた。通訳を兼ねての彼女達の存在なくしてはＹＳＣは成り立たないほどの貴重な戦力になっていた。

最初に「うさぎ小屋」に面接に来たのも日本人で、名前を「奈々子」という三十代の女性。

彼女は、地元の黒人男性と結婚し、黒人だけの貧疎な地域でトレーラハウスに住んでいたが、彼女の主人は紐のような存在で、あまり働かず、もっぱら彼女の収入に頼っていたようである。私の赴任直前に、社内でセクハラの問題が表面化し、その対象が彼女であることを知らされた。駐在している日本人管理者の一人が、黒人集落に住む彼女の境遇を哀れんで、援助の手をさし伸べようとしたことが発端となった。彼は、そんな彼女を不憫に思ったのだろう。長い文面の手紙を書いて「もし貴女が今の生活から抜け出したいなら、私が力になります」としたためた。そこへ、直属の日本人上司がもう一人、本気とも冗談とも取れる暴言を吐いて、「俺と幾らで付き合ってくれる。百ドルか二百ドルか」と迫ったようである。彼女は、私が「ウサギ小屋」で採用した最初の従業員である。その彼女から、日本にいる私のところへ直接国際電話がかかってきて、事態の深刻さを知った。「奈々子」を巡っての三角関係が勃発していたのだ。更に面倒なことに、彼女の夫が会社に怒鳴り込んできたらしい。私はこの緊急事態に対処するために、急ぎアメリカへ飛ぶことになった。会社のトップである二人が、事もあろうか、まさかの不始末を起こしてしまっていた。会社に着くとすぐ、手紙を書いた一人に問いただすと、それは親切の押し売りというか「何とかしてあげたい」という気持が過度になり、手紙やら言葉での余計なお節介になったようである。色事にまで発展していなかったことは会社にとっても本人にとっても幸いであった。しかし、もう一人の暴言は許せなかった。「冗談だった」と言い訳をしたが、即座に出社停止と帰国を命じた。家族同行の赴任だったので、奥さんは相当のショックであったろうと想像できる。裁判になることも予見したが、私が詫びを入れて、何とか話し合いで解決することができたが、日本人によくあるお節介も、ここまでくると親切心を越えて、迷惑な話である。自分の価値観だけでの押し売りは、これこそ「小さな親切、大きなお世話」になってしまう。私に社長の役が回ってきたのも、案外この一件が影響したのかもしれない。いづれにしても、事が大きくならなくて済んだことが何よりであった。（この手の裁判は金と時間がかかるのだ……。）

海外でのうれしい出会い

赴任して一年がまたたく間に過ぎていった。この年、わずかではあるが黒字に転換することができた。年に二回、融資をお願いしているシカゴの「三菱銀行」と「みずほ銀行」に決算の報告を行うことになっている。親しみやすかった、みずほ銀行に対し、三菱銀行はやたら敷居が高く、いつも気苦労が多かった。しかし今回は黒字にもなったことで多少は気が楽な状態で新任の鈴木支店長に会うことができた。決算報告も済み雑談になり、「支店長はどちらのご出身ですか」と尋ねると、「はい、熊本です」「こんな処で熊本の人に会うなんて奇遇ですね」、どうも彼は熊高、東大、三菱銀行と絵に描いたようなエリートコースを歩いている人物のようだ。初対面の堅苦しい雰囲気はそれで一変、下通りや上通り、新市街の飲み屋街の話になると、仕事のことはそっちのけでの思い出話に興じてしまった。「春成さん、今日はシカゴにお泊りでしょう。和食の美味しい店がありますから、後ほどご案内します」と、ディナーのお誘いを受けた。本来なら、こちらが接待しなければならないのに、同郷のよしみだけで、こうも上手くいくものかと熊本の力に恐れ入ってしまった。案内された店には、シカゴ遠征に来たときには必ず寄ってくれるＭＬＢの野球選手がいるという。それは、ヤンキースの松井秀樹であった。

松井選手にも会ってみたかった。その夜はだめだったが日本人店主との料理談義に花を咲かせて楽しいひと時を過ごした。海外での、こうした思いがけない出逢いにはいつも興味をそそられる。仕事も落ち着いてきたところへ、突然日本語の女性から自宅に電話が入った。

「私、玉名高校の同級生で旧姓荒木克子と申します。突然の電話で驚かれたでしょう」「実は、日本に一時帰国した際、高嵜さんからあなたの事を教えてもらったんです」と事情を説明してくれた。同級生の高嵜玉名市長を表敬訪問して私の所在を知ったらしい。

彼女は、同じ日本人と結婚しノースカロライナのグリーンズボロウに住んでいるという。同じクラスではなかったので面識はなかったが、こんな処で玉名高校の同級生に会うなどめったにないこと。是非会いたいということで、四時間かけて自宅を訪問した。

ご主人はリッチモンドにジャパニーズレストランを経営するオーナーシェフで、その夜はそこでの夕食となった。広い店内はアメリカ人でごったがえし、繁盛している様子である。どこでもそうだが、海外で成功している人に会うとホッとする。二人ともグリーンカードを取得しているらしく永住するのだろうか。聞いてみると、「老後は日本に帰りたい」と言いながらも、〝本心は永く住んでいるアメリカの方がせちがらい日本よりもいいと思っているだろう〟などと私は勝手に想像している。

もう一人、玉高の同窓生がいた。ジョージア州アトランタに二十年も住んでいるという後輩の二宮君。アメリカ人女性と結婚し、日本の商社「日新」のアトランタ支店長。YSCの立上げ時、日本から移管する設備の輸送と据付を担当、当初頻繁に会社に出入りをしていて顔見知りではあったが親しく話すことはなかった。ある日、会社のカフェテリアでたまたま一緒になった。「二宮さんはどこの出身」と聞くと「熊本ですよ」、「熊本のどこ」、「玉名郡の長洲です」、「そう、じゃーひょっとしたら玉名高校」「はい、そうです」なんだなんだ、半年以上もたって、やっと後輩であることが判明した。それから先は「二宮さん」から「おい、二宮」となるのだから、先輩後輩とは恐ろしいものである。そこから、ずいぶん親しい付き合いとなった。出張のたび利用していたデルタ便でアトランタに着くと必ず彼が迎えてくれて、その夜は彼の行きつけの居酒屋で一杯やるのが楽しみとなった。アトランタブレーブスの野球チケットやマスターズのゴルフ入場券の手配などを後輩として惜しみなくやってくれた。（いろいろご無理を言いました。感謝しています）

こんな場所でこんなに多くの日本人と会えるなど想像もしていなかったが、仕事が安定してくると駐在の楽しみも増えてきた。私の家の周りはゴルフ場。毎週ゴルフをやって、その後は日本食材の買出しか近在の行楽地巡りをする。お気に入りは、大型ヨットが停泊するハーバータウン、軍港で歴史のある町並みチャールストン、それと五十キロ以上も砂浜が続く観光地マートルビーチ。ここは全米一のゴルフのメッカである。車で三十分走ると百のゴルフ場に出くわすという、ゴルフ好きが聞いたら涎がでそうなゴルフ場銀座。ブランド品を揃えた大型のショッピングセンターも多く、時間つぶしには最適の場所である。その中でも私はチャールストンが大好きである。チャールストンは、言うまでもなくサウスカロライナ州で最も旧い港湾の街、南北戦争の時代には南軍の本拠地があった場所で、一八六五年の「奴隷解放宣言」までは、ここで奴隷の売買をしていた「奴隷市場」の跡が観光名所として現存している。西のアシュレイ川と東のクーパー川に挟まれた半島の先が旧市街地の歴史地区になっていて、南北に走るキングストリートには洒落たレストランや魅力的な土産物屋が目を引く。その小さなエリアには、有名な政治家や映画俳優などが住む美しく魅力的な旧い豪邸が建ち並んでいる。「美しく魅力的」という定義が何なのかにもよるが、十七〜十八世紀の建物が街のいたるところに見られ、今も日常的に使われているという点と、その上質な日常生活の匂いが現代と調和し、個性的な趣を作り出しているという点で、他のどの街より魅力的と言えるのだろう。ナイヤガラやグランドキャニオン、カナディアンロッキーなど自然の見事さには到底及ばないが、ひとつの街としての佇まいと歴史の空間は他の追随を許さないのが、ここチャールストンである。わが家からは一時間ほどの距離、毎週のように出かけたものである。そして、アッという間に三年の歳月が流れていった。

社長業は大変だ！

赴任当初のＹＳＣは、毎日の生産に終われ、お世辞にもきれいな工場と言える代物ではなかった。社長として私がやったことは二つ。「掃除」と「スピーチ」である。工場の床面は機械の油にまみれ、トイレにはペーパーが散乱しているが、誰もそれを拭こうともしないし、ゴミを拾おうともしない。作業者に「床が汚れているのに何故拭かないの」と聞いてみると、「俺の仕事じゃないよ」と反発する。私は、ウエスの束を持ってきて、油の漏れている床面に這いつくばった。暫くすると、見かねたその部署のアメリカ人管理者が、仕方なく手伝うようになってきた。日々こんなことを繰り返していると、少しずつ工場をきれいにするという意識がアソシエイトの間で芽生えていった。「おい、今度の社長は床やトイレの掃除をするみたいだぞ」、私は作戦を立ててやった訳ではないが、ふんぞり返っている社長のイメージしか知らないアメリカ人の間でアッという間に噂が広まった。威張っている社長を連想する彼らには奇異に写ってしまったようである。ここでは月の初めに朝と夜二回の全体ミーティングが行われている。たとえ四、五分とは言え、英語の苦手な日本人にとってのスピーチは大変な苦労を伴う。前任の社長はほとんどやらなかったらしいが、私は自分の考えと目標を下手な英語ではあるが直接伝えたかった。その中で、３Ｓ（整理・整頓・清掃）の大切さを何度も、繰り返し説いたが、それは、自分の住むところをきれいにするという当たり前のことで、母から教わった私の信条でもあった。その効果なのか、徐々にではあるが、工場内が見違えるように整理されていった。

二〇〇五年からの二度目のアメリカ駐在は、苦難続きではあったが、懸案であった黒字経営を達成し、何とか役割を果たすことが出来た。しかし、生産量は当初の計画通りにはいかず、逆に廉価な中国製バギーが市場に参入し、将来の拡大にも暗雲が影を落とし始めていた。そして、会社設立から十年目の二〇〇八年六月十三日、三年の任期を終え日本への帰任が決定した。（六十三歳が間近に迫っていた）

思うに、やはり社長業は大変である。会社における全ての事柄に責任を負うわけで、生半可な了見ではとても職務を全うすることはできない。生まれながらにして社長の立場にある人ならともかく、そんな環境に育っていない私ごときがサラリーマン社長になった苦労は並大抵のことではない。しかし若い頃に抱いた「アメリカで社長をやってみたい」という夢が、こうして実現したことを考えれば、私は案外運が良かったのだろう。

管理職と事務所の全員が集まって「退任昼食パーティ」を開いてくれた。退社記念には、在任中の写真入りアルバムと私の大好きなゴルフ用品で、名前と在任期間を彫り込んだアンティークな木製のパターをいただいた。今、十年前に新築した植木の家の玄関に飾っている。

私の四十年にも及ぶ仕事人生は、これで幕を閉じることになる。世界中を飛び回っている間、身体のことは一切忘れてしまっていた。人間、一生に一度や二度は生命に関わる大病や事故に遭遇するのは、当たり前のことだろう。誰しも避けることはできない。

私は十八歳の高校生でそれを味わってしまったが、それ以来多少の自暴自棄の歳月を過ごした以外、病気知らずで今日を迎えられていることは、なによりも感慨深いものである。

あの時の絶望感を力に変えた私の片肺飛行の仕事人生は、概ねうまくいったようである。

どのような苦境にあっても、前を向いて頑張れば、「何とかなるケン」は、私の人生の拠り所であり、そして生活の指針であった。

「春も夏も物思う間に過ぎ去ってしまう。憂いを残す秋は、静かに凍てつく冬を待つ。そしてまた春が必ずやって来る……」

またたく間に歳月が流れ、通り過ぎていった。
振り返ると、次から次に場面がうつろう。
まるで夢の彼方を見ているようにさえ思えてくる。
「人生とは何だろう」、
暇だから、少し考えてみるか……。

第四章　人生とは何だろう

シルバー事業に携わる

再就職

平成二十年七月、九州柳河精機（株）取締役を退任し、顧問に就任した。後輩の指導、相談にのる仕事にあたったが、折からの不況のあおりで年明け早々に区切りをつけ現役を退いた。退職の五年ほど前、家人と長男のたっての希望で植木に二世帯住宅を新築。四十年も住んだ旧家は手放すつもりであったが、孫二人（娘の子供、礼雄と風雅）がまだ学生で、この家から通学していたので処分せず、私が家守をかねてここに住むことにした。長男は間もなく仕事の都合で海外駐在になり、六年間家を空けることになった。生まれたばかりの双子をかかえる留守家族の手伝いと屋敷内で家庭菜園をやりたかった家人は新築の家に移り住むことになった。「生活費さえいただければいいですよ」とすっかり気に入った様子。「オヤジ元気で留守がいい」を何の支障もなく実現させた。かく言う私も、料理がまったく苦にならない方で、独身に返ったような一人暮らしを満喫することになる。

あの大病以来、健康を取り戻した私の病院嫌いは徹底していた。在職中も健康診断は、簡単な体重測定や視力検査、血圧測定くらいで、なるべく理由をつけ避けて通った。成人病や癌検診などもこの歳になるまで一度も受けたことがない。たまたま独り暮らしをする事態になってしまったが、これも健康でなければとても出来るものではない。生活の有様は「自然のままがいい」と日頃から思っていたので、早期発見、早期治療などと分かったようにいう輩の、そんな言葉など「アホぬかせ」である。ましてや、ベッドに横たわり治る見込みのうすい老いた患者に、点滴やら注射、てんこ盛りの薬などまったく無用である。人間は自然のまま死期を迎え、一生を終えるならそれが一番いいと信じている。多少若かろうが、それを神のおぼしめしと考えれば本人も周りの人も決して奈落の底に落とされることもあるまい。これは一度死線を越えた私の身勝手な生き方であって、大方の賛同を得られるとは思っていないが、それでも延命措置という名の治療などは、当の本人にとっては地獄の苦しみ以外の何ものでもないと考えている。願わくは、「医者の、医者による、医者のための医療」ではなく、「医は仁術なり」の昔を思い出して患者の健康寿命を維持し、延ばすものであってほしい。ゆめゆめ「死に体」を長引かすがごときはやめて欲しいものである。しかし今の世の中、私が思うほど簡単なものではないらしい。遺産や年金やその他諸々の事情が優先し、私の生き方などはどこかへ葬りさられそうである。その結果なのか、高齢化社会に入り、日本人の平均寿命は一段と延びてきているのが今日の姿である。

平成二十一年一月に退職した私は、「悠々自適」とまではいかずとも、なんとか生活をしていくだけの準備は整っていたので、再就職のことはあまり考えていなかった。そんな折、労働局のOBで旧知の間柄であった先輩田尻省三氏から労働省が提唱する高齢者対策事業の一環としての新規事業「シニア就業支援プログラム事業（SSP事業）」なるものの紹介があった。民主党の某大臣が目の仇の如く叫んだ「天下りまかりならん」の遠吠えで、この事業には民間人の登用が最優先となっていたようである。推薦していた候補者の一人を、その事業の責任者に据える段取りであったが、事業開始の直前になり、本人から辞退の申し入れが届いた。「春成さん、なんとかしてよ」と田尻さんは大いに困った様子である。事業の開始までには、ひと月の猶予しかなかったので新たな人選も難しく、仕方なく「それじゃー私でもいいですか」の一言で、その役回りが決定してしまった。
同年四月、思いがけず「公益社団法人熊本県シルバー人材センター連合会」に再就職することになった。そして、ここからさらに三年間「少子高齢化時代」のニーズに沿ったシルバー事業に携わることになる。

私の最後の仕事となった「熊本県シルバー人材センター連合会」は、「高年齢者等の雇用の安定等に関する法律」に基づき設立された公益法人で、熊本県内のシルバー人材センターを取りまとめる機関である。その主な仕事の内容は、シルバー人材センター事業の普及や五十五歳以上の雇用を希望する高年齢者を対象とした「シニアワークプログラム地域事業」を展開し、雇用及び地域社会参加等への支援を行っている。県下各市町村に設置してあるシルバー人材センターは、高年齢者にふさわしい地域社会に密着した臨時的かつ短期的、又はその他の軽易な仕事並びにシルバー派遣事業を一般家庭、企業、公共団体等から請負または、委任により引き受け、それぞれに合った仕事を会員に提供することにより生甲斐の充実、福祉の増進をはかり活力ある地域社会づくりに貢献できることを目指す仕組みになっている。わかりやすく言うと、「高齢者のためのハローワーク」のようなものである。

熊本県下のシルバー人材センターの総会員数は約一万人、年間売上は四十四億円というから、地域に根付いた小規模事業群として、そこに登録している会員の生活と生甲斐を下支えしている。特に働く場所の少ない過疎地においては、その役割りは大きい。小さく見れば、我が故郷の助け合い事業程度に思われがちだが、全国に広がるこの事業を大きく捉えると高齢化社会の日本を支える世界の範たる、日本人が創造した、いかにも日本人的大事業ではないかと思ってしまう。さらにそれぞれのセンターでのアイディアと行動力には目を見張るものがある。中でも、南関町シルバーの「農産物販売所」、八代市シルバーの「ワンコインサービス」、水俣市の「温室花栽培」などはその代表例ではなかろうか。それは仕事のない高齢者に働く場所を提供し報酬を配分するというだけではなく、何よりも「家に引きこもりがちの老人たちを社会の表舞台に引っ張り出した」という点で、現代社会に大いに貢献しているのではないかと思う。労働省の発案する諸々の高齢化対策事業の中でも、このシルバー事業は「東の横綱」クラスではないだろうか。多くの外郭団体をつくり、利権の温床へと横滑りする高級官僚がウン千万円の退職金をもらっていた、ひと昔前の仕組みと、シルバー事業でささやかな生活資金を稼ぐ姿を対比してみると、そのギャップの大きさにうんざりしてしまうが、私の体験した、このシルバー事業は日本の高齢化社会の中で光り輝いている。半面、それを支え指導する地方労働局のOB達と高級官僚のそれとを同一視するがごときは甚だ迷惑な話である。私のような素人がいきなり労働行政の中に入っても、所詮無理なことであり、やはり経験豊富なOBの存在は欠かせない。しかし現実は、排除すべき悪用と同一に、活用すべきOB受け入れが、すべて「ノー」であるから呆れ果ててしまう。

おじいさんの定義

私が取り組んだ新規事業「シニア就業支援プログラム」は、五十五歳以上の高年齢者を対象とした求人開拓と就職斡旋、それにともなう生き方、働き方の啓蒙活動が主な目的で六人のメンバーで展開することになった。事業の内容を周知させるために二種類のパンフレットを作成、企業向けの求人開拓用と求職者向けである。県内全ての市町村に出かけて行ったが、それまで世界各国を飛び回っていた時とたいした差は感じられなかった。むしろ初めて訪れる地域の新鮮さは、外国訪問の延長線上にあるような気さえしてくるのだから不思議である。

子守歌で有名な限界集落「五木村」、久住連山の麓「産山」、阿蘇の奥座敷「南小国」、桜の名所市房ダムの「水上村」、隠れキリシタンの里、崎津天主堂の先「牛深」など、地名は知っていたが一度も行ったことのない所へも足を踏み入れた。まるで海外出張の続きのようであった。

三年間で県下の隅々まで行ったが、各地で元気のいい高齢者を見ていると「いったい幾つになったら〝おじいさん〟なんだろう」という素朴な疑問が湧いてきた。

私が即座に思い出したのは童謡「船頭さん」の歌詞の一節である。～村の渡しの船頭さんはことし六十のおじいさん年はとってもお船をこぐときは元気いっぱい艪がしなるソレギッチラギッチラギッチラコ……～これは昭和十六年の歌である。だから私がまだ幼かった頃は六十歳がおじいさんだった。しかし今、六十歳の人に「おじいさん」と言えば間違いなく失礼にあたる。かくいう私も古希を迎えているが他人から「おじいさん」と言われたらむかっ腹が立ってくる。平均寿命が延びたぶん、おじいさんの年齢も延びているのは確かである。

労働省が定める「高年齢者」は五十五歳であり、所謂「高齢者」といわれる対象は六十五歳からである。最近の統計によると、高齢化比率（総人口に占める高齢者の割合）は二十七％を超えており、さらに十年後には三十％に達するという。そうなれば三人に一人が「お爺さん、お婆さん」になってしまう。こうなると年金の安定受給などできようはずもない。支える側の人口が減り、支えられる側の人口が増えるいびつな状態になってしまう。ついこの間まで「神輿」を担ぐがごとく七～八人で一人の年金受給者を支えていたが、いつの間にか担ぐ側が四人になり、三人になり、近い将来には一対一の「肩車」状態になるという。そうなると打つ手は二つしかない。

以前、労働組合との団体交渉の席で、「定年延長」を強く要求してきた労働組合に「定年延長は老いてなお働く」という哀れな老後を予感させるもので、国が掲げた年金政策の破たんを予測して、企業側にその責任を転嫁させる以外の何ものでもないと主張したことがある。だから、ほどほどの年金をもらい安穏な老後を送れるならば、わざわざ老いて働くこともないだろうとやんわり定年延長を拒否したことを思い出す。しかしその後も「少子高齢化」の波はとどまらず、私が予測したように二つの施策、定年延長を前提とした「受給年齢の引上げ」と「年金の減額」が情け容赦なしに進められてきた。年金の受給年齢が段階的に遅らされる分、その穴埋めに企業の定年延長は法の強制力の下で実施され、受給額は目を覆うばかりに減少している。平均受給額が十四～五万円というから、それではとても安定した生活が送れるわけがない。平均寿命の八十歳まで生きるとして試算してみると、なんと三千万円の貯えが必要だそうだ。そんな大金を持っている人などいるはずもないと思いきや、約二十五％もいるというからこれもまた驚きである。しかし裏を返せば、七十五％の人は、それに満たないわけだから少しは安心してしまうが「悠々自適」の老後など、夢のまた夢である。中には預貯金「ゼロ」状態の高齢者もいることを思うと「下流老人」の心配をしないわけにはいかないのである。

P・P・Kを望む

「下流老人」とは貧困高齢者のことをいう。普通に暮らすことができず下流の生活を強いられる老人という意味で、日本社会の実情を伝える造語である。昔なら子供夫婦に扶助してもらうことが当たり前の社会構造であったが、今は核家族が多いうえ、頼りの子供は派遣切りやニート生活では老後の面倒を見てもらうことは不可能に近い。さらに高齢者にまつわるトラブルは、病気や事故だけではなく、熟年離婚や認知症など誰も予想していない中で突然襲いかかってくる。働けなくなった高齢者は、経済貧困だけではなく、孤立からくる人間関係の貧困までもがリンクしてくる。おぞましいばかりのスパイラル地獄となる。

こうして老後を悲観的に見てしまうと、「人生所遊楽」などとのんきなことを言っている場合ではないようではあるが、もっと気楽に考えればこの世の中それほど捨てたものではない。きれいな空気、水道から直接飲める水、スーパーにある超安い食料品など贅沢をいわなければ、一日五百円のワンコインでの生活も不可能ではない。人間らしいとはどんな生き方なのか、日本人が戦後経験した超極貧の時代を思えば、「何のこれしき」と思えるのも決して強がりばかりではない。それを裏付ける最大の課題は「健康」ではなかろうか。老後に於いても「健康」でありさえすれば「何とかなる」のだ。「現金はないが元気はある」が最高だと思う。私が携わったシルバー事業は日本が抱える、こうした問題に真正面から立ち向かう元気な高齢者の姿を思い浮かばせてくれる。年金から控除される高額の介護保険料を考えれば、心身ともに健康を維持するシルバー事業に国の予算を先行投資するほうがより有効な手段ではないかと思う。「老人大国日本」を照らすこの灯をさらに輝かせ続けてほしいと願っている。そして最後は、「P・P・K」がいい、ピンピンコロリである。若いときに二年もの間ベッドに寝ていた私は、老後はベッドにしがみつかず、できれば元気のままコロリと逝きたいものである。平成二十四年三月末、三年間務めた「熊本県シルバー人材センター連合会」を退職した。既に六十六歳となり高齢者の仲間入りをしていた。ここから仕事のない「オールサンディ・クラブ」へと進むことになる。さぁーこれからどうやって毎日を送って行こうか、悩みは尽きない。

企業スポーツに思う

良縁

私が初めてのアメリカ・オハイオにいた頃、アフリカ行きを思い立った表向きの理由は、わが社陸上部の強化にあった。並みいる強豪チームに、少しでも追いつき、ゆくゆくは元日の全日本実業団駅伝に出場させたいとの想いを抱いていた時でもあった。

一九九〇年前後、県内の企業スポーツは全盛期を迎えて九州産交、ニコニコドー、本田技研熊本、九州NEC等々、全国でもトップレベルの実業団チームが目白押しであった。中でも一九八五年熊日三十キロロードで日本新記録を打ち立てた九州産交の西本一也、オリンピック一万mに出場し、死力を尽くして倒れこむニコニコドー松野明美など、その姿は深く心に刻み込まれている。

私の高校時代からの親友、井上信明は昭和三十八年夏の甲子園熊本大会で水俣工業を相手に「完全試合」を達成、未だにその記録は輝いている。立命館に進学、関西六大学では三十四勝をあげ、全日本大学野球で準優勝の実績をひっさげて九州産交に入社。エースとして活躍し九州産交を都市対抗野球の常連にまで押し上げた。しかし、そんな実績にもかかわらず現役引退後、監督を務めたあたりから会社の業績悪化とともに冬の時代を迎え始める。ニコニコドーに続き九州産交もあらゆる分野のスポーツが廃部に追い込まれていった。結果、そこに集った才能ある若者たちは一人残らず、その舞台から引きずり降ろされてしまった。

企業の存在目的は、唯一「利益の追求」にある。その後にくるのが「社会貢献」であり、その順序が変わることはない。利益の確保ができた企業だけが企業スポーツの存在と生き残りを許される。赤字を出して、スポーツ活動に精を出すなどは言語道断、決して長続きするものではない。これが現実である。しかし本当にそうなんだろうか……。

学生生活では、勉強ばかりが教育ではないという意見に異論を挟む人はいない。学生の本分が学業にあるのは間違いないが、心身を鍛錬するスポーツと精神的情緒を育む文化活動は、それと切り離せない存在価値を有していることに疑う余地はない。しかるに、企業において、その論理を引っ張り出してみても所詮、「お金の有無」で否定されてしまうのは避けられず誠に忍び難いものがある。私が関わった社内スポーツは、主としてバレーボールと陸上、剣道などであった。他にも両翼九十m、立派なバックネット付きの軟式野球場やバンカーにグリーンつきゴルフ練習場などもあったが、どれもこれも同好会に所属する従業員の手で管理運営されていた。

会社創業から十年経った昭和六十一年、第二次オイルショックのあおりを受けてわが社は不況の真っただ中にいた。従業員の間に漂う暗いムードを何とか一掃しなければ、明るい将来など望めるはずもないと模索する日々が続いていた。そして我々はその役割を企業スポーツに求めたのである。わが社のスポーツ活動は学校におけるクラブ活動と同じ感覚であった。最初に取り組んだ実業団スポーツは、九人制の男子バレーボール。地域や職場対抗の試合になると高校時代に経験した好きな者が勝手に集まってくる。日頃の練習は特別な時間の配慮もなく、通常の仕事が終わり次第に近隣の体育館に集合し、夜の十時くらいまでボールを追いかけまわす。むろん夜食も自分持ちだから会社が負担するものは何もない。残業をして駆けつける日もあるが、誰一人として不満や愚痴をこぼす者はいない。自分達の置かれている立場と会社の実情を十分理解したうえでの好きなスポーツ活動であったからなのだろう。試合当日は、会場まで各自の車で集合し、昼は手弁当で試合に臨んだ。多いときは部員数が二十五名もいて、勝っても負けても楽しい時間を過ごしていた。実業団熊本県バレーボール協会は、とうの昔に消滅したが、それから四十年経った今でも、年に二回の飲み会を開いて、当時を懐かしんでいる。私を除いて全員が独身の集団であったが、今や平均年齢が五十歳を超えている。この関係こそは、スポーツが取り持つ「良縁」と言えるのではないだろうか。

男のロマン

一方、当社の陸上部もまた第二次オイルショックの不況の中で発足した。それは従業員のやる気を鼓舞する一つの経営戦略でもあり、その原点は村や関連企業内の駅伝大会であった。昭和五十九年に創部準備を始めた頃、あの名門・リッカーが経営危機で廃部に追い込まれていた。中学の二年後輩金子徳郎は、専大玉名陸上部の監督をしていたがリッカーに送り込んだ生徒が廃部により帰熊するという。履歴書を持参して私のところを訪ねてきた。「先輩、何とかこいつを採用してもらえませんか」わが社陸上部の一粒種・鶴邦広がまだ二十歳であった。総務課長であった私は、余剰人員を抱える不況の中ではあったが「「社内の活性化と会社への帰属意識を高めよう」との思いから彼を採用し、新たな陸上部の発足を提案した。

チームが強化されると、周囲の見る目にも変化が現れる。九州一周駅伝にも熊本県代表として多数の選手を送り込むまでになってきた。第三十五回延岡西日本マラソンでは若手のホープ中川文雄がおおかたの予想をくつがえして優勝の栄冠を手にした。そうなれば、それまでの素人監督ではすまなくなり、外部から自薦他薦の監督候補が名乗りをあげてきた。九州電工に在籍し、熊日三十キロで準優勝した菊池市出身松田英司、カネボーから高校時代西本一也と両雄と言われた矢部町の村山浩敏と豊野村の豊岡知博がチームに加わった。大牟田高校からカネボーへと、長距離エリートコースを進んだ豊岡の走りを水前寺陸上競技場のスタンドから初めて見た時の印象はすごかった。五千mを十三分台で走るその姿は、まるでトラックを滑っているかのようで、ケニアで見たあの高校生達の大地を駆け巡る美しい姿と同じように見えた。片肺を無くしていた私には羨望の眼差しとともに、何か神々しさまで感じるほどの衝撃であった。そんな彼らは一応に古武士のような風采を放している。自分の生き方に、恐ろしいばかりの信念と勇気を持っている。家族をも犠牲にしてしまうその熱い想いがどこから生まれてくるのか私にはわからないが、誰をも寄せつけない「男のロマン」を心に秘めているようであった。彼はわが社陸上部が廃部になった後退職し、新潟県の重川材木店の監督に招聘され、ついに元日の全日本実業団駅伝出場の夢を果たしている。

テレビのテロップで流れる彼の名前を見たとき、一つのスポーツにかける男の凄まじさを感ぜずにはおれなかった。「人生とは何だろう」、人それぞれの生き方があるだろうが、家族を置いて遠く見知らぬ地へ行ってまで自分の夢を追い続けるなど、凡人の私には、とうてい真似のできない人生の送り方である。「彼に後悔はなかったのだろうか」私はその激しい生き方に、ただ見守るしか方法は見つからなかった。

ある日突然電話がかかってきた。「春成さん、飯でもご馳走してくださいよ」と元気な声である。「わかった。鶴と村山の四人でそのうちやろう」と返事をしたまま、まだその約束は実現していない。

生まれ故郷の豊野村に帰って新しい道を探しているようだが、「決して自分の信念を曲げるような生き方をすることはないだろう……。」と。

悔いなき人生

九州産交の廃部で揺れた県内陸上界には衝撃が走った。

その年、九州NECに続き、まさかの本田技研熊本まで休部の方針を打ち出した。わが社の選手たちも少なからずショックを受けていた。「次は自分達の番では・・・・」と戦々恐々の有様である。「だが好きな人が好きなことをやるのだから、お金をかけなくともそれなりにやれるはず。部をつぶすことはない」という私の考えには何のわだかまりもなかった。それはバレーボール部で経験した手弁当の活動からくるもので、少しの揺るぎもなかった。選手には「現役生活は短いよ。第一線を退いたら、スーッと職場に戻ってきなさいよ」と言いながら、「強くなることを目指すのは当然だが、うちにプロはいらない。仕事と競技の両立が原則」とその理念を言い続けた。

九州産交最後の監督として、廃部からくる部員の再就職に奔走していた西本が、わが社を訪問してきた。応接室で産交を退職する二人の受け入れを承諾したが、聞いてみると部員のほぼ全員が退社の見込みらしい。

自分の人生を賭した場所が、不況という名のもとにもろくも崩れていく様は当の本人にとっては耐え難い苦痛であろうが、それは誰のせいにもできない自分が選んだ人生なのである。

ほとんどの部員が残ったわが社のスポーツ活動も、迫りくる時代の流れには逆らえず、新規採用を中断した頃からその活動は途絶えていく。二十年以上も続けてきた実業団スポーツも、いつの間にか衰退してしまった。

こんな難しい時代に、熊本県長距離界を引っ張っていた熊本県実業団連盟の理事長を仰せつかっていた私の最後の仕事が待っていた。「甲佐十マイルロード」が開催される甲佐町の社会福祉協議会の会議室で開催された会議で、この組織の解散を宣言しなければならなかった。華々しかった熊本県の長距離実業団チームがこれをもって終結したのである。最大の課題である九州一周駅伝や県の長距離記録会などの役割は全て熊本県陸上協会に一任することで決着がついたが、その後の県長距離界の実情は目を覆うばかりの惨状になってしまった。それも仕方のないことと諦めるしかない。

しかし、私にはゆるぎない自負がある。それはわが社のスポーツ活動に携わった多くの若者たちが、青春の一時期を自らの選択で好きなスポーツに身を捧げ、悔いなき人生を送ってくれただろうことと、現役引退後も会社に残り仕事に打ち込み、家族を支えている姿を見て、安堵の思いがこみあげてくる。「人生とは何だろうか」明確な答は出てこないかもしれないが、おそらく私が接した彼らスポーツマンにとっての過ぎ去った日々に人生の後悔はなかっただろうと信じている。

ゴルフとは何だ

ゴルフの思い出

私が生まれて初めてゴルフに接したのは、大阪に就職してからのことである。雇用対策協会の会員事業所にキャディ不足に頭を痛めていた、いくつかのゴルフ場が名を連ねていた。枚方公共職業安定所の中西職業紹介課長と穂積係長が大のゴルフ好きで、顔を見るたびゴルフに誘われていた。ゴルフクラブもシューズも持っていない安月給の私にそんな余裕はなかった。ところが、この二人がハーフセットの中古クラブと誰かのお下がりのゴルフシューズを用意してくれたことで、生駒山の山腹にある大阪パブリックゴルフ場で人生初のプレーを体験することになった。どこへ飛んでいくかわからない恐怖と闘いながらの冷や汗の一日であった。

その後、熊本で仕事がスタートした直後の一九七七年、本田宗一郎の来熊時、当社社長河口巳之吉とのゴルフが西原村の肥後カントリークラブで行われた。よく似た風貌の二人のゴルフの腕前は決して上手ではなかったが、最終十八番のロングホールのなだらかな下り斜面を談笑しながら歩いてくる姿は、緑の絨毯にまばゆいばかりの青空を背にした俵山の景色に吸収され一幅の絵になっていた。いつものように社長の運転手としてクラブハウスに待機しながら窓越しに見たその残像が今になっても薄れることはない。本田宗一郎はこのコースが気に入ったらしく、すぐにメンバーになったようである。数年後、私も念願かなってここのメンバーになり、それからもう三十年以上が経っている。

ゴルフが何故、これほどまでに人々を魅了させるのか、人それぞれであろうが私にも幾つか思い当たる節がある。肺活量が小学生並みの私にとって、ゆっくりしたペースのゴルフは、他のどんなスポーツより最適であった。片肺の私にとって急激な運動は、ヘモグロビンの供給が追いつかず、やがて頭が真っ白になり酸欠状態でパタリと倒れてしまうのである。過去に何度か経験したが、続かない息継ぎに死ぬかもと思わせるほどの一時的発作が起きる。だからこんな身体条件の私には、スローペースのゴルフはまぎれもなくピッタリのスポーツなのだ。更に、競争心旺盛な私の負けず嫌いの性格が向上心をあおり、ゴルフに熱中させてしまう。そんな理由からか、いつの間にかゴルフは良きにつけ悪しきにつけわたしの人生の縮図として、一喜一憂させられる大切なスポーツとなってしまった。これまで多くのゴルフ場でプレーしてきたが、特に海外でのプレーとそれにまつわる、いろいろな思い出がたくさん残っている。

〈アメリカ・オハイオ州〉

初めての海外生活の折、オハイオ州シンシナティで女子プロが開催されるコースを回った。その年、ＬＰＧＡのマツダクラシックで岡本綾子が優勝した。それまでのフェアウエーのイメージとは程遠い天然の絨毯を敷き詰めたようにフワフワで、広いフェアウエーには雑草の一本も見当たらない。アイアンを振るとぐさりとヘッドが地中にのめり込む。力のないスイングはことごとくダブりになってしまうが、きちんとしたフォームでスイングするときれいにターフが取れて「これぞゴルフ」と思わせてくれる。これが本当のツアーコースである。アメリカに来て初めて住んだアパートは州都コロンバス・ダブリンの郊外にあった。後で知ったのであるがその場所のすぐ隣には、あのジャック・ニクラウスの設計したミュアフィールドがあった。まだまだ開発途上で空地の多かった新興住宅地に住んだことがあるというだけの理由で、二〇一四年メモリアルトーナメントで松山秀樹が初優勝したときは、我が事のように歓びを感じたものである。

オハイオの冬は寒い。山のないツンドラ気候で零下二十五度から三十度にもなる。雪は上から降らず、横なぐりの風にあおられあまり積もることはない。雪と寒さで、冬場の駐在員の生活は極めて制限されてしまう。それでも休日になると、好きなゴルフがしたくて近在のゴルフ場へ出かけていく。行きつけのクラブハウスには常連のゲストが暖かい暖炉の傍でトランプをしながら時間をつぶしている。そこへ何のためらいもなく「今からプレーしたいんだけど、いいですか」と催促すると、ゴルフ場の親父は「おい、日本人はこんな雪の日でもゴルフをするのかい」と、いささか困惑気味に笑っている。「本当にやるのか、やるならプレー費はいらないよ」と気前がいい。おまけに、流行り始めたカラーボールを手に取り「雪の中でやるなら、これが見やすいだろう」と、これもサービスと言いながら数個を渡してくれた。池は分厚い氷に覆われ、池の上でのショットにも何の支障もない。強風にあおられたボールはガチガチのコースの上を滑るように転がり、夢の三百ヤード超えを果たす。グリーンに向かってアプローチショットを打つと、ゴムまりのように何倍も高く飛び跳ねる。それでも家の中でじっとしているよりはマシな雪上のゴルフであった。

〈アリゾナ州スコットディール〉

三年間のアメリカ駐在の最後、押之見社長、河口副社長、東海林ＶＰの三人が私の送別ゴルフを企画してくれた。二月の下旬、厳寒のオハイオから初夏の陽気のアリゾナへの三泊四日のゴルフ旅行である。前にも書いたように「捕り物劇」に遭遇した後、やっとの思いで目的地スコットディールに到着。そこはまさに、この世の「パラダイス」であった。砂漠の中に幾つものコースが点在する。三百六十度見える範囲全てが敷地内である。数百年は経っているサボテン群、灌木と岩がむき出しのラフというか荒地にはガラガラヘビ注意の看板。三日間、違うゴルフ場を回ったが、その中の一つ、「ザ・ポイント」はＰＧＡツアーのトーナメントが開催される名コース。プレーを終えて、ロッカーに引き上げてきたところで事件は起きた。ロッカーに用意されていたバスタオルを腰に巻いて、それぞれ個室のシャワールームに入った。すると誰かが「向こうにお風呂があるぞ」と言いながら、十数メートル先にジャグジーの風呂を発見。三人が小走りに近寄り、湯壺に〝ドボン〟無論スッポンポンの状態である。私は少し遅れてシャワー室から様子を見ていたが、どうもおかしい雰囲気である。すると反対側のロッカーに人影が見えた。女性だ。「早く戻れ。やばいぞ」と大声をあげて裸の三人に呼び戻しをかけた。何のことやら分らない三人はあまりの大声に、仕方なく前を押さえながら不格好な姿で戻ってきた。反対側の女性ロッカーから水着姿の女性が二人ジャグジーの風呂を目指してきた。間一髪、危うく「猥褻物陳列罪」で逮捕されるところであった。ヤレヤレの茶番劇ではあるが、それでも夢のような四日間の送別ゴルフ旅行であった。

〈中国のゴルフ事情〉

天津の合弁事業も少しずつではあるが安定してきた。一九九〇年当時の天津は、人口こそ一千万人もいる大都会であったが、どこを見ても華やかさはなく、むしろ戦後の日本を偲ばせるような、暗い感じのくすんだ街であった。車より自転車が多く、大通りを大縦列をつくり我が物顔で走っていた風情が懐かしく思えてくる。天津本田の白都総経理（通称白ちゃん）も、ご多分に漏れず大のゴルフ好き。出張のたびに一つしかない天津のゴルフ場にご同行を願っていた。水気のないガサガサの土質は、上質な芝の生育を拒んでいるかのごとくあちこちに土塊が剥き出しになっている。所々に白いものが見えるので、やる気のない若いキャディに「あれは何んだ」と尋ねると、「あれは塩ですよ」と説明、昔この辺は海だったらしく、埋め立てられた名残らしい。どうりで芝がうまく育たないはずだ。グリーンには砂がまかれ、とても繊細なパットができる状態ではない。日本のどんな粗末な河川敷のゴルフ場であっても、ここよりは数段上である。こんなレベルでも料金は一万円もとられ、大騒ぎしながらプレーするマナーの悪い韓国人と静かな日本人だけしかいない天津のゴルフ場である。

北の天津に比べ南の広州は、気候も温かくイデオロギーが異なる別国の様相である。街には人と活気が溢れ、主要な道路は間断なく車で渋滞する。夜には、「ここは中国か」と思わせるほどのネオンが目を奪う。初年度から順調にスタートした広州の合弁会社は、最初の決算で二千五百万元（約三億円）の利益を出した。そこで私は、頑張った安永総経理へのご褒美として香港にほど近い中山市のゴルフ場、蓮華山ゴルフ倶楽部の法人記名式会員権を四百万円で購入することを董事会で提案した。勿論、繁栄途上のこの市場で、会員権の価値が上がることも想定しての投機目的でもあった。

このゴルフ場はドイツ人プロゴルファー、ベルンハルト・ランガーの監修設計によるもので、いくつかの名物ホールを有していた。ショートコースの何番か忘れたが、池の中に浮かぶ島に向かって百三十ヤード、グリーンの先には、見たこともない大きな一枚岩がデンと座っている。横幅三十m、高さ二十mはありそうだ。その岩伝いに緩やかな傾斜が池のすぐ近くまで伸びている。フラットな場所はほんのわずか、なんとも厄介な設計で、何度も池ポチャを体験させられた。グリーン周りのラフは巻き毛のように絡み合った洋芝でボールをすっぽりと覆ってしまうので、コースは難しく良いスコアはほとんど出せなかった。それでもクラブハウスは中国では珍しい温泉付き宿泊施設が併設され、朝早くから迎えに来てくれている若い運転手は、一日分の手当てを貰いながら、我々のプレーが終わるまで、一人温泉に入ったり、昼寝をしたりで「この仕事は、最高で～す」といつもニコニコ顔で付き合ってくれた素晴らしいゴルフ場である。

〈河童のいるタイのゴルフ場〉

タイに工場を作ろうと計画し、何度も足を運んだ。アメリカのアリゾナと同様に、日本が真冬の二月でも、ここでは三十度を超える夏日が続く。タイのゴルフ場では驚かされることが目白押し。その日は朝早く現地の澤田社長が自家用車でホテルまで迎えに来てくれた。ゴルフ場にほど近い片側三車線の道路を走行中、前方の分離帯にいたおじいさんと孫らしき二人の小さい子供がスルスルと道路を横断し始めた。私達ともう一台の車はとっさにブレーキをかけてスピードを落としたが、歩道側の車線を走っていたタクシーバイクは死角から現れた三人目の子供と真正面から衝突した。かなりのスピードで走っていたので子供の体は折れたプロペラの羽のようにクルクル回りながら二、三十m先の歩道の際まで突き飛ばされた。窓際に座っていた私は、とっさに持っていたカメラを取り出し、加害者の写真を撮りまくった。黄色のゼッケンをつけたタクシーバイクは、一瞬ふらついたが停車することなく逃げ去った。

ゴルフが終わり、急ぎ会社に戻り現地のタイ人管理職に事情を説明し、警察に証拠写真を提供するように促すと、驚きの回答が返ってきた。「そんな写真は捨てたほうがいい。子供一人の死亡補償金は五万円もあれば十分。それより写真など提供したら殺されますよ」と脅された。警察官がその道の筋者に情報を漏らし、謝礼を受け取るようだ。その挙句、提供者は抹殺されるというから「ここは現代の法治国家か」と驚いてしまった。

タイのゴルフもまた男性天国、キャディは最大四人つく。バッグを担ぐ役、つかず離れず日傘をかざす役、ボールを追いかける役と疲れたタイミングで椅子を差し出す役である。極めつけは、ボールを追いかけるキャディがOBボールでも平気で都合のいい所に置き直してくれるのだからスコアは良くなるに決まっている。「澤田さん、俺キャディは一人でいいよ」と言うと「春さん、そんなこと言わずに人助けだと思って四人選んでよ」と言い返された。一人分のキャディ料金が五百円、それだけが彼女らの収入というから、待機している五、六十人の中から四人を雇うしかない。その結果、一組二十人の大集団がコースを移動する異常な光景を披露することになる。そして雇ってもらったお礼なのか、ボールが何処へ飛んでいこうが教えられた日本語で「ナイス・ショット〜」の連発である。おそらく言葉の意味は解っていないだろう。更に大小すべての池には、河童?が住んでいる。首から先だけを出して、いつ飛んでくるかわからない池ポチャボールを待っている。こうなるとまともに打つより、たまには池に入れてあげたくなるのも人情ではなかろうかとついつい思ってしまう。

〈イタリア・ミラノのゴルフ場〉

ブレンボー社の副社長ジョルゲッティもカサブランカもゴルフには全く興味がないらしい。

ミラノダービーでサッカーに熱中するイタリア人はよく見かけるが、何度ゴルフの誘いをかけても素知らぬふりである。「ミラノやベルガモにはゴルフ場はないの」と質問すると、「あるにはあるよ」と、何とも気の抜けるような返事しか返ってこない。ゴルフ道具もないし、相手もいないから仕方なく「明日のランチは、近くのゴルフ場で食べたいね」と水を向けると「わかりました」とカサブランカのそっけない返事が返ってきた。

翌日、ミラノ郊外にある古びたゴルフ場で昼食をとることになった。

秋の肌寒い日の午後、色付き始めた森の木々に囲まれた最終ホールは、少し色やけしたようなグリーンとそれに繋がる緩い上がり勾配のフェアウエイが見えるだけ。他のコースは全く見えない。黄色くなった落葉樹の帯が、木々の水平線を描いた如く、遠くまで続いている。山もビルも何にも見えない、ただ樹海のように広がっているだけ。だからどんなコースなのか予想もつかないでいると、洒落たいでたちの二人の婦人がバッグを担いでグリーンを目指してボールを打ってきた。食事をしながら暫くみていたが、彼女たち以外にはゴルファーの姿はなかった。レストランには私達三人と、もう一組夫婦らしい年配のカップルがいただけの閑寂なゴルフ場であったが、やはりイタリア人にはあまりゴルフは馴染みのないスポーツであることがその静けさの中で推測できた。

〈マスターズの思い出〉

自宅から一時間半ほどで世界一のゴルフ場と言われるオーガスタ・ナショナルゴルフクラブへ行くことができる。一九九八年サウスカロライナ州に会社設立の折、州政府のリンゼーさんからマスターズでのゴルフにお誘いを受けた。喉から手が出るほどの魅力あることではあったが、自前のクラブは持ってきていないし、時間の余裕もさほどない中で渋々お断りをするしかなかった。このチャンスを逃した地点で、マスターズへの想いは一段と増していった。

仕事が落ち着くと、ほとんどの週末はゴルフで明け暮れた。ゴルフ場の中で生活していた関係で、ラウンド二十五ドルの低料金でできるゴルフは何よりの楽しみであり、時間つぶしにもなる。当然回数も多くなるがゴルフの腕前はほとんど上がらなかった。練習はしない、いい加減なプレーの連続では無理からぬ話である。三年間の任期が近づいた頃、「この機を逃したら二度と来れるチャンスはないだろう」との思いもあって、二〇〇八年のマスターズのチケット三枚（河口・東海林・私）の手配をアトランタにいる玉名高校の後輩、二宮君に依頼した。開催日が迫っていた関係でチケット一枚が十三万五千円の高額であったが三人分四十万円を支払って購入してもらった。

ちなみに現地のパトロン達（観客のこと）は、四日間の通しチケットを五十ドル程度で購入しているようで、そのめちゃくちゃな料金の格差には呆れてしまう。だがタイガー・ウッズやフィル・ミケルソンを間近に見られた幸せは何にも替えがたい。起伏の多い低い丘に真っすぐ伸びた松林、グリーン周りを飾るアゼリア（ツツジ科）の花々は、マスターズの開催に合わせて彩を添える。ここはアウトコースよりインコースの方が見どころが多い。五百ヤードを超える十番、十一番の打ち下ろしミドルが終わるとゴールデンベルと名付けられた超有名な百五十五ヤードのショートが待っている。グリーンの奥に二つのバンカー、下り傾斜グリーンとクリークの間には大きなバンカーが口を開けている。観覧席からはクリークが狭く見えるが実際は二十mほどもある。プレーヤーは、クリークにかかる見慣れた石橋をわたり松葉の敷き詰められた細い小道を辿ってグリーンに上がると、そこはまさに舞台である。次にくる十三番のロングまでをアーメンコーナーという。日本語に訳すると「ご愁傷さまコーナー」とでも名付けようか。何とも美しいがトゲのあるバラの花のような難しいコースである。

語り始めたらきりがない。マスターズの次の週に開催されるハーバータウン、少し上にあがって大西洋の強風が吹きさらすキィアア・アイランドの両リンクスコースが続く。歴史都市チャールストンの北に広がるマートルビーチはまるで飲み屋が連なる歓楽街のようにゴルフ場が所狭しとひしめき合っている。そんな中でたくさんのプレーを楽しんだ。

日本とアメリカを中心とした私のゴルフ人生は、いまだ道半ばではあるが、その存在は「空気や水と同じようなもの」という気がしてならない。「ゴルフとは何だ」との問いに回答するならば、「ゴルフは、私の人生の伴侶である」と言えるほどの価値がある。

これからの人生！

毎日が日曜日

「さぁーこれから毎日が日曜日だ」、六十六歳で「オールサンディ・クラブ」への仲間入りを果たした。やることをいろいろ考えてみたが、時間が余って仕方がない。かと言って家にごろごろするほどの無精な性格でもない。そこで肉体的衰えをカバーすることを建前に、運動公園のパークドーム内にあるトレーニングジムに行くことにした。しかし本音は時間つぶしである。女性インストラクターの指導で数多いマシンの中から、七〜八台を選び、二サイクルのトレーニングを始めた。飽きっぽい性格の私は六か月もすると何だか物足りなさを感じるようになってきた。そこへ施設の改修工事が入り、三か月間の休館が告げられ、「続けたい人は、上熊本にある総合体育館まで行ってください」とのことであったが、ずぼらな私は「絶好のチャンス」とばかりに手前勝手の理由をつけてジム通いを止めてしまった。

―やはりゴルフが一番いい―六年前に労働局ＯＢの田尻さんから誘われて「阿蘇東急ゴルフクラブ」のメンバーになった。ほとんど毎週のクラブコンペに参加するようになり、たまにはハンディキャップの力を借りて優勝すると、ゴルフウエアーや食品などの豪華賞品をゲットする歓びを知ることになった。「仲の良い別居」をしている私は、週の五日は楠の旧家で自炊生活。しばらく同居していた娘は私との暮らしが嫌なのか、広い家を出て独りマンション暮らしを始めた。上の孫（礼雄）

は高校を卒業して、昼間店で働きながら千葉の美容専門学校に通っている。来年三月には卒業するというから、やっと「仕送りの難」から逃れられる。下の孫（風雅）は今年十八歳、勉強嫌いだが、友人は多い。土日ともなると五、六人が二階の狭い方の部屋にたむろする。食い放題、散らかし放題のあとかたずけが私の仕事になってしまった。ボシタ祭りの前日などは十人以上の若者たちが、早朝の出番を待って一晩中騒ぎまくっている。「静かにしろ！」と大声を出してはみるが、あまり効き目はない。隣近所に迷惑が掛からないかそれだけが心配だが、「独り閉じこもり、何を考えているか分らない性格よりは、バカ騒ぎできる方がまだましだ」と納得するしかない。伊藤博文ではないが「質直にして……」の一点に賭けるしかない。

こんな状況だから、日曜日のコンペが待ち遠しくて仕方ない。夜のうちに仕込んだ食材を朝からレンジで温めて朝食をすませると、急ぎ車を走らせる。スタート一時間前には着くようにしているので結構朝は早い。菊陽バイパスの五十七号線から阿蘇を目指す。大津から立野に向かう途中、左手にミルクロードを抱える外輪山の尾根が見え隠れする。白川沿いに原生林の森、その谷底を流れる白川と黒川の合流点には昔「碧翠楼」という古びた老舗旅館があった。小学六年の修学旅行で、それこそ生まれて初めて泊まった宿である。しかし今は記念碑が残されているだけ。新しくできた橋の上からは底深く流れる谷川にかかる赤い橋を走る南阿蘇鉄道のトロッコ列車の姿が小さく見える。国道の左には立野からのスイッチバック方式で急こう配の線路をまるで「銀河鉄道」の如く、空に向かって走っている車両と出くわすことがある。自殺の多かった赤橋（阿蘇大橋）は、緑に色替えしたところで、その数が激減したと聞いている。橋の中ほどからは数鹿流ヶ滝、山には小さな湯煙をあげる「湯の谷」と大きな黒煙をあげる中岳が間近に見える。自宅から東急ゴルフ場までの三十分は今の私にとっては風光明媚な大自然の中を漂える至福の時間である。玄関に車を着けると、「おはようございます」の元気な声で三人のキャディさんが出迎えてくれる。一人や二人ではない、いつ行っても三人である。誰がこんな習慣をつけたのか聞いたことはないが、どこのゴルフ場に行っても、こんな光景にお目にかかれることは少ない。ゲストの心理をいきなりくすぐってしまう。単純な私たちはそれだけで満足感に浸ることができるのだ。さらに私が気に入っていることがある。

それは、甲斐がいしく動き回っている女性達である。いつ、どこに居ようがホウキか雑巾をもってクラブハウス周辺を掃除しまくっている。いくらお客商売とはいえ、私の母や中山トミ子先生がいたなら、「褒めてとらす」と言いたげな様子である。どこのゴルフ場に行っても、今時汚れた所など探す方が無理である。だからきれいに維持しているというレベルでの大差はないが、私が感心するのは、その働く姿から「麗」への拘りがほとばしり出ているようであるから。他のプレーヤーがどう思っているかは知らないが、私はいつもそう感じている。

さらに、アマのゴルファーにとっての最大の関心ごとは、今日一緒にラウンドしてくれるキャディさんの存在である。最近は、アメリカ並みにセルフで廻る人も多い。キャディの数が減ったということもあるが、大方がより安いプレーを望んでのことであろう。

「スシロー」や「くら寿司」などの回転ずしにあおられ、人肌のぬくもりが残る江戸前のすし屋などは料金の格差で、よほどの金持ちか社用族でないと敬遠されてしまうのとどこか似ているような気がする。ゴルフをやるうえで、キャディなしのゴルフは回転ずしと同じように一抹の不安を残す。ボールの行方を探すとき、ラインがわからないとき、はたまたホールインワンでもしようものなら忽ち困ってしまう。そんなこととは別にキャディの質には過去に泣かされた経験者は少なくない。「今日のキャディは全然ダメだった」との悪評を聞くこともしばしばあった。ところがここではそういうキャディに出会ったことがない。〝出しゃばり過ぎず、奥ゆかし過ぎることもなく、丁度よいころ合いでボールを拭き、ラインを読んでくれる〟まともなキャディさんばかりでハズレは一人もいない。あまり褒めると〝うさん臭い〟と思われるかもしれないが、これは私の真実の印象であるから一度試してみたら如何だろうか……。

私達のグループは、私のゴルフの師匠でシングルプレーヤーの田尻さん、玉名高校の先輩で同郷の田嶋さん、同じ年の横尾さんと私の四人で私を除いた皆さん、労働行政のOBである。以前は一つ先輩の渕上さんもいたが、二年ほど前から病気で只今休養中。早い復帰を願っているが、健康でなければできない現実を知るにつけ、リタイア後の健康の大切さを思い知らされる。ゴルフの価値が如何なるものか、まちまちであろうが、空気のきれいな緑の海で動き回る一日が身体と心に悪かろうはずがない。その上、思い通りにいかないことへの口惜しさとスコアに出てくる競争心が一段と己を熱くさせる。熱くなるが故に、感情は高まり、血液の循環までもが興奮してくるから体調管理には申し分ない。何の刺激もなく黙々と横になっている哀れな姿より多少はましであろう。誰かが言っていた、「女性とゴルフは思い通りにいかないが故に、またチャレンジしたくなる」それが男心というものではないかと。お金はあまりないが、暇と時間はたっぷりある。なにせ毎日が日曜日なんだから、またチャレンジしてみるか。

明るく楽しく健康で

月に平均五～六回のプレーと、そのための練習を入れても毎日ゴルフに浸っている訳ではない。ゴルフのない時に何をするか、それが問題である。高校からの親友井上信明と家人の手料理で昼食をとっていたとき、「春成君、株をやらないか」と誘ってくれた。「悪いけど、俺、宝くじと株は大嫌いなんだ」何の努力もなしに、あぶく銭が入ってくるなんぞは、「金にまみれて不幸になるに決まっている」というのが私の持論であった。すると、「そうじゃない、株の学校に一年間通って株売買の基本を勉強したうえでヒラメ株を買う」、「大きくは儲からないが、損することも少ない。なんと言っても頭の体操でボケ防止にはもってこいだよ」と一緒にやることを促してきた。「わかった。やってみるか」と了解し、入学したのが「コージュ株式スクール」であった。週一日の授業で投資法を学び、一年後に無事卒業。株価や為替の動向もさることながら、世界情勢や各国の政治経済が直接株価に反映される東京証券取引所が開場されている間、買った株価の動きが気になってワクワク状態。無関心であった一年前に比べて、あらゆる世界の動向に興味津々の毎日が続いていく。その上、わずかでも儲かるならば年金生活の足しにもなり、一石二鳥となるはずである……。

さらに興味をそそるのが、この学校の学長井出広司の存在である。

熊本のデパートで経理畑の要職を歴任し、最後は事業清算の苦渋を経験、そこからこの学校の起業化を目指したようである。私が驚いたのは二つある。一つは毎日の市況解説と妄想を隠れ蓑にした毒舌とも思える大胆な発想と視点である。どこからそのネタを仕入れてくるのか、まさかプライベイトのシンクタンクを持っている風でもないのに、「桜井よしこ」張りのあの確信は見事といえる。

二つ目は「データ解析」である。株価の推移をデータ化し、試行錯誤のうえ、それに計算式を発見して一週間先までの株価の推移を法則化したことである。物理にしろ自然科学にしろ、そこに一つの法則を見出すことの大変さは私の想像を超えている。だからと言って神様でも予測のつかない株価の動きをある程度予想できるのだから大したものである。学長の見識もさることながら、ここで学んだ株の知識が、私の退屈な時間を間違いなく世界の動きに向けさせ、退職後忘れかけていたヤル気に再び火をつけてくれたようである。

この学校を紹介した親友とは、毎日のように情報交換している。この学校の一年先輩の彼は初心者の私の良き株取引の相談相手である。我々の扱う株は、変動の少ないヒラメ株。「立命館大学経済学部野球学科（？）卒業」だと自認している彼が、「やっと経済学部卒業らしい事を勉強している」と笑っている。

高校一年の夏、玉東町木葉にある彼の自宅に遊びに行き、二人で「木の葉川」で投げ網を打って魚取りをした思い出がある。大学野球で彼が活躍していた頃、私は同じ京都の夜の盛り場でドアボーイをしながら呼び込みをしていた挫折の時であった。その後も不思議なくらい、事あるごとに連絡を取り合ってきた。定期的にやっているゴルフと、このコージュ株式スクールを通して、我々の友情がさらに深くなっていることがなによりである。「春成君、百歳まで生きるよ」と彼は人生にいつも前向きである。明るく楽しく健康に生きている。高校野球の解説をしている彼の喋りはほめ上手で、決して対象者をけなしたり、非難したりはしない。良い所を見つけてほめてくれる。だから相手も気持ちの悪かろうはずがないし、ますますやる気も起きてこようというものだろう

「おかあさん、今日の料理もうまか～」と言っては家人を喜ばす。彼が帰った後、家人はまんざ

らでもない様子で、そのしっぺ返しか、「お父さんは、何を作ってやってもあんまり褒めないけど、井上さんは美味しい、美味しいと言って食べてくれるから作り甲斐がある」とご満悦の笑顔である。私は、小さい声で「井上君はほめ上手だけんね」と言いながら、たまには褒めてやるかと反省もしている。

褒めることも、人生を明るく楽しく生きる秘訣なのかもしれない。

暇の折、家の周りの樹木の数を数えてみると、生垣の槇や樫の木を含めると大小おり交ぜて二百本近くが茂っている。木々の剪定に庭の芝刈り、枯山水の白い砂利石や庭石の周りには雑草が〝早くやってくれ〟と言いたげに待っている。私が手をつけられない大木は専門家に頼んでいるが、その料金が馬鹿にはならない。梯子や剪定ばさみにノコギリなどを駆使してやってはいるが、果たして何歳までできるのか、すべて健康状態と相談の上となる。

二階に住む長男は六年間の海外単身駐在の疲れからかほとんど興味を示さない。汗をかき、ひと仕事終えた後の、クラシック音楽が最高にいい。

大好きなパッヘルベルの「カノン」やチャイコフスキーの「アンダンテ・カンタービレ」を聞いてる時間は、夢の中である。これからの人生、このまま終われば最高なんだが、「P・P・K」の如く、うまくいってくれればいいのに……ネ。

林ちゃんを偲ぶ！

故人に宛てた手紙

ここまでの私の人生を振り返るとき、何よりも多くの人たちとの別離（わかれ）を強いられてきたことが残念で仕方ない。止ん無き事とは思っているが、自分の思いとは明らかに異なるストーリーの中で彼や彼女等はこの世を後にしている。

私の友人、林（リン）ちゃんもまた、その中の一人である。まだ私が現役の時、二〇一〇年一月に、彼はこの世を去った。享年六十五歳、ヘビースモーカーの技術屋で本社の代表取締役専務の重責にあった。仕事の進め方や物事の考え方など共通点は多かったが……。友人としての林ちゃんを偲び、最後の手紙と漢詩一節を書いた。

「もう二度と会って酒を飲むことも無いでしょう。だからこの金色の龍が昇天する握りの付いた杯で、最後のいっぱいを飲もうじゃないですか。どうかなみなみ注がしてください。体調が悪いからと言って断らないでください。花が咲き乱れるときには、えてして嵐のような邪魔が入ってきて花が散ってしまう。同じように、これからというとき、別れは突然やってくる。人生に別れはつきものだ。たった今、これが最後の時かもしれないとの思いでこの杯を飲み干しましょう。東海林さん、だから、付き合って下さいよ」

米国から同じ年に帰国。そして熊本で久しぶりに気の合う三人（東海林さん・藤本さん・私）で飲んだ。行きつけのおでん屋で飲んで、食って、いっぱい話し、思い出話に笑いこけた。店の人があまりに楽しく笑いっぱなしの我々に声をかけてきた。「えらい、楽しかごたる！」と一緒に笑ってくれたのが忘れられない。楽しい談笑の中で「最後のいっぱいのつもり」を瞬時、顔の表情から感じてとれたような気がしてならなかった。それから二週間後二〇〇八年九月二十四日に一回目の肺がんの手術。この時は何とか成功したようであった。

それから四ヶ月後の二〇〇九年一月二十四日、今度は二歳年上の軍ちゃん（藤本さん）がゴルフ場で倒れた。熊本中央ゴルフ場アウト十五番のグリーン上でパターをしながらしゃがみこんだ。幸い処置が早く一命は取り留めたが、脳梗塞の後遺症で言葉の障害が残ってしまった。

その年の六月七日、久しぶりに林ちゃんからの電話で術後の経過も良いとのことで一安心した。阿蘇でゴルフをしたいのと、軍ちゃんのお見舞いを兼ねて埼玉から来熊したいと言ってきた。

大手術を感じさせない元気な姿に安堵し、一年ぶりのプレーを楽しんだのに……。

その年の九月には私の父が他界。バタバタしながら、いつの間にか師走を迎えていた。忘年会で飲み歩いている時、最近電話が無いな―と思いながらこちらから電話をしてみたが、何回やってもかからない。そのうちに、と思いながら年の瀬を迎えた。嫌な予感が頭をかすめた。年が明けてほどなく、会社からの電話で林ちゃんの死を知らされた。

惜しい人を失いました。残念で仕方ありません。入社以来三十五年間、ほとんどお世話になりっぱなし。いろいろと面倒見てもらい、教えてもらうことが多かった。これから余生を楽しんで、現役時代の労を互いにねぎらい合いたいと思っていたところであった。

何はともあれ今日は金屈巵の杯で最後の酒を飲みたいのでここへ来たんですよ。そして暫しの間

「さよなら」を言う為に。私達はもう少し現世で過しますが、間もなくそちらへ逝くことになるでしょうから、もう一人見つけて麻雀やゴルフをやりましょう！

準備しといてくださいね。それまでゆっくりお休みください。本当にありがとうございました。（埼玉県川越市福昌寺にて、故人に宛てた手紙から）

さよならだけが人生だ

唐の漢詩・詩選から千 武陵「勧酒」の一節

勧君金屈巵
満酌不須辞
花発多風雨
人生足別離

〈君に勧むこの金屈巵、満酌辞するを須いず、花開けば風雨多く、人生は別離に足る〉

「東海林」と書いてトウカイリンと読む。昔、直立不動で歌っていた歌手の「東海林太郎」をはじめ、一般的にはショウジと読む。

平成二十二年一月、お正月の三が日が過ぎて間もなく、友人東海林成多（通称林ちゃん）の訃報が届いた。死因は肺がん、会議中も酒を飲んでいる時も、まるで恋人の指を握るかのように煙草をこよなく愛するヘビースモーカーだった。

一九七七年九州柳河精機立ち上げの時は、家族ぐるみの旅行もした。一九八九年からの三年間、二〇〇六年からの二年間は米国で共に仕事をした仲。私の人生で、数少ない尊敬できる人であった。

一月八日が告別式、埼玉県川越市の寺院での葬儀に参列し、正面に掲げられる遺影を見ながら、しばし読経を聞いて焼香。それでお終いでは何か寂しい思いが募る。（じゃーどうするか）自分の想いを漢詩にしたためて、仏前に供えるならば、しばしの間は、私の想いが通じているのではないだろうか。そんなことから筆をとったのが「勧酒」の一節である。

当日、手紙に添えてこの書をご遺族に渡した。後日奥様からお礼の電話があり、故人もすごく喜んでいるだろうとのことであった。少し、気持ちが落ち着いた感がした。

明治の小説家井伏鱒二は、この一節をこのように訳した。

「この杯を受けてくれ　どうぞなみなみ注がしておくれ　花に嵐のたとえもあるぞ　さよならだけが人生だ！」

「さよならだけが人生だ」と訳した鱒二の真意は、「人はいづれ死に、別れがくるもの。だから今を大切に生きなければならない」との思いを込めている。どんなに偉い人でも死は必ずやってくる。それを不条理だと怒っても思いの先が変わることはない。ならば、早くそのことを受け入れるしかない。東海林さんは花も嵐もたくさん経験してきたろうが、はたして潔く自らの終焉を受け入れていたのだろうか……。

生前、一度も真面目に話したことのない人生論、あの世でゆっくり議論することにしよう。

葬儀場の入口に十数枚の写真がテーブルの上に飾られていた。

若い時の写真、米国駐在中の写真、家族全員で撮った写真など。奥さんのセンスなんだろう。（俺の時も、そうしてほしいね）

故人に対する弔問者の想いはそれぞれ違うだろう。それを偲ぶ写真が仏壇の遺影だけより、たくさんの写真を見て、それぞれの故人との接点を思い浮かべ読経を聞くならば、よりましな送り方になるような気がしてならない。

仕事と、マージャンと、ゴルフ、そして酒と女、たくさんのお付合いに感謝の一語である。

（いい人ほど早く死ぬのかね）

行く夏の終わりに

東海林さんが居なくなり、五年の歳月が流れている。

今年の夏もそろそろ終わりそうである。晩夏から初秋にかけて、辺りは不意に感傷的な佇まいが色濃くなってくる。わが家にある百坪ほどの庭でさえ、行く夏を惜しむかのようにこの世を去っていった人々の面影を追っているような気がしてならない。

庭にある小さな菜園には雑草が目立ち始めた。

おそらく今年最後の芝刈りが私の出番を待っている。和室の前庭には何処かで見た、清流を模したせせらぎを作ろうとしたが〝ボウフラが湧く〟だの〝水道代が高くつく〟だのと夢のない意見におしきられ、仕方なく自作の枯山水で我慢することにした。

急流球磨川でしばかれ続けた波跡が残る等身大の川石達と庭先で戯れていると、菊池渓谷から降ろしてきた胴回り一メートルを超える〝いろは紅葉〟の演出する木漏れ日が過ぎゆく夏を慈しみ、やがて訪れる秋を手招きしているかのようである。

すると「春さん、久しぶり」と生垣の向こうから、懐かしい「林ちゃん」の声がする。

庭の隅に置いてある野ざらしの椅子に、ちょこんと座りながら、

「まさゆき、頑張りよるネ」と、今度は母親の声……。

別れた人達は、いったい何処へ行ったのだろうか。

「今どこにいるの。何しているの」、心の中で尋ねてみるが、過ぎにし人は、黙して語らない。

エンジンのついた芝刈り機で一気に芝草を刈り取ってしまうと、それを待っていたかのように薄赤い鐘楼トンボがやって来て、ぐるぐると回り始めた。ウッドデッキにある奇形の椅子に腰を下ろして目を閉じると、傍らに別れた人達が次々に現れてくる。


行く夏の終わり、何年振りかで「林ちゃん」に会ったような気がしてきた。

「お久しぶりです」と心の中で呟いてみたが、なんの返事もない……。

やはり、「人生は別離に足る」なのだろうか。

「それじゃあ、今この時を、もっと大事に生きていかなければいけないね」


― 完 ―

東京銀行が発行する
海外投資専門誌「TRIアングル」
一九九六年一月号に掲載

中国進出雑感

南北に二拠点の合弁会社設立

はじめに—当社が中国に進出した背景

二輪車の国内生産台数は一九九二年に百万台の大台を超えたが、その後暫減し、一九九五年の見通しは七十五万台となっている。自動車と同様、二輪車も中国向けCBU（完成車輸出）の減少によりシュリンクした中で「如何に活性化と収益性を維持するか」という命題が当社に突きつけられた。これに対して、当社は自助努力による体質改善を基本コンセプトに置き、長期経営戦略「D&C5」（ドリーム&チャレンジ5）を策定した。その骨子は、次のテーマに集約される、①海外拠点作り②支給部品の自前化③新技術の開発④他社販売の拡大⑤国内営業の強化の五項目である。更に体質強化策として、次の活動を展開することとした。①TPM（トータルプロダクティビイティマニュファクチャリング）生産性効率活動と②CCR（コストコントロールリダクション）原価低減活動の二つである。日本国内で生産する輸出用完成車（CBU）が減少する中で、中国へ進出する狙いは、①如何にして海外拠点をつくり、現地生産に寄与できるか②西暦二千年には間違いなく一千万台を超えると予測される中国市場をにらみ、如何にして当社ブランドの「ハイテック・ホイール」を供給し、浸透させるか、にあった。

中国における外資に対する法規制の中で、当社はまず生産と物流の両体制を整備することとした。具体的には北は「天津」、南は「広州」と、南北に一ヶ所ずつ拠点を定め、この二拠点から揚子江流域と上海、重慶間の内陸部に部品を供給する体制を敷き、将来のニーズに対応することにした。

物流に関しては、当初心配の種が尽きなかったが、近年日本の物流会社が中国に進出し、「納期・コスト・品質」に対する安全性と信頼性が急速に高まり、最近では山賊が出ると言う長距離輸送も可能となってきている。

合弁会社設立までの経過

当社は北の拠点に「天津柳河圧鋳有限公司」を、南の拠点に「広州柳河精機有限公司」を設立すべく、それぞれ九四年八月二十八日、九五年十月二十日に相手先と合弁の調印を取り交わした。ここでは北の拠点「天津柳河圧鋳有限公司」を例にとって合弁会社設立までの経過をご紹介したい。

天津に合弁会社を設立するに当たって、国営企業を相手に出資比率は最低でも五十％は確保したいとの条件をつけ、相手先に対し、①不要資産・設備の排除②出資比率を超過する部分の設備・建屋のリース③動力・厚生施設の共同使用の三項目を要望事項として、検討を委ねた。その結果、相手方と合意に達したと判断、当初の予定通り八月二十八日の調印セレモニーに臨むべく、その二週間前に勇躍現地に乗り込んで行った。むろん一連の書類は双方が六ヶ月をかけて一字一句まで入念に吟味し作成したものである。調印までの二週間で、すでに作成済みの日本語と中国語の合弁契約書や定款、その他の付属書類をすべて点検し最終確認をしたうえで調印に臨もうと考えたのである。ところがその矢先、調印十日前になって困った問題が発生。突然、中国側が「合弁に関する様式と表現について、全面的に変更したい」と要請してきた。頭を抱えるような問題の発生など、交渉の席ではお互い慣れっこではあったが、この期に及んで一方的に変更したいと言われても困るので撤回を求めたが……。

中国側の回答は、一九九八年に発行された内部指導書の「外経貿易綜第一七三号の規定・外資企業に関する注意事項と問題点に関する通知」に従って一部契約書の変更と条文の順序を入れ替えたいという。「これは中国国内で統一された様式であるから、日本側もこれに合わせてほしい」との追加説明があった。中国側は、この時点ですでに中国語版の契約書類の変更版を完成させていたので、調印式に望めるか否かは、当社がその中文に合わせて日本語版を修正・変更できるかどうかにかかってきた。表現が微妙に変わり、条文の順序が入れ替わったことで、契約書のほぼ全てをやりかえなければならない。中国語の相手方原文を読み、変更箇所を洗い出し、問題がないかを確認後、日本語に翻訳、最後に慣れないワープロに入力。出来上がりを再度チェックし、原文と照合するという作業が、連日朝の三時、四時まで続いた。調印前日、やっとのことで全ての準備が整った。我々が譲歩し、何とか調印できたものの、最初から判っていたのなら、なぜもっと早い時期に言ってくれなかったのか、内容から判断して、直前の変更が必要であったのか、当方にとっては大いに疑問の残る結果となった。これも彼らの戦略だったのかも知れない。

契約上の相互関係

上述した契約書の様式以外にも、さまざまな相違が問題点として顕在化した。勿論、契約は双方の合意に基く〝ギヴアンドテイク〟が基本であるから、相手方から一方的に様式や内容を押しつけられても、これに拘束されるものではない。当社の場合は、差し支えない範囲で相手方の言い分を理解したが、主として①輸出比率の数値の記載を除外する②清算条件を具体的に明記する③総経理(日本側担当)の役割責任に関する項目を追加する④日本式経営管理方式の導入とその承認の四項目に見られるように権利義務関係を新たに生じ、契約条件を左右する重要な項目については、当社の主張を貫いた。要するに日本側が中国進出の基本要件を損なってまで、相手側の定型的様式や指導内容に拘束される必要はないということである。特に経験の浅い郷鎮企業を相手にする場合、十分に協議をしないままに契約を締結したり、日本側が一方的に自らの要求項目を契約に盛り込んで、後日問題に発展するケースも多いと聞いている。合弁相手が、国営企業であれ、郷鎮企業であれ、事前の検討・協議を双方が納得するまで十分に重ねることが大原則で、これを軽んじるのは禁物と心得るべきであろう。

一般的に、中国を相手に交渉することは非常に難しいと思われている。確かに関係する基本法が頻繁に改定されるし、我々には見えない内規や条例が多数存在することも事実である。中国側の担当者を介しても判らない事も多いが、きちんとした資料とデータを基に、交渉すれば決して難しい相手ではないと腹をくくって、必要以上に「中国」を意識することは避けたほうがいいと思う。中国人は日本人の比ではないほど理屈っぽく、几帳面な性質を持っているから、日本式の曖昧で抽象的な表現や、「これくらいは判ってくれるだろう」などの依頼心、あるいは言葉の類推や拡大解釈は避けなければならない。このことは中国に限らず、何処の国でも同じことが言える。われわれが挨拶代わりに言ったお世辞もしっかりノートに記録され、後日の交渉の場で引用されるのには、少々面食らってしまった。

以上述べてきたことを要約すれば、彼らとの交渉を成功させる要件は、つまるところ「交渉する人の人柄」と「日本企業への信頼感」ではないかと思う。「相互信頼」や「互恵平等」などの文言は、決まり文句として契約に盛り込まれるが、これらの言葉が本当に意味するものを中国という土壌の中で正しく掴み、相手から誠心誠意理解されるところから、スムーズな話し合いができてくる。従って、なるべく早いうちに、こういう状態をつくるのが望ましいし、合弁を成功させる近道とも言える。

交渉の場において、偏見や不信感あるいは猜疑心をもち、そのうえ外国人意識があまりにも強すぎると、話はぎこちなくなり相手の「信頼感」も得られず、うまく事が運ばないのも当然の帰結である。そういう意味では、海外に豊富な駐在経験をもつ人材が交渉に当たるのが良いかもしれない。

スタートからの一貫体制

進出要件や経営環境・条件は個々の企業によって当然差異があり、画一的に結論付けるわけにはいかないが、海外に進出するために合弁契約交渉をする際には、調査段階を含めて合弁設立後の経営管理体制を見据えた一貫体制を構築することが大切である。

これから海外進出をしようとする企業の場合、組織はプロジェクトから業務推進組織へ、それから現地合弁会社の経営管理組織へと段階を追って、その意味合いを変えていくわけだが、調査情報の流れや業務の移管、合弁作業の役割と責任を明確にし将来のバックアップ体制までを予測したうえでメンバーを構成していくことが重要である。プロジェクトメンバーが何人も入れ替わり、物見遊山で出張、業務推進の組織を構築するときには別の人が担当するがごときは、任命された担当者の苦労もさることながら、それ以上に合弁作業がうまくいくはずがない。

相手方が多いときは十人ちかく出席する契約交渉段階では、責任者・補佐役・書記役・通訳の最低四名体制は必要だろう。責任者はかなり権限委譲をされていないと相手方の信頼を得られず、スムーズな交渉もできないし、結果として余分な時間がかかる原因ともなりかねない。勿論、交渉責任者は最後まで代えるべきではないが、長時間に及ぶ交渉は、一人では辛いものがあるから、それを支える補佐役の役割も大きい。書記役は必ず備忘録（議事録）を残すようにしなければならない。これを怠ると、後日困った事態に陥ることは明白である。通訳のことについては、さらに詳しく述べたい。

経営管理体制は、董事会が最高決定機関となるが、日常は総経理と副総経理が主体となって経営を管理する。日本側が担当する役割、なかでも金銭出納、従業員の労働条件の決定・変更、それと採用に関してはより明確に記述し、その範囲も具体的にしておいた方が良い。ここが抜けると、中国側が勝手な動きをすることになりかねない。当社の場合、合弁会社設立に至るまでの交渉の経過を理解させるため、調査・交渉の段階から既に駐在する者を決めていた。しかし、たとえば総経理として駐在予定者を、最高責任者として合弁交渉の全てを委ねることは感心できない。直接の交渉は日本側のバックアップメンバーがやるべきであり、この役割区分が重要である。

通訳の過小評価

最近では、留学生を中心に日本に居住する外国人の数は年々増加し、地方にも中国語の話せる居住者は大勢いる。しかし、ことビジネスに関して言えば通訳としての評価はさまざまに分かれる。結果論で言えば、合弁作業が順調に運んだ企業は、通訳が優秀だったと言えるし、うまくいかなかった場合は、大方通訳に問題のあることが多い。優秀な通訳の定義はともかくとして、「日本語を話せる中国人＝通訳」と勘違いして、通訳の重要性を認識しているようで、実は「よく理解していない企業」も多く見受けられる。通訳を採用する側が、採用にあたりさほど熱心に努力していないことが輪をかけて、優秀な通訳の獲得を困難にしている。会社によっては観光ガイド並みの通訳を、現地で採用したところもあるやに聞く。調査段階ではこれでも問題ないかもしれないが、具体的に交渉する時期に来ても独自の通訳が採用できず、難局に直面するごとに銀行や商社の専門家に依頼しているようではその先が思いやられてしまう。通訳が交渉責任者と同等の責任を負っているとの認識もなく、これを軽んじていると思わぬ失敗をすることは眼に見えている。自薦他薦の多い中で、自分のメガネ（基準）にあった人を、より早い時期から探し、他からの押しつけでなく、必ず自分の眼と判断で決め、確保することが大事である。高い報酬を支払うわけだから、それに見合う能力を要求するのは当然のことと言える。「自分の意見を差し挟む人」「相手の発言の全部を通訳しない人」「わからない事を確認しない人」「面倒くさがる人」「勉強しない人」等々は通訳としては論外である。うまく採用できたとしても、その後も能力の開発や新しい知識を吸収するための勉強をさせることも必要になる。通訳として向上する意欲に欠ける人は最初から雇うべきではないので、試用期間等を設けて、その能力と資質を見極めなければならない。

小さく生んで大きく育てよう！

中国進出に際して、合弁相手をどこにするかは最重要課題である。社会主義体制の経済システムと商慣習のもとでは、信頼性に高い情報を入手するのはほとんど不可能と言ってよい。中国側の合弁候補となる企業はいずれも積極的でかつ好意的にその意欲を伝えてくるから、投資対象の相手がどのような経営状況にあるかの判断の見極めは非常に難しく、また大きなリスクを伴うこともある。一方で、国営企業の赤字対策が叫ばれ、国は健全自立化を目標にしているが、幾つかの地区では「国営企業の倒産」という荒っぽい試みも実施されている。国営企業といっても今までのように安穏としておれない環境になりつつある。このような中で、中国企業が日本の企業に求めているのは管理手法を含めた先進技術と資金力である。合弁を志向する中国企業には、中国国内市場はもとより海外市場へ積極的に伸びようとする企業と、単純に、当面の赤字を解消し倒産の憂き目から逃れようとしているだけの企業の二つのタイプがある。日本企業が万年赤字の会社と合弁するはずがないことも十分承知しているので、そのような相手が提出してくる決算書は必ずしも信頼性が高いとは言えない。事実が歪曲された場合、あるべき既存の売上げや収益が事前に提出された資料とはかなり異なっていることを合弁会社が始動して初めて気づくこともよくあることだ。従って契約を締結する前に相手方の経営内容を正確に把握し、正しい数値を経営計画に織り込まなければ新会社の大狂いは必定となる。

次に相手方の経営状況の分析が重要である。世の中では「借金も財産のうち」ともいうが、現実には借入金の返済に相当困っているケースが多く見られる。この中には「三角債」といわれる慣習も資金繰りを悪くしている原因のひとつと言えるかもしれない。相手の説明や資料を鵜呑みにせず、現地に出ている日系銀行等に照会したり、チェックする必要がある。我々も合弁予定の相手先が調印の直前に倒産したという苦い経験をしている。事前の信用調査をしていたので実損は免れたものの、もしこれを怠っていたら合弁契約調印直後に相手方の倒産が判明し、その契約にうたった清算条件次第では、危うく負債を丸抱えにした合弁ともなりかねなかった。

合弁会社が「登録資本＝総投資額」の図式、つまり借入金なしで経営していけるなら理想的だが、現実にはそうはいかない場合が圧倒的に多い。借入れが存在すること自体は決して否定するものではないが、総投資額に対する借入比率が問題である。通常、契約の中に合弁会社が人民元の調達を明記して進めることになるが、実際には中国国内の投資枠や高金利が重くのしかかり、借入れといえどもそう簡単にはいかない。「小さい投資枠」も背景にあり、日系銀行から外貨を調達しようとすると日本側の保証が必要となる。借入れる人民元の調達金利は短期で十%、長期になると十四%台になる。外貨を担保としても実質金利は二十%を超えることになるから、借入れ比率をいかに抑えるかが合弁成功の基本である。

海外での経営計画は、一般的には三年目で単年度黒字、五年で累損解消の、所謂「三年五組」が基本である。しかし、ここ中国では難しいお国事情を考慮して、二年目に黒字、三年で累積解消の「二年三組」で考えたほうが良い。従って、可能であれば「借入れゼロ」で計画を立てるべきである。結論を言うと、合弁進出の基本要件は、先達より賜った「小さく生んで、大きく育てよう!」が、もっとも的を得ている。ビジネスリスクを最小限に抑え、同時に将来の有望市場に種をまく、合弁期間三十年を念頭に置いたビジネスを展開するのが得策であろう。

リスクの中で、夢の実現

ビジネスリスクはあって当然。リスクのないビジネスなど存在しない。問題はリスクに対する考え方や対処の方法である。それによってリスクの大小、重要度が決定付けられるのではないだろうか。中国でのリスク背景をあげればきりがない。政治体制、商習慣、金融政策や労働政策などの違いをその根拠にするならば、これらは何もこの国に限ったことではない。難しいのは中国だけに限らずどこの国にもあることと割り切って、必要以上に「中国リスク」を意識するより、通常どおり正確かつ論理的対応をしていくことが肝心である。

とは言ってもいろいろなケースがあるので、発注メーカーの新機種立上げに部品を供給する立場の当社なりに経験したリスク観を以下に挙げてみたい。

①合弁調印前に設備段取りが必要な場合（日程上、日本供給設備を先行発注しなければならない時）

②受注量と引当て部品コストが未決定での調印（予測による事業計画でのスタート）

③設備投資（特に日本供給設備）の仕様、コスト、納期等の合意ないままでの調印（相手方からの反発）

④製造原価の把握ができない状態（予定コストと決定コストとの差異発生）

⑤合弁相手の既存売上げの信頼性（合弁を有利にするための粉飾）

⑥付帯条件の未整備による計画外費用の発生、等々。

一般的に言って、発注メーカーが要請する時間軸を大切にするあまり、日本側が調印を急ぐ傾向があり、これらに代表されるリスク部分をペンディングにしたまま契約が締結され、投資日程が確定するというパターンが大変危険である。日本国内での取引、発注であれば、発注者から仕様、生産量、納期等の発注条件が事前に提示されるため、受注が確定する前に設備投資したり、発注条件が不明確の状態でのコスト決定などあり得ないことである。ところが海外（特に中国）での場合は、口約束で受注し、契約・調印を待っていたのでは間に合わないので先行して設備手配、先に投資があって後日調印、それから正式なコスト交渉に臨むというような場面もよく目にする。日本国内では双方理解のうえで先行発注することはありうるが、ここではそんな甘い理屈は通用しない。合弁相手との設備価格のトラブル、予測コストより更に低いコストの提示などは日常茶飯事、あとの祭りである。その結果、借入れは増加、収益計画は大狂い、経営の見通しすら立たなくなるという「蟻地獄スパイラル」に堕ちてしまうのである。先に述べたように清算要件が基本契約に具体的に記載されていない場合は、話はさらに複雑になる。リスク六項目のほかにも、投資回収、インフレ問題、外貨バランス、資金調達、増資、駐在費用、ロイヤリティ、技術支援などの重要テーマはあるが、誌面の都合で割愛させていただきたい。

おわりに

北の合弁会社「天津柳河圧鋳有限公司」は当初の計画通り進捗し、現在月産六千台のアルミホイールの完成品を納入し、経営も軌道に乗り始めた。南の「広州柳河精機有限公司」は一九九五年十二月一日から生産開始、月産三千台を納入する計画である。中国進出が成功するか否かの判定は三年後に出るだろう。中国における合弁会社であることを忘れず、西暦二〇〇〇年には間違いなく一千万台を超えると予測されている中国の二輪市場の拡大に備えて、われわれはその十五〜二十%に当社ブランドの「ハイテック・ホイール」をつけて走らせたいとの「夢」を日夜追い続けている。

幼少時代の写真集が行方不明。
仕方なく、ある物から選んでみた。
あっという間の七十年である……。

思い出のフォト

玉高卒業式（故 西辻君と）

荒尾三中―ロダン像（前左）

大学受験前

婚前旅行（日南海岸）

（青島）

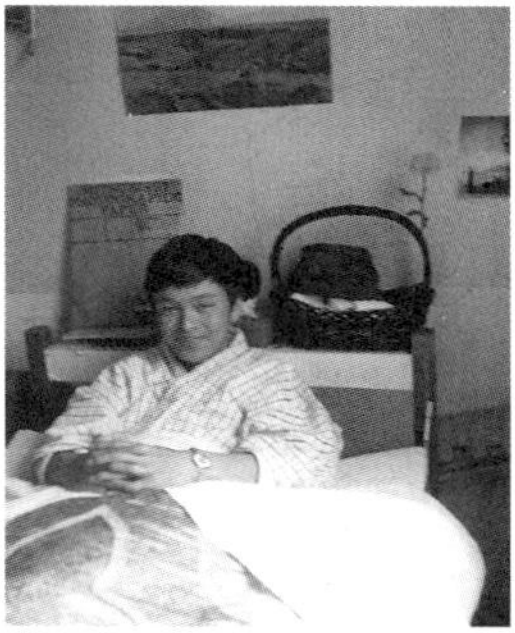

入院（荒尾市民病院）

楠の自宅玄関前

厄晴祝（42才）

チリコセの自宅（1991年）

YSK工場（米国オハイオ州）

アリゾナのホテル（東海林さんと）

チリコセ高校の友人と娘

ナイロビの動物園

タイ・バンコクにて

ケニアの高校生ランナー達と

サファリパーク（ケニア）

広州柳河精機（中国）

天津柳河精機・事務棟（中国）

YSC工場（米国サウスカロライナ州）

ミラノ大聖堂前（イタリア）

チャーター機で会議に

YSC事務所

サウスカロライナの自宅

YSC工場内部

新居（熊本市北区植木）

旧家（熊本市北区楠）

庭の芝生

自作の枯山水

九州柳河精機（管理棟）

新築祝（2002年）

著者略歴

一九四五年　荒尾市に生まれる
一九六四年　熊本県立玉名高校卒業
一九七一年　中央大学法学部卒業
一九七五年　九州柳河精機（株）入社
一九八八年　柳河精機（株）出向
一九八九年　ＹＳＫコーポレーション（米国オハイオ州）管理部ＡＶＰ
一九九二年　取締役総務部長
一九九三年　取締役海外事業部長を兼任
一九九五年　中国天津柳河圧鋳有限公司・副理事長（兼務）
一九九六年　中国広州柳河有限公司・副理事長（兼務）
一九九八年　常務取締役
二〇〇六年　米国ヤナガワ・サウスカロライナ取締役社長
二〇〇九年　公益社団法人熊本県シルバー人材センター連合会（三年間勤務）

あとがき

自らの生き様を語るに、すべてをありのままにさらすなどは誠に勇気のいることで中々そうはいかないのが凡人の証である。多少の見栄や虚栄心があったとしても、そこは大目に見てほしいのである。少しばかりの装飾と真実との錯誤が生じたとしてもそこもまた許してもらうしかない。退職後に「ボチボチ書いてみるか」とやり始めてはみたものの、やはり一生分の回顧は断片的でとても小説なるものとは程遠いものとなってしまう。それを繋いでいく作業は想像以上に気が重い。伊集院静や浅田次郎の書籍を読むと自分の書き連ねる文章が、「大人と子供」、「月とスッポン」か、又はそれ以下でしかないことに打ちひしがれてしまう日々が続くと、書くという意欲が失せてしまう。果たして、「本」にするほどのものかどうか、食事が喉を通らないほど悩むのである。しからば止めればいいのにと思ってしまうが、そこは、せっかくやり始めたこと、途中で投げ出してしまうなど〝もったいない〟と反骨心が創作の後押しをしてくれる。何ともふがいない苦悶の中でようやく出来上がったのが本書である。

まだ現役であった頃､私が愛した部下が自らの命を絶った。愛したと言っても変な意味ではない。男が男に惚れていたということである。そのことと自分の関わりについて、二十年以上も過ぎて気づいた事を書き残したいと思って、彼の妻君にこの本に載せるつもりで書き綴った数枚の原稿を事前に送った。自分の想いを表に出したその内容は、私が考えていた以上に彼女の心を踏みつけていた。まるで土足のまま、ずかずかと他人の家に上がるようなものであろう。自分自身のなかで勝手に思いめぐらしている程度なら何の支障もないのだが、活字にすることの意味を相手の立場に立って考えられなかった自分の愚かさを痛切に感じさせられた。知人、友人であったとしても、その人たちの心を乱す権利は著者にはない。下手な文面に上乗せする侵害者の自分を知らされたとき、それ以上前に進む意欲は無くなってしまった。七か月間の空白の後、やっと心の整理をし、ある事がきっかけとなって再び書き始めることにした。完稿までに三年ほどかかった。

思っていることの半分も書けないもどかしさを感じながら、趣味のゴルフやネットによる株取引の合間を縫って何とか完成できたことの満足感はひとしおである。記述はなるべく事実・実名を使いたかったが、ほんの一部分そうもいかなかったことと、記憶違いや調べようのない事柄には、持ち前のいい加減さを発揮し、許される範疇で私の夢を乗せた編曲にするしか方法が見つからなかったのでご容赦いただきたい。最も心配した拙文の「校閲」をどうするかで頭を痛めていたが、「トライ出版」の本馬女史がその役を担ってくれた。

さらに、この書が人前にさらせるに値するものか、私以外の読者にどう読まれ、どう感じられるのか不安で仕方なかったが、そこは友人の力を借りることにした。

褒めることの上手な親友井上信明君に最初の読者になってもらうことにした。彼ならせっかく完成した私の書に悪評を垂れることもあるまいという甘えからである。挿絵のスケッチはサウスカロライナに駐在中、暇を見つけて描き残しておいたスケッチブックの中の数枚である。後にも先にもこれしかないが、思い切って使うことにした。

最後に、もしこの本が何冊か売れたなら、それを一人の頑張っている陶芸家である友人のささやかな応援のために使いたいと願っている。

平成二十七年十月　春成　政行

何とかなるケン

2016年5月1日　初版発行

著　者　春成　政行

発行者　小坂　隆治

発行所　株式会社 トライ

〒861-0105

熊本県熊本市北区植木町味取373-1

TEL　096-273-2580

FAX　096-273-2542

印　刷　株式会社 トライ

製　本　日宝綜合製本 株式会社

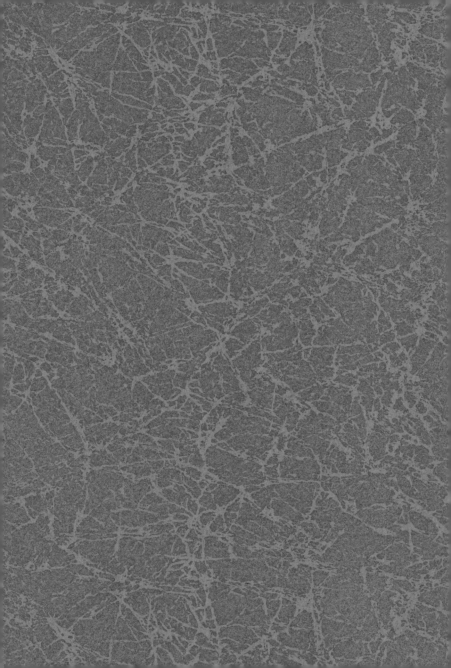

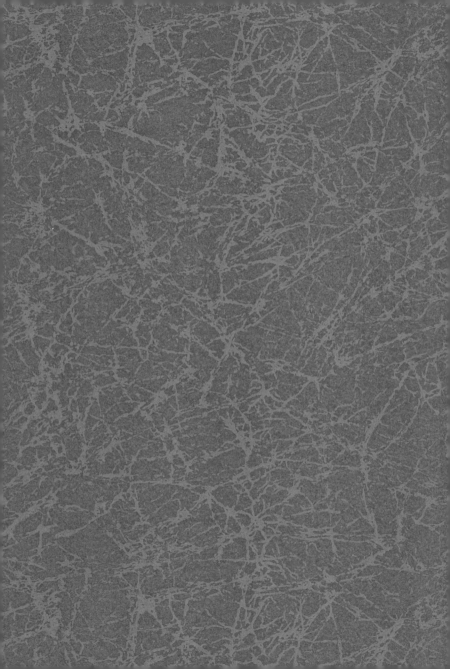